O moderno Príncipe de Gramsci

UNIVERSIDADE ESTADUAL DE CAMPINAS

Reitor
ANTONIO JOSÉ DE ALMEIDA MEIRELLES

Coordenadora Geral da Universidade
MARIA LUIZA MORETTI

Conselho Editorial

Presidente
EDWIGES MARIA MORATO

CARLOS RAUL ETULAIN – CICERO ROMÃO RESENDE DE ARAUJO
DIRCE DJANIRA PACHECO E ZAN – FREDERICO AUGUSTO GARCIA FERNANDES
IARA BELELI – MARCO AURÉLIO CREMASCO – PEDRO CUNHA DE HOLANDA
SÁVIO MACHADO CAVALCANTE – VERÓNICA ANDREA GONZÁLEZ-LÓPEZ

ARMÊNIO GUEDES (*In memoriam*)
Presidente de Honra: LUIZ WERNECK VIANNA

Conselho Curador
Presidente: LUCIANO SANTOS REZENDE
Vice-Presidente: CAETANO ERNESTO PEREIRA DE ARAÚJO
Secretário: ARLINDO FERNANDES DE OLIVEIRA

Diretoria Executiva
Diretor Geral: MARCO AURELIO MARRAFON
DIRETOR FINANCEIRO: RAIMUNDO BENONI FRANCO

ANA STELA ALVES DE LIMA – JANE MONTEIRO NEVES – HENRIQUE MENDES DAU
LUIZ CARLOS AZEDO – MARIA DULCE REIS GALINDO

Francesca Izzo

O MODERNO PRÍNCIPE DE GRAMSCI
Cosmopolitismo e Estado Nacional
nos *Cadernos do Cárcere*

Tradução
Alberto Aggio

FICHA CATALOGRÁFICA ELABORADA PELO
SISTEMA DE BIBLIOTECAS DA UNICAMP
DIVISÃO DE TRATAMENTO DA INFORMAÇÃO
Bibliotecária: Maria Lúcia Nery Dutra de Castro – CRB-8ª / 1724

Iz9m   Izzo, Francesca
         O moderno Príncipe de Gramsci : cosmopolitismo e Estado Nacional nos Cadernos do Cárcere / Francesca Izzo ; tradutor : Alberto Aggio. – Campinas, SP : Editora da Unicamp ; Brasília, DF : Fundação Astrojildo Pereira, 2024.

         Título original: *Il moderno Príncipe di Gramsci*.

         1. Gramsci, Antonio, 1891-1937. 2. Comunismo. 3. Economia marxista. 4. Internacionalismo. I. Aggio, Alberto. II. Título.

CDD – 320.532
     – 335.4
     – 327.17

ISBN 978-85-268-1675-6 (Editora da Unicamp)
ISBN 978-65-87991-24-5 (Fundação Astrojildo Pereira)

Copyright © Izzo, Francesca
Copyright © 2024 by Editora da Unicamp
by Fundação Astrojildo Pereira

As opiniões, hipóteses, conclusões e recomendações expressas neste livro são de responsabilidade da autora e não necessariamente refletem a visão da Editora da Unicamp.

Direitos reservados e protegidos pela lei 9.610 de 19.2.1998.
É proibida a reprodução total ou parcial sem autorização, por escrito, dos detentores dos direitos.

Foi feito o depósito legal.

Direitos reservados a

Editora da Unicamp
Rua Sérgio Buarque de Holanda, 421 – 3º andar
Campus Unicamp
CEP 13083-859 – Campinas – SP – Brasil
Tel.: (19) 3521-7718 / 7728
www.editoraunicamp.com.br
vendas@editora.unicamp.br

Fundação Astrojildo Pereira
Edifício OK - Office Tower - Asa Sul
SAUS Quadra 05, Bloco K, Lote 04, Térreo Sala nº 28
CEP 70070-937 - Brasília - DF - Brasil
Tel: (61) 3011-9300
www.fundacaoastrojildo.org.br

À memória de Peppino, meu irmão muito amado

Agradecimentos

Algumas partes deste livro tiveram origem em artigos, comunicações e intervenções publicadas em revistas ou discutidas em conferências e seminários realizados em Roma, Puebla, Uberlândia, Genebra, Madri, Lyon, Florença e Urbino nos últimos dez anos. Aos organizadores e participantes, agradeço por me terem permitido verificar, melhorar, corrigir aspectos particulares e o conjunto das minhas propostas interpretativas.

Uma versão preliminar do texto foi lida por alguns estudiosos com quem tenho relações de trabalho e de amizade. Todos eles foram muito generosos comigo e pródigos em sugestões e conselhos. Expresso a minha gratidão a Fabio Frosini, por sua acuradíssima leitura crítica que remediou muitas das minhas imperfeições e colocou à prova a resiliência da minha interpretação. Marcello Mustè ajudou-me a esclarecer algumas passagens controversas, fazendo-me sentir o calor da sua confiança no resultado final. Devo a Giuseppe Cospito, cujo juízo global foi para mim um grande conforto, esclarecimentos filológicos fundamentais e de mérito. A Gianni Francioni, mestre indiscutível da renovada filologia gramsciana, vai o meu agradecimento por sua apreciação, riquíssima de observações e conselhos. Silvio Pons apoiou-me em passagens do livro em que a sua grande competência compensou os meus défices. A Francesco Giasi devo não só pela leitura atenta, mas também por sua disponibilidade em partilhar comigo a sua investigação sobre Gramsci.

Sara Ventroni, com a sua habitual competência, experiência e discrição, ajudou-me a dissolver ou, pelo menos, a atenuar as "aglutinações", como ela chama a dureza e as obscuridades da minha escrita. Devo-lhe muito.

Este livro, sem a contribuição de todos eles, não teria a forma que tem atualmente; é claro que a responsabilidade pelo resultado é exclusivamente minha.

Ao meu marido Beppe não devo agradecimentos: uma permanente troca intelectual que dura décadas e um amor profundo os tornam supérfluos.

Sumário

Introdução 11

1 – Liberalismo e comunismo no início do século XX 17
   1.1 – A guerra e a crise do Estado 17
   1.2 – A Rússia dos Sovietes 25

2 – O Estado moderno e o papel dos intelectuais 39
   2.1 – Os programas de trabalho na prisão 39
   2.2 – A "questão política dos intelectuais" 43
   2.3 – A função cosmopolita dos intelectuais italianos ... 46
   2.4 – Nacional-popular 58
   2.5 – Humanismo, Renascimento, Reforma 61

3 – A construção da Europa burguesa 73
   3.1 – Maquiavel filósofo 73
   3.2 – A hegemonia dos jacobinos 82
   3.3 – Ricardo e o "mercado determinado" 89
   3.4 – Hegel e a historicidade 95

4 – A crise da civilização europeia e a revisão
do marxismo 111
   4.1 – De Oxford a Londres – Croce e Bukharin 111
   4.2 – Tradutibilidade das linguagens 122

4.3 – A filosofia da práxis e os intelectuais 124

4.4 – Filosofia e religião.. 130

5 – Maquiavel e César – do Estado-nação ao
cosmopolitismo de novo tipo 143

5.1 – O caso italiano... 143

5.2 – A crise orgânica... 146

5.3 – Fenômeno sindical e revolução passiva....................... 148

5.4 – Fascismo 154

5.5 – Dissolução do vínculo nacional-popular 157

5.6 – Cosmopolitismo de novo tipo 161

6 – O moderno Príncipe.. 175

6.1 – *O Príncipe* e o novo Príncipe.............................. 175

6.2 – A forma partido... 177

6.3 – Croce e Sorel – A paixão e o mito........................... 179

6.4 – Mito 185

6.5 – Vontade coletiva 189

6.6 – Partido 193

6.7 – Reforma moral e intelectual................................. 197

6.8 – Partido e mito do cosmopolitismo de novo tipo.......... 200

Bibliografia 211

Introdução

Ao reler os *Quaderni del Carcere*,* há cerca de dez anos, fiquei impressionada com o duplo significado com que o termo "cosmopolitismo" comparece: negativo, no contexto histórico da ascensão e triunfo do Estado moderno, e positivo, no da sua crise orgânica. De fato, tão positivo que convenceu Gramsci a substituir o lema "internacionalismo" por "cosmopolitismo de novo tipo".

Comecei então uma exploração das notas do cárcere seguindo a pista da expressão "cosmopolitismo", favorecida pelo rigor filológico e, portanto, cronológico que os editores estavam dando à edição nacional dos *Cadernos* e pelas reconstruções do contexto histórico-biográfico que tornavam muito mais legíveis as mudanças terminológicas e conceituais adotadas pelo prisioneiro.

---

* *Quaderni del Carcere* são compostos das notas escritas por Antonio Gramsci durante sua detenção pelo fascismo, entre 1926 e 1937. Francesca Izzo utiliza neste livro basicamente a edição crítica organizada por Valentino Guerratana e publicada, em quatro volumes, pela Einaudi, em 1975. Existe uma edição brasileira dos *Cadernos do Cárcere* publicada, em seis volumes, a partir de 1999, pela Editora Civilização Brasileira, com tradução de Carlos Nelson Coutinho, Luiz Sérgio Henriques e Marco Aurélio Nogueira. Essa mesma editora publicou dois dos *Escritos Políticos*, em 2004, com tradução de Carlos Nelson Coutinho, e mais dois volumes das *Cartas do Cárcere*, em 2005, com tradução de Luiz Sérgio Henriques, que compõem o que se conhece como textos pré-carcerários de Antonio Gramsci. Para a atual tradução fizemos o cotejamento com as traduções brasileiras dos textos de Gramsci, tanto dos *Cadernos* quanto dos textos pré-carcerários acima indicados, resguardando nosso poder de definição quanto ao texto final. Desde o início preferimos utilizar o título dos escritos carcerários de Gramsci em português e em itálico: *Cadernos do Cárcere*, ou, abreviadamente, apenas *Cadernos* (N. da T).

Ao lado de protagonistas bem conhecidos da paisagem gramsciana, como Maquiavel ou Croce, surgiram outros, ocultos e algo misteriosos, como, por exemplo, César. A contradição entre cosmopolitismo da economia e nacionalismo da política – no centro da análise de Gramsci sobre a crise orgânica do sistema mundial de Estados-nação que explodiu com a Primeira Guerra Mundial – ganhava alma em conexão com outras referências cruzadas, mais encobertas, que me pareceram dignas de serem trazidas à luz. Acima de tudo, pareceu-me que a substituição do termo "internacionalismo" por "cosmopolitismo" – que ocorreu quando Gramsci já não se encontrava na prisão – exigia uma explicação diferente da comumente aceita, que é a do recurso do prisioneiro a subterfúgios linguísticos para escapar da censura.

Em suma, o retrato estabelecido de Gramsci, crítico severo do cosmopolitismo dos intelectuais italianos e teórico altamente original e exclusivo do Estado "ampliado", já não parecia tão convincente.

Como se poderá recordar, a partir da segunda metade da década de 1990 e durante grande parte da primeira década do novo milênio, assistiu-se – na sequência da intensificação dos processos de globalização dos mercados que se seguiram ao fim da União Soviética e das tentativas, por meios militares, de "exportar" a democracia – a um fervor de investigação acadêmica e de debates políticos centrados na atualidade da democracia cosmopolita e da cidadania global. O interesse por possíveis governos mundiais também foi grande e foram produzidos estudos aprofundados sobre os processos sem precedentes de construção de *governanças* supranacionais, como a europeia.

Entre a infindável bibliografia desses anos, limito-me apenas a mencionar, a título de exemplo, a investigação de um grupo de estudiosos (David Held, David Beetham, Daniele Archibugi e outros) unidos pelo projeto intelectual de dar forma à democracia cosmopolita, aproveitando a conjuntura histórica favorável marcada pelo fim da Guerra Fria, pelo progressivo enfraquecimento da soberania dos Estados e pela crescente tutela internacional dos direitos humanos.

Daniele Archibugi expõe claramente o objetivo dessa brilhante corrente do pensamento político *liberal*, que pretende aumentar a legitimidade da política mundial por meio da introdução de embriões de democracia cosmopolita: "Terminado o império soviético, as democracias ocidentais afirmam-se de forma decisiva [...] e a ideia era reformar as organizações internacionais, projetar a extensão geográfica da democracia, tornar finalmente mais seguros os direitos humanos, dar voz aos cidadãos do mundo".[1] Embora percebendo a possível fricção entre democracia e cosmopolitismo, o otimismo que animava essa visão contava com o compartilhamento mútuo dos respectivos defeitos. O cosmopolitismo atenuaria o vício genético da democracia de se fechar dentro das fronteiras nacionais, enquanto o antídoto para a tendência assimiladora e até violenta do cosmopolitismo seria o compartilhamento democrático baseado na persuasão e no respeito pelos procedimentos.

Numa relação mais direta com o processo de construção europeia, que naqueles anos atravessava um período de grandes esperanças, a reflexão de Jürgen Habermas, expressa em vários ensaios, como *A Constelação Pós-Nacional* ou *A Inclusão do Outro*, gerou um intenso e crítico debate. O seu modelo de racionalidade discursivo-procedural, que redundou na proposta de um "patriotismo constitucional" europeu, representa a tentativa mais ambiciosa de "libertar" o sistema democrático do constrangimento de uma comunidade de destino, combinando, em vez disso, a soberania popular com o pluralismo étnico-cultural. "Inclusão significa que a comunidade política se abre à incorporação de cidadãos de todas as origens, sem que esses 'diferentes' tenham de se incorporar a uma suposta uniformidade étnico-cultural".[2]

No entendimento de Habermas, o desafio lançado pela "globalização" à relativa homogeneidade da população e, por conseguinte, à base pré-política da integração dos cidadãos e à autonomia do Estado só pode ser superado pelo desenvolvimento de uma consciência de dever e solidariedade cosmopolitas.

> Só se uma consciência diferente dos cidadãos exercer efetivamente pressão nesse sentido, ao nível da política interna, então também a autocompreensão dos atores globais poderá se transformar progressivamente na autocompreensão dos membros de uma comunidade internacional, que se veem forçados a cooperar e a respeitar reciprocamente seus próprios interesses.[3]

Nesse debate – monopolizado quase exclusivamente pelos partidários de uma governança liberal-democrática em escala global, confiantes numa duradoura "vitória" da liberdade e da democracia sobre o fechamento "soberanista" dos Estados – o pensamento de Gramsci, apesar de já ter se tornado um dos autores italianos mais traduzidos e estudados em todo o mundo, permaneceu ausente. Dificultava a imagem exclusiva que tinha de inovador da teoria marxista do Estado, de teórico do nacional-popular e de crítico do cosmopolitismo dos intelectuais italianos, inteiramente centrado na dimensão estatal-nacional. Nas teorizações geralmente dicotômicas do início do milênio – Estado-nação ou democracia cosmopolita – não havia, portanto, lugar para a obra de Gramsci, que, *contrário sensu*, ganhou uma atenção considerável no campo das relações internacionais graças aos teóricos da Escola de Toronto.

Os neogramscianos Robert W. Cox e Stephen Gill propuseram transferir as categorias desenvolvidas por Gramsci nos *Cadernos*, nomeadamente as de hegemonia e sociedade civil, para o plano internacional ou mundial, a fim de inovar o quadro conceitual da própria disciplina. Era necessário conceber uma ordem mundial hegemônica não só em termos de regulação dos conflitos entre Estados, mas também de uma sociedade civil pensada em termos globais. O debate que se seguiu se centrou na permissibilidade e na fecundidade da utilização dos conceitos de Gramsci para analisar as atuais relações internacionais que se desenvolvem num âmbito, o transnacional, completamente ausente nos *Cadernos*.[4] A premissa em torno da qual todos efetivamente concordam, a começar pelos próprios Cox e Gill, é que Gramsci é e continua a ser um teórico exclusivo do Estado-nação.

As guerras, os desequilíbrios globais e as crises cada vez mais dramáticas das duas últimas décadas dissolveram as visões ideológicas pacifistas do pós-Guerra Fria e puseram a nu a natureza conflitiva dos processos políticos supranacionais e globais. Tornou-se cada vez mais claro que a democracia e o cosmopolitismo não são termos que se conjugam facilmente. Pelo contrário, surgiu uma tensão entre esses dois ideais, que não pode ser subestimada nem pensada em como ser resolvida, confiando na espontaneidade dos processos de integração do mercado. Torna-se cada vez mais evidente que a liderança política é indispensável para a preservação da vida, hoje, como foi no alvorecer da modernidade.

A democracia, se quiser ultrapassar o limiar do respeito ao mero cumprimento de procedimentos e tornar efetiva a cidadania, precisa estabelecer os limites de uma comunidade (o povo), apoiar-se numa dinâmica, móvel e elástica tanto quanto possível, de inclusão/exclusão, além de um forte apelo à solidariedade de uma "comunidade política de destino". Em suma, a democracia requer alguma forma de expressão da vontade política, da soberania. O cosmopolitismo ou o desenvolvimento de normas cosmopolitas de justiça, de outro lado, tem um alcance universalista que não reconhece fronteiras, fechamentos ou identidades históricas e/ou politicamente definidas, mas apenas sujeitos humanos dotados de direitos a serem efetivados. E os tribunais – e não os parlamentos – são as instâncias encarregadas de o fazer num espaço tornado homogêneo e livre de conflitos de poder, segundo uma inspiração kant-kelseniana para a qual a fonte de legitimidade é o direito, a norma jurídica, e não a vontade política "popular".

Essa tensão – de que o nosso tempo tem sido pródigo em experiências – lembra a contradição entre o globalismo do capital e a inadequação da política, entre o "cosmopolitismo da economia e o nacionalismo da política", fórmula com que Antonio Gramsci fixou os termos da crise que conduziu à Primeira Guerra Mundial e às convulsões que se seguiram.

As páginas de Gramsci revelam-se, portanto, ricas em sugestões. O contraste e as relações estabelecidas nos *Cadernos* entre o "cosmopolitismo de novo tipo" e o nacional-popular ou entre as figuras-símbolo como César e Maquiavel guardam uma inusual exposição da dialética conflitiva entre democracia e cosmopolitismo e a busca da sua possível recomposição, tornando claro, em particular, que o pensamento gramsciano tem os seus desenvolvimentos mais vitais precisamente em relação à crise do Estado-nação.

É, pois, à exploração da categoria de cosmopolitismo que este livro se dedica, seguindo as peripécias semânticas e conceituais a que é submetida na complexa oficina dos *Cadernos*. Para tornar plenamente compreensíveis as razões que levaram Gramsci a substituir o termo internacionalismo, tão carregado para ele de significados e valores políticos gerais e pessoais, era indispensável percorrer a teia de conceitos e categorias, da filosofia da práxis à revolução passiva, da hegemonia ao Príncipe moderno, que estruturam a trama da "revisão" do marxismo que ele empreendeu. É apenas colocando foco sobre as várias etapas que marcam o itinerário dos *Cadernos* que se torna legível o seu desenho de constituição do sujeito histórico, diferente daquela que o movimento operário tinha dado a si próprio com a Segunda e a Terceira Internacionais. Etapas marcadas pelo abandono do termo "materialismo histórico" em favor de "filosofia da práxis", do termo "revolução" em favor de "crise orgânica" e "revolução passiva", do termo "classe" em favor de "classes e grupos subalternos" e, finalmente, pela substituição de "internacionalismo" por "cosmopolitismo".

Gramsci é, certamente, o teórico marxista que mais inova e enriquece o conceito de Estado-nação, mas no quadro de uma visão que, com plena consciência do declínio do político-estatal, se coloca o objetivo de transferir o seu núcleo democrático vital para o terreno das irresistíveis tendências cosmopolitas. Uma visão que, orientada pela rejeição consciente da guerra como meio de regular conflitos de identidade e de poder, sugere a ideia de uma ordem mundial inspirada em princípios unitariamente compartilhados, cooperativos e respeitosos das diferenças.

Notas

[1] Archibugi, 2009, p. 17.
[2] Habermas, 1999, p. 49. *Idem*, 1998.
[3] Habermas, 1999, p. 26.
[4] Vacca; Barocelli; Del Pero & Schirru, 2009.

1

Liberalismo e comunismo no início do século XX

1.1 – A GUERRA E A CRISE DO ESTADO

Gramsci pertence a um seleto grupo não negligenciável de estudiosos e políticos que, desde o início do século XX, estava consciente da dificuldade que os Estados europeus tinham em preservar sua forma tradicional de soberania em face das convulsões sociais internas e da tendência crescente dos mercados capitalistas para se integrarem em nível supranacional. A eclosão da Primeira Guerra Mundial representou, aos seus olhos, uma confirmação formidável da aceleração dramática da crise do Estado-nação. E procuraram, no pós-guerra, de acordo com as suas diferentes opções ideológicas e convicções teóricas, identificar novas formas de poder soberano para substituir o Estado, ou empenharam-se em superar definitivamente a própria ideia de soberania política.[1] De Lenin a Woodrow Wilson, de Carl Schmitt a Hans Kelsen, de Friedrich Naumann a Santi Romano, para citar apenas alguns dos principais, a questão foi colocada na ordem do dia e formulada de diversas maneiras.[2]

Entre 1913 e 1914, Antonio Gramsci, um jovem e inquieto estudante sardo, aprovado na Universidade de Turim, torna-se socialista, e de um tipo muito distante dos esquemas da época. O impulso que o animava provinha de uma profunda aspiração revolucionária: nacionalizar as massas proletárias, em particular as do Sul, integrando-as plenamente na vida e na cultura da nação, e, ao mesmo tempo, promover a sua internacionalização política, ou seja, alargar e modificar a base estreita em que se assentava até então o nexo nacional/internacional.³ Este duplo objetivo jamais será abandonado por Gramsci, animando sua consciência política e intelectual que, num contexto histórico de tendência acelerada de declínio do Estado, indicava que o enraizamento dos grupos subalternos na nação e o internacionalismo não só deveriam coexistir como se alimentar mutuamente.⁴ Com o passar do tempo, Gramsci adotaria análises, perspectivas e soluções muito diferentes, mas manteria sempre a firme convicção de que a época aberta pela guerra se caracterizava pela crise irreversível do Estado-nação e que tornar inteligível esse dado histórico deveria ser a bússola capaz de orientar a ação política do sujeito revolucionário sobre as urgências do tempo.⁵

Durante os anos de guerra, Gramsci empreendeu uma dura crítica ao reformismo, tanto burguês como socialista, considerado responsável pelos males e fraquezas econômicas e ético-políticas que afligiam a Itália. Apoiando-se em fontes diversas e contrastantes, muniu-se de uma cultura que lhe permitiu atacar homens e ideias que alimentavam a passividade e a subordinação da classe operária, que sabotavam a sua autonomia política e teórica, empurrando o movimento socialista para os braços do seu adversário de classe. Marx, apesar de não ser, nesse período da sua vida, seu "autor" predileto, se constitui obviamente em um poderoso recurso crítico, utilizado para combater a influência, no partido socialista, do positivismo e do determinismo que, como salienta Eugenio Garin, "uma burguesia hegemônica havia imposto a uma grande parte do movimento operário".⁶

Gramsci submete Marx a um exercício de depuração e filtragem, usando uma lista de filosofias da ação e da vida e, sobretudo, as categorias do neoidealismo. Com uma percepção histórica aguda, ele o interpreta considerando os "efeitos" do marxismo que, ao reagirem positivamente sobre a fonte, desalojam Marx do panteão positivista e reformista em que a cultura socialista o tinha colocado.⁷

> O comunismo crítico não tem nada em comum com o positivismo filosófico, com a metafísica e o misticismo da evolução e da natureza. O marxismo baseia-se no idealismo filosófico [...]. O idealismo filosófico é uma doutrina do ser e do conhecimento, segundo a qual esses dois conceitos se identificam e a realidade é o que é conhecido teoricamente, o nosso próprio eu.⁸

O apreço pelo neoidealismo italiano, a recepção em chave ativista e voluntarista do bergsonismo, a carga antirreformista da dialética de classe emprestada de Sorel contribuem para a sua batalha contra o determinismo e a metafísica dos fatos objetivos, que bloqueiam o livre desenrolar da luta de classes, sem compromissos ou acomodação.

Esse amálgama peculiar de ideias e culturas – aliás, difundido de forma variada no início do século XX entre os jovens intelectuais e no sindicalismo revolucionário – encontrou no liberal-liberismo de perfil einaudiano um aliado ideal no conflito com outro grande inimigo do jovem socialista sardo: o transformismo e o protecionismo da burguesia italiana encarnada por Giolitti.

O liberismo* passa a ser, assim, introduzido por Gramsci no patrimônio da classe operária italiana, que é obrigada a lutar contra a fraqueza da sua própria burguesia. A burguesia italiana, muitas vezes prisioneira de interesses feudais, tende a recorrer, como muleta, à ajuda estatal, ao contrário das suas congêneres inglesas e americanas, que, plenamente conscientes da sua função de classe, não se dobram àqueles compromissos corporativos que enfraquecem a fibra combativa das massas, imobilizando sua carga antagonística no pântano do reformismo. Na visão de Gramsci, o proletariado italiano, lutando sem concessões pela sociedade socialista, mantém vivo o espírito liberal encarnado por Cavour, agora traído e esquecido por seus descendentes.

A reivindicação de uma política intransigente, isto é, que pretenda corresponder a uma dialética histórica não domesticada e eticamente rigorosa, torna-se assim um traço dominante nos escritos desses anos.[9]

De outro lado, a ideia de que socialismo e liberalismo eram antagônicos quanto aos seus fins, mas partilhavam uma visão dinâmica e conflitual da história, Gramsci trazia da leitura das páginas do *Manifesto*, no qual se exaltava o papel revolucionário da burguesia, se ilustrava a natureza conflitiva das relações sociais de produção e se documentava a natureza supranacional do capital e, portanto, das classes burguesa e proletária.

---

*   "Liberismo" é um neologismo presente no léxico político italiano e se reporta à dimensão propriamente econômica do liberalismo; é anterior e não se confunde com "neoliberalismo". Propõe, em termos gerais, uma menor interferência do Estado na economia, valoriza a iniciativa individual, defende o livre-cambismo e ataca o protecionismo (N. da T).

De um Marx duramente antilassaliano e filtrado por seu liberalismo ético, também derivava a sua aversão ao estatismo, aos grilhões burocráticos e, sobretudo, à tendência nacionalista da luta de classes que, na esteira das reivindicações coloniais, começava a infiltrar-se no próprio partido socialista.

> A doutrina da classe burguesa é a doutrina liberal, que triunfou inteiramente na Inglaterra e nos Estados Unidos, na qual a burguesia é simultaneamente uma classe econômica e histórica; não triunfou na França por conta da economia [...]. A doutrina liberal é, pois, do ponto de vista histórico-classista, o verdadeiro antagonista do socialismo revolucionário, e esse antagonismo direto revela-se também pelas semelhanças que existem entre as duas doutrinas. O nacionalismo econômico corresponde ao reformismo [...]. Não terá resultados, não conseguirá atingir os seus objetivos, que são a colaboração econômica de classe, porque o proletariado socialista de Turim já venceu a ideologia reformista no seio do seu partido, já se declarou muitas vezes liberista, já compreendeu que, para as reivindicações de classe, é necessário que a riqueza nacional global e internacional aumente, e não apenas que se verifiquem deslocamentos de riqueza.[10]

Nesses anos, Gramsci encontra, portanto, no modelo rigidamente dualista e classista do liberal-liberismo – que separa claramente política e economia, Estado e sociedade – o instrumental conceitual que lhe permitiu identificar na tendência protecionista da sua burguesia, no transformismo das suas classes dirigentes e no reformismo socialista a origem dos defeitos e incoerências do Estado italiano. E também encontra aí uma inspiração ética eficaz para educar as massas proletárias para uma enérgica ação de classe. Gramsci, de fato, até seu encontro político e intelectual com Lenin, utiliza o modelo filosófico do neoidealismo e o modelo ético-político do liberalismo para criticar as incoerências da classe burguesa italiana e para dar ao sujeito antagonista a plena consciência de si.

Perante a inclinação manifestada por amplos setores burgueses para escapar à dura lógica da concorrência, recorrendo à proteção e à tutela do Estado, a função da Internacional proletária se mostraria mais eficaz incitando a democracia burguesa a libertar-se das classes parasitárias, conservadoras e protecionistas. Impingi-la a afirmar plenamente sua vocação para o livre mercado e a concorrência, sem ceder ao compromisso reformista que dilui o conflito das duas classes na mediação político-parlamentar, corrompendo sua fibra com o transformismo.

Gramsci esboça assim uma espécie de teoria da história que justifica a justaposição de liberalismo e socialismo, projetando ambos na luta contra o nacionalismo, por um lado, e o reformismo, por outro.

As posições liberistas, antiprotecionistas e antirreformistas na política interna – fundadas na salvaguarda da separação entre economia e política, entre Estado e capital[11] – têm seu desenvolvimento correspondente numa dinâmica classista global capaz de fazer explodir os espaços fechados, restritos e autoritários da soberania estatal. Seguindo os passos de Luigi Einaudi, nesses primeiros escritos juvenis, Gramsci cultiva uma visão do capitalismo e do seu desenvolvimento que é totalmente alheia às teorias contemporâneas que julgavam inevitável o seu desfecho na guerra imperialista.

Pelo contrário, considera, convergindo com o que Marx e Engels haviam delineado no *Manifesto*, que sua tendência mais característica é a de um crescimento interdependente, que supera os Estados, as fronteiras e as autoridades territoriais e, sobretudo, ao contrário dos Estados-nação, é um fator de promoção da paz. Embora essa visão pacifista tenda a se desvanecer mais tarde, Gramsci nunca irá aderir à teoria leninista do imperialismo entendido como a fase terminal e destrutiva do capitalismo, cujas contradições insanáveis empurravam os Estados para uma guerra inevitável. Para ele, a capacidade inovadora do capital se mantém, mesmo que ele migre da Europa para a América.

Por outro lado, o proletariado, espelhando o capital, também vive em uma dimensão que transcende os limites do Estado, embora Gramsci fundamente o internacionalismo da classe trabalhadora em bases abstratamente filosóficas, apelando ao conceito do homem como ente genérico.

> O proletariado não pode viver a ideia territorial da pátria, porque é sem história, porque nunca participou na vida política, porque não tem tradições de vida coletiva fora do círculo do município. Tornou-se política através do socialismo [...]. A sua paixão, as suas dores, os seus mártires advêm de outra ideia: da libertação do homem de toda a escravidão [...] por meio do socialismo, o homem regressou assim às suas características de gênero: é por isso que falamos tanto de humanidade e que queremos a Internacional.[12]

Tanto o seu pacifismo como o seu apreço por Norman Angell, Woodrow Wilson e a Liga das Nações resultam dessa leitura do processo histórico. São ideias e personalidades que, de várias formas, tendem a concretizar a "correspondência" entre economia e política, ou seja, a de procurar no ideal de sociedade o correspondente político da integração supranacional das forças econômicas capitalistas.

O livro *La grande illusione* de Norman Angell,[13] que alcançou enorme popularidade e forneceu alimento para o pacifismo liberal, desenvolve a tese de que a riqueza e o bem-estar de uma nação "não dependem de modo algum do seu poderio político"[14]. De acordo com Angell, "[a] delicada interdependência do mundo financeiro (uma consequência do nosso sistema bancário e de crédito) [...] torna a segurança financeira e industrial do vencedor dependente da segurança financeira e industrial de todos os grandes centros que têm certa importância."[15]

A sistematização do seu discurso antimilitarista é um desenvolvimento do pressuposto liberal de que um Estado não é uma entidade diferente da pura soma dos seus habitantes, de que a riqueza que possui não aumenta nem diminui com a mudança de poder político e de que não existe um desenvolvimento desigual.[16]

A simpatia mostrada por Wilson era também motivada pelo interesse de Gramsci na limitação da soberania nacional,[17] bem como da recepção calorosa que inicialmente gozou a figura do presidente americano na Itália.[18] O jovem sardo interpretou efetivamente a proposta da Liga das Nações como uma expressão da hegemonia internacionalista americana, capaz de superar as velhas barreiras estatais, graças ao poder do capital e do mercado, criando assim as melhores condições para a afirmação do comunismo.[19]

O artigo "A Liga das Nações", no *Grido del Popolo* de 19 de janeiro de 1918, é exemplar a esse respeito e justifica a extensa citação:

> A economia burguesa, num primeiro momento, dissolveu as pequenas nacionalidades, os pequenos agrupamentos feudais [...]. A economia burguesa gerou assim as grandes nações modernas. Nos países anglo--saxônicos, foi além disso: [...] descentralizou e desburocratizou os Estados. A produção, não obstaculizada continuamente por forças não econômicas, desenvolveu-se em escala mundial, lançando nos mercados mundiais um monte de bens e riquezas [...]. Woodrow Wilson chegou à presidência dos

Estados Unidos para nela representar [...] os produtores desprotegidos [...] os industriais que exportam [...]. A sua ideologia política é a democracia liberal e liberista [...]. Cria a ideologia pacifista de Norman Angell, mas mostra-se capaz de fazer a guerra [...]. Neste vislumbre de vida do mundo, lança a ideologia da Liga das Nações [...]. É a tentativa de adequar a política internacional às necessidades do comércio internacional [...]. A Liga das Nações representa uma superação do período histórico das alianças e dos acordos militares: representa uma junção da política com a economia, uma aliança das classes burguesas nacionais naquilo que as irmana acima das diferenciações políticas: o interesse econômico.[20]

E, de maneira ainda mais incisiva, no que diz respeito à dimensão política, se pronuncia em julho de 1918:

Nós acreditamos que fatos políticos de extraordinária grandeza estão amadurecendo e acreditamos que a discussão do problema dos super-Estados não lhe seja precisamente um sintoma externo. No seio de todas as nações do mundo existem energias capitalistas com interesses permanentemente solidários: essas energias gostariam de obter garantias permanentes de paz para se desenvolverem e se expandirem [...] a Liga das Nações é a ideologia que floresce sobre esta sólida base econômica.[21]

Com base nesse entendimento sobre as forças mais ativas e progressistas da época, Gramsci considera que são os países anglo-saxônicos aqueles que aspiram à liberdade (de navegação, de comércio etc.) e, portanto, à paz, diferentemente da França e da Itália, que estão interessadas em reivindicações territoriais. O atraso dos dois países se mede pela obsolescência dos seus interesses, que são de caráter territorial e não capitalista-comercial, como o demonstra a querela Wilson-Orlando sobre a questão de Fiume e da Dalmácia.[22]

Durante todo o ano de 1918, Gramsci permaneceu convencido de que, na ausência de iniciativas decisivas do movimento socialista, mudanças radicais na estrutura do Estado e nas relações entre os Estados só poderiam vir dos setores dinâmicos da burguesia anglo-americana. E, em poucos anos, é a Inglaterra, mais ainda do que os Estados Unidos (apesar de Wilson), que representa, a seu ver, o exemplo mais acabado do Estado capitalista moderno, porque se funda no claro conflito entre duas classes, na plena separação entre economia e política e também na perspectiva de transformar o império em uma *Commonwealth*, ou seja, em uma entidade política supraestatal.[23]

Apesar da sua declarada aversão ao determinismo, transparece, nessa exaltação da inevitável convergência para o socialismo do desenvolvimento capitalista e da luta de classes, eticamente purificada, o caráter economicista que marcou a experiência do socialismo da Segunda Internacional. Reduz-se, nessa visão, o espaço da política entendido como o poder de mediação entre forças contrastantes, potencialmente criativo de novas formas, de impulso inovador sobre o presente. A política sofre ainda a suspeita – e aqui se sente a influência de Sorel – de atuar como um freio à espontaneidade da ação, de exprimir o domínio dos mortos sobre os vivos.

O quadro muda radicalmente quando Gramsci é obrigado a constatar, por um lado, o fracasso do projeto de Wilson, devido ao desempenho dos Estados Unidos na Liga das Nações, e, por outro, que a guerra produziu uma crise dramática do mundo capitalista. A relação entre economia e política foi profundamente perturbada, com a superação, na prática, da típica divisão da sociedade liberal. Já não lhe parece, portanto, o momento de exortar a burguesia a fazer cada vez melhor seu trabalho, nem de aceitar, como acreditam os reformistas, "um período de compromisso estatal-reformista-corporativo"[24] com sua representação parlamentar. Seu olhar se concentra agora na Rússia revolucionária dos Sovietes e sobre sua ação no campo internacional, que oferece estímulos capazes de orientar a classe operária para a construção de organismos estatais socialistas, os únicos capazes de salvar o núcleo vital da civilização europeia, agora em perigo.

> A Revolução Social começou também na Itália quando o Estado liberal se revelou impotente para regular pacificamente as relações entre as classes e os partidos [...] os próprios burgueses, levados freneticamente pelo medo, começaram a desagregar a sociedade organizada no Estado liberal e renegar as leis que deveriam ser o seu paládio inviolável [...]. Prepara-se assim, inelutavelmente, o ambiente social em que a ditadura do proletariado representará a única solução possível, representará a salvação do gênero humano atravessado por tremores ferozes.[25]

O nascimento do Estado dos Sovietes o levou a formular um juízo diferente sobre o liberalismo e sobre a dialética socialismo-liberalismo, não mais vista como uma luta progressiva em direção à inevitável chegada do socialismo, mas como um choque mortal entre as forças da destruição e as da preservação da civilização e da humanidade.[26]

Embora consciente de que a guerra tenha varrido os fundamentos liberalistas da relação entre política e economia, Gramsci não compreende plenamente o seu alcance como inovação reformadora; também a esse respeito, será necessário olhar para as análises do fascismo e do americanismo nos *Cadernos* para medir a riqueza analítica original com que repensará a transição para o Estado intervencionista. Continua, durante esses anos, porém, a considerar o protecionismo e a intervenção do Estado na economia como inconsistentes e parasitários, e foi precisamente essa convicção enraizada que o levou a compartilhar a análise catastrófica da Terceira Internacional e se voltar para a construção acelerada de organismos socialistas, no caminho indicado pela revolução dos Sovietes. Mas, ao mesmo tempo, é o contato com essa experiência que o faz compreender e apreciar a força criadora da política, libertando-se dos resíduos de eticismo socialista que nutriam a sua fé no encontro inevitável entre o internacionalismo dos interesses capitalistas e o universalismo humanitário socialista. Os Sovietes o fazem vislumbrar uma nova forma política que poderia aspirar a substituição da soberania do Estado burguês.

1.2 – A Rússia dos Sovietes

A partir do final de 1917, Lenin é uma presença constante nos escritos de Gramsci, tornando-se o símbolo da revolução russa que Gramsci interpreta como o evento que faz "explodir os cânones do materialismo histórico [...]", como uma "Revolução contra o 'Capital'".[27] Ao longo de 1918, a oposição Lenin-Wilson constitui o esquema político fundamental das suas análises, até que Lenin passou a dominá-la sem contestação, tornando-se um ponto de referência permanente para o pensamento teórico e político de Gramsci. A Rússia dos Sovietes e a Internacional Comunista vão alimentar a sua perspectiva de superação da crise do pós-bélica por meio de uma "equalização" da política e da economia, já não mais confiada ao poder do capital, mas à expansão dos Sovietes como instituição.

A imagem do colapso, da "decomposição e desintegração de todo o sistema mundial capitalista",[28] substitui a narrativa anterior de um desenvolvimento historicamente progressivo e libertador: o liberalismo entra em colapso e com ele todo o mundo capitalista. E os efeitos dessa drástica mudança terão profundas repercussões nas suas análises histórico-políticas.[29]

A adesão de Gramsci às teses da Terceira Internacional ocorre, portanto, com base numa mudança de avaliação sobre o momento histórico. No espaço de alguns meses, chega a compartilhar a análise do *Comintern* segundo a qual a civilização europeia avança para a catástrofe,[30] que a revolução mundial alcançou sua maturidade e a única salvação reside na possibilidade de construir um novo sistema de instituições proletárias, espalhadas por toda a Europa, segundo o modelo dos Sovietes russos. A própria experiência dos conselhos de Fábrica na Fiat de Turim inscreve-se nesse processo de caráter "constitucional" que colocou em movimento a Revolução de outubro.[31]

> Aderir à Internacional significa engrenar as próprias instituições aos Estados proletários da Rússia e da Hungria. A Internacional Comunista não é um gabinete burocrático de líderes de massas: é uma consciência histórica da massa, objetivada em um vasto e complexo movimento do conjunto do proletariado internacional. Deve, portanto, ser uma rede de instituições proletárias.[32]

E, alguns meses depois, no início de 1920, escreve:

> [...] a revolução russa é a primeira tentativa vitoriosa realizada por uma classe operária nacional para criar as condições para uma economia organizada em escala mundial: o Estado operário russo é a primeira célula desta enorme organização que a classe capitalista tentou pôr em prática em seu próprio benefício, com a guerra imperialista e o mito da Liga das Nações.[33]

A nova Internacional se propôs efetivamente a reagir à crise desencadeada pelos nacionalismos com a eclosão da guerra (e o fim inglório da Segunda Internacional, que a tinha fomentado), criando uma nova ordem mundial baseada em instituições políticas cooperativas.[34]

Definindo o acontecimento revolucionário nos termos de uma nova ordem estatal, Gramsci se distancia claramente do reformismo e do economicismo da Segunda Internacional, mas mantém a dúvida sobre a efetiva capacidade dos novos organismos de se apresentarem como instituições potencialmente estatais, evitando "qualquer sugestão de economicismo e de inclinações extremistas".[35]

Por outro lado, é preciso sublinhar que a adesão às teses da Internacional não levou Gramsci, como já mencionado, a compartilhar a teoria leninista do caráter intrinsecamente conflitual do imperialismo e da inevitabilidade da guerra, isto é, a negar integralmente a sua leitura anterior da dinâmica expansiva e pacífica do capitalismo. A definição que toma emprestada do "movimento zimmerwaldiano" é bastante significativa:

> [...] *imperialismo* significa período histórico dos monopólios nacionais e internacionais, [...] *imperialismo significa precisamente superação da livre iniciativa individual*. Todo o movimento posterior [...] está baseado nessa tese primordial, de caráter econômico, de valor marxista essencial [...]. Se não se aceita essa tese, não se pode pertencer à Internacional, não se pode ser nem comunista nem revolucionário.[36]

Nessa leitura do imperialismo, a crise e o declínio do liberalismo são claramente admitidos, mas a tendência iminente para a guerra nunca é evocada. A experiência adquirida durante a sua estadia em Moscou, em 1922 e 1923, lhe permitiu projetar as questões italianas na cena mundial e começar a processar o choque da ascensão do fascismo, com o consequente afastamento das posições extremistas.

Quando chegou à capital dos Sovietes, em 1922, representando o partido italiano, para participar da Executiva do *Comintern*, Gramsci percebe que haviam ocorrido mudanças importantes na política russa, resultado do esgotamento da fase expansiva da Revolução e "do paradoxo que emergiu no fim da guerra civil, ou seja, a persistência do regime revolucionário na Rússia apesar do fracasso da revolução na Europa".[37] Para evitar o seu colapso, Lenin impôs uma forte e rígida unidade do núcleo dirigente do partido, bem como a aliança entre operários e camponeses conectada a NEP, com o objetivo de fornecer ao governo bolchevique uma base social disposta a modernizar a economia e, por fim, a fórmula da "frente única", redefinindo a estratégia dos partidos comunistas. A estadia em Moscou lhe ofereceu a oportunidade, em particular, de se familiarizar com Lenin, com uma certa figura de Lenin, de quem o comunista italiano assimila dois aspectos fundamentais: a necessidade de traduzir em uma linguagem histórica nacional tanto a doutrina quanto a tática da Internacional e a teoria da hegemonia. O conceito e a prática da hegemonia exprimem as novas orientações da política da Internacional sustentadas na aliança entre a classe operária e os camponeses. Para Gramsci, a teoria da hegemonia veio assim absorver e substituir a palavra de ordem da revolução permanente, constituindo o pressuposto teórico-político que, em poucos anos, o levaria ao confronto com Bordiga[38] e à redação das *Teses de Lion* e de *Alguns temas da questão meridional*.

Trata-se de um esquema conceitual que, embora apenas esboçado, começa a desestabilizar o paradigma binário produção-política que ainda dirige a experiência conselhista.[39] A participação no debate da Internacional sobre a "frente única" o levou a aprofundar suas implicações e a desenvolver, para a situação italiana, a fórmula do governo operário e camponês – e não mais apenas operário –, até a proposta da República federativa dos operários e camponeses. Ao contrário de outros líderes italianos, Gramsci não considerará a palavra de ordem da "frente única" apenas uma indicação tática, boa para agitação de propaganda, mas uma proposta estratégica que implicava soluções institucionais.

O interlúdio vienense, entre Moscou e o seu regresso a Roma, em maio de 1924, marcado pelo "Outubro alemão",[40] foi a oportunidade para uma intensa leitura e estudo de textos, agora tornados acessíveis pelo seu conhecimento do russo e do alemão, a começar por Marx, cuja obra entende que se deve fazer um trabalho de divulgação entre as massas proletárias.[41]

Nesse período, começa a se estabelecer uma distância entre a rigidez didática das orientações da Internacional sobre a bolchevização e a riqueza de novas aquisições teóricas e culturais que abrem horizontes mais amplos,[42] estimulando-o a alargar as indicações e sugestões de edições e publicações de autores marxistas, de Lenin a Korsch, Adoratsky e Bukharin.[43] Propõe, como programa editorial do *Ordine Nuovo*, a publicação de um "número único dedicado a Antonio Labriola e ao horizonte do marxismo na Itália";[44] avança a ideia de publicar um anuário (600 ou 700 páginas) que incluísse uma seção dedicada "ao marxismo e à sua história, especialmente na Itália", bem como uma edição trimestral (de cerca de 250 páginas) e uma série de pequenas obras; anuncia sua intenção de publicar, pelo menos em parte, as notas de Ryazanov.[45]

Uma passagem importante de esclarecimento político e conceitual e de liquidação da sua experiência teórico-política passada é a crítica severa ao manifesto que Bordiga propõe em dezembro de 1923. Para Gramsci, trata-se de "maximalismo", uma mistura peculiar de intransigência, determinismo e fatalismo que deriva de uma leitura "escolástica" de Marx, e é essa orientação que empurra Bordiga para a frente antileninista, rejeitando a contribuição criativa de Lenin para o marxismo, considerada fruto das condições atrasadas da Rússia e completamente inservível ao Ocidente desenvolvido.

Em dois artigos de julho de 1925, "Maximalismo e extremismo"[46] e "O partido se fortalece combatendo os desvios antileninistas,[47] Gramsci apresenta as críticas que mais tarde serão o fio condutor do debate e das decisões do Congresso de Lyon sobre a concepção do partido e a sua relação com a classe (e as massas) e sobre a natureza e a função dos intelectuais.[48] E foi precisamente ao comentar os resultados mais relevantes do Congresso para os leitores do *L'Unità* que Gramsci comparou as teses bordiguianas à filosofia de Croce, cuja concepção ético-política Bordiga compartilhava, uma vez que, com sua teoria do partido-síntese, desligado da classe, isolava o momento intelectual do passional, bloqueando assim o caminho para o crescimento da autonomia teórica e política do proletariado.[49] Ao mesmo tempo, lhe parece cada vez mais evidente não apenas a diferença entre a Rússia e a Europa Ocidental, mas o fato de que a estratégia política concebida no momento da cisão de Livorno tenha fracassado e que é necessário dar conta disso:

> A determinação, que na Rússia era direta e lançava as massas para a rua no assalto revolucionário, na Europa central e ocidental se complica por todas aquelas superestruturas políticas, criadas devido ao maior desenvolvimento do capitalismo, e tornam mais lenta e mais cautelosa a ação da massa, o que exige, portanto, do partido revolucionário toda uma estratégia e uma tática mais complexa e prolongada do que as que foram necessárias aos bolcheviques no período entre março e novembro de 1917.[50]

Esta é a razão fundamental que determinou o fim do apoio a Bordiga: não se trata de mera disciplina e respeito pelas deliberações do *Comintern*, mas de dar um novo perfil a um partido que, em grande medida, fracassou na sua missão histórica.[51]

Progressivamente, depois da derrota da revolução na Alemanha, Hungria e Polônia e da chegada do fascismo à Itália, aos olhos de Gramsci, a Rússia e a Internacional começaram a não mais representar uma instância unitária de reorganização cooperativa do mundo. Trata-se sobretudo de reconhecer – o que é saudado com orgulhosa ênfase – a Rússia[52] como uma grande potência mundial, capaz de reunir a sua volta e liderar um conjunto de forças antagonistas que expressam "um conglomerado disforme de rebeliões contra a exploração hegemônica do capitalismo".[53]

Como já foi observado, Gramsci não se detém diante do principal paradoxo da Revolução Russa, isto é, a sua sobrevivência apesar do isolamento internacional. Deve, porém, levar em conta a virada imposta pela liderança de Stalin ao partido russo e ao *Comintern*, centrada no binômio "estabilização capitalista" e "socialismo em um só país". Com essas fórmulas, o novo grupo dirigente bolchevique assumia definitivamente que a atualidade da situação revolucionária, defendida por Lenin, já não existia mais, como sustentou Stalin no XIV Congresso do partido russo: "A questão da tomada do poder, da conquista do poder pelo proletariado de um dia para o outro, já não está na ordem do dia na Europa".[54] Foi Bukharin quem deu dignidade teórica a essa mudança de perspectiva, associando, numa visão de conjunto, a concepção da NEP como a estratégia a longo prazo na Rússia soviética, juntamente com a constatação da relativa "estabilização" da Europa burguesa depois das perturbações do pós-guerra, à ideia da revolução mundial como um processo epocal e articulado.[55]

Com essa conversão da atualidade histórica da revolução mundial num processo de duração indefinida, Bukharin se propunha a harmonizar os interesses do Estado soviético com a ação política do movimento comunista, não mais ancorado apenas na tarefa de provocar uma situação insurrecional.[56]

Gramsci aceita e compartilha a formulação estratégica da maioria, que atribuía aos partidos do *Comintern* a nova responsabilidade de traduzir para linguagem nacional os princípios do bolchevismo, mas percebe na ruptura que se verificava na direção russa o sinal de uma contradição que mina toda a estratégia. Isso o levou a escrever, em outubro de 1926, a célebre carta do Comitê Político do Partido Comunista da Itália (PCD'I) ao Comitê Central do Partido Bolchevique, na qual temia uma perigosa fratura entre a perspectiva do socialismo num só país e os interesses do proletariado internacional.[57]

A dinâmica processual e não mais insurrecional da revolução mundial, juntamente com a opção pelo "socialismo em um só país", exigia que fosse salvaguardado o convencimento "das massas" de que na URSS estava sendo construído o socialismo e que essa responsabilidade internacionalista recaía sobre os ombros dos dirigentes russos. A escalada do confronto entre a minoria trotskista e a maioria stalinista-bukhariniana leva a uma ruptura da unidade partidária, ameaçando, na visão de Gramsci, o princípio político fundamental (e não apenas simbólico) que organiza todo o edifício da Internacional Comunista: o socialismo tinha descido do céu à terra, era uma realidade existente, e não mais uma aspiração (é este o ponto que divide os comunistas dos social-democratas).[58]

Gramsci "apontava a 'construção do socialismo' na URSS como um elemento decisivo de atração para as massas trabalhadoras do Ocidente e duvidava da consciência dos dirigentes soviéticos envolvidos nas suas lutas pelo poder".[59] Os acontecimentos posteriores confirmariam esse receio: a experiência soviética permanece presa no terreno econômico-corporativo, o comunismo russo se territorializou, adotando a divisa do interesse estatal-nacional. A crítica a Bukharin que Gramsci desenvolverá nos *Cadernos* exprime um juízo severo sobre a inadequação da Rússia soviética para representar um exemplo ativo e vivo da construção do socialismo, capaz de unir dialeticamente "Reforma e Renascimento", isto é, o momento de ruptura nas relações econômico-sociais e o momento de elaboração intelectual e política. O exercício da hegemonia do proletariado, como se pode ver no texto "Alguns temas da questão meridional", coetâneo da carta de 1926, exigia que ela fosse exercida também sobre os intelectuais que formavam o tecido de conexão com o mundo camponês.[60] Na URSS, ao contrário, o grupo dirigente bolchevique estava paralisado no ponto de ruptura, provocando, ao mesmo tempo, a torção da hegemonia do proletariado em comando autoritário sobre os camponeses e o seu mundo e a crise irreversível do internacionalismo.

Quando ingressa na prisão, Gramsci já vislumbra que a perspectiva, ainda cultivada durante a década de 1920 – com a Internacional, apesar das derrotas e regressão antagonística, permanecendo como um princípio expansivo de unificação do mundo –, estava se fechando.

Tornara-se claro para ele que o modelo dual proletariado/burguesia não funcionava mais. À medida que a aliança operário-camponesa avançava na cena revolucionária, emergia a mediação fundamental dos intelectuais, tornando aquele modelo politicamente improdutivo. Era, portanto, necessário repensar a figura do Estado e a própria ideia de política. E era igualmente claro que tudo isso implicava uma revisão drástica do arcabouço conceitual que o tinha levado a abraçar primeiro o internacionalismo de classe e depois, mais ainda, o internacionalismo comunista. Um repensar complexo e doloroso que cortava a carne viva das relações políticas e pessoais.

Passará muito tempo antes que o prisioneiro possa se dedicar à escritura das notas, numa viagem cujo percurso e local de chegada eram ainda ignorados.

Notas

[1] A partir da segunda metade do século passado, o termo "soberania" passou a ser carregado de significados que enfatizam seu elemento de comando absoluto, de arbitrariedade e de violência, levando ao extremo a interpretação teológico-política defendida por Carl Schmitt. Na realidade, a soberania moderna, na leitura de Gramsci – herdeiro da tradição clássica que conecta razão e política – coincide com a construção racional do Estado, e não com a violência do puro mando.

[2] Páginas intensas e fora da mais comum das classificações são dedicadas a Kelsen por De Giovanni, 2018, pp. 71-89. Sobre o tema da soberania moderna e sua crise, ver *idem*, 2015.

[3] L. Rapone, 2011, p. 5.

[4] "[A nação] não é algo estável e definitivo, mas é apenas um momento na organização político-econômica dos homens, é uma conquista quotidiana, um desenvolvimento contínuo em direção a momentos mais completos, para que todos os homens possam encontrar nela o reflexo do seu próprio espírito, a satisfação das suas próprias necessidades [...]. Tende a ampliar-se mais ainda porque as liberdades e as autonomias até agora conseguidas já não bastam, tende para organizações mais amplas e mais inclusivas: a Liga das Nações burguesas, a Internacional Proletária". A. Gramsci, "Il sindacalismo integrale", *in Il Grido del popolo*, 23 marzo 1918 e *Avanti!*, 31 marzo 1918. Gramsci, 1982, pp. 761-762. Este é o desafio que, na Europa, as forças socialistas e comunistas perderão no confronto com o fascismo e o nazismo, que integrarão as massas em nome de um nacionalismo agressivo, inclinado para a guerra e, em última análise, para a catástrofe (confirmação trágica do desaparecimento efetivo do Estado-nação moderno). Na Rússia, o desafio será aparentemente vencido à custa da redução do internacionalismo à propaganda, ou melhor, à custa da "nacionalização" do comunismo.

[5] Rapone, 2011, pp. 224 ss. Quanto aos vínculos entre os seus escritos de juventude e os *Cadernos*, as descontinuidades de natureza intelectual, teórica e política – para além das aquisições gerais, como a acima referida, que persistem ao longo de toda sua vida – são, no meu

entendimento, muito profundos porque estão ligados à mudança radical de paradigma na leitura do tempo: a época já não é a da revolução mundial, mas a da crise orgânica. Para uma visão distinta, ver Paggi, 1970, pp. XXIX e ss.

6 Garin, 1983, p. 324.

7 Permito-me aqui indicar "I Marx di Gramsci", Izzo, 2009.

8 A. Gramsci, "Misteri della cultura", in Il Grido del popolo, 19 ottobre 1918. Gramsci, 1984, p. 348. A expressão de Labriola "comunismo crítico" comparece pela primeira vez nesse escrito juvenil, mas é usada também em "La volontà di lavorare", in L'Ordine Nuovo, 7 giugno 1919, agora em Gerratana & Santucci, 1987, p. 68; e, sobretudo, de modo mais expressivo, em "Giolitti al potere", in L'Ordine Nuovo, 12 giugno 1920. Gramsci, 1984 p. 554, e em "Cronache di cultura", in Avanti!, edizione piemontese, 14 giugno 1920. Idem, ibidem, p. 556, sendo depois abandonada para reaparecer muito mais tarde.

9 A. Gramsci, "Astrattismo e intransigenza" in Il Grido del popolo, 11 maggio 1918 e "L'intransigenza di classe e la storia italiana". Idem., 18 maggio 1918. Gramsci, 1984, pp. 15-19 e pp. 27-38, respectivamente.

10 A. Gramsci, "Per chiarire le idee sul riformismo borghese", in Avanti!, 11 dicembre 1917, crônicas turinesas; Gramsci, 2015, p. 643.

11 "A separação entre economia e política é uma necessidade íntima da civilização capitalista" in A. Gramsci, "Il culto della competenza", in Avanti!, 13 maggio 1918. Gramsci, 1984, p. 21.

12 A. Gramsci, "L'idea territoriale", in Avanti!, 3 novembre 1916, cronache torinesi, Gramsci, 2019, pp. 728-729.

13 Angell, 1913.

14 Idem, p. 33.

15 Idem, p. 36.

16 "As relações entre os Estados vão mudando rapidamente, resultado das condições que se alteram com a crescente facilidade de comunicação. Essa divisão mais completa do trabalho estabelece, por sua vez, uma interdependência inevitável entre aqueles que dela participam; tais condições de dependência mútua retiram o vigor e a eficácia da força bruta e da função de regular e orientar tudo até agora exclusiva do poder político: não só isso, mas também dá origem a uma nova forma de cooperação, não individual, mas de grupos [...] de modo que a fronteira política não coincide mais com a fronteira econômica [...] finalmente, se obtém aquilo que chamo a 'reação financeira telegráfica'. Idem, pp. 172-173).

17 Rapone, 2011, pp. 237 ss.

18 Luigi Einaudi, sobre a "Liga das Nações": "O dogma da soberania perfeita deve ser destruído e banido para sempre, se se quiser que a sociedade das nações nasça viável [...]. A verdade é a interdependência dos povos, não a sua independência absoluta [...]. Na paz, todos os Estados já tiveram de reconhecer numerosos limites e restrições à sua soberania absoluta; e o que são as convenções postais, sanitárias, ferroviárias, de propriedade industrial e intelectual e de marcas registadas senão renúncias à soberania plena e absoluta de cada Estado?". Einaudi, 1920, pp. 151-153. E, sobre a guerra e a intervenção americana, considerada uma garantia de defesa da liberdade contra o desejo de domínio da Alemanha na Europa, escreve: "Os Estados Unidos travam hoje a guerra pela liberdade da Europa para não serem 'obrigados' a travar uma guerra muito mais dura e agressiva daqui a cinquenta anos contra a potência que na Europa, sem a sua intervenção, talvez tenha conquistado a hegemonia [...]. Útil baluarte contra o turco e o moscovita, esse tipo de Estado fechou o seu ciclo". Idem, pp. 122-123.

19 Sobre o debate italiano desencadeado por Wilson com a proposta da Liga das Nações, no qual Gramsci também participou, ver Savant, 2009, pp. 155-174 e também Savant, 2016. A propósito de Wilson é interessante levar em conta a influência de Mazzini, reconhecida pelo próprio Wilson, sobre o seu internacionalismo liberal: "A caminho da Conferência de Paz de Paris, em 1919, o então presidente americano quis parar em Gênova para prestar homenagem ao monumento de Mazzini, declarando abertamente que tinha estudado a fundo as suas obras

e que tinha 'retirado orientações dos princípios tão eloquentemente expressos por Mazzini'. Acrescentou ainda que, com o fim da Primeira Guerra Mundial, esperava contribuir para a 'realização dos ideais a que [o próprio Mazzini] dedicou sua vida e sua inteligência'". Recchia & Urbinati, 2011, p. 11.

20 A. Gramsci, "La Lega delle Nazioni" em Gramsci, 1982, pp. 570-571.

21 A. Gramsci, "La nuova religione dell'umanità" in *Il Grido del popolo*, 13 luglio 1918. Gramsci, 1984, p. 175.

22 Savant, 2009, pp. 156-157. Como escreve Leonardo Rapone: "A consciência, por parte dos sujeitos burgueses mais modernos e desenvolvidos, da contradição entre a dimensão transnacional dos processos econômicos e a organização nacional da política torna-se o foco da reflexão de Gramsci sobre as tendências do desenvolvimento capitalista: o resultado são formulações que não encontrarão lugar na bagagem cultural comunista, moldada pela análise de Lenin do imperialismo e pela ideia de uma crise geral do capitalismo". Rapone, 2011, p. 240; mesmo que a sua adesão à Terceira Internacional o tenha levado a pôr de lado essa forma de entender as contradições internas das sociedades capitalistas que, com uma consciência e instrumentação teórica muito mais maduras, voltariam a emergir nos *Cadernos*.

23 Depois da sua estadia na Rússia, que lhe permitiu assimilar a política de bolchevização (aliança operária e camponesa com a hegemonia operária), o esquema dual e contratualista do Estado moderno entra progressivamente em crise. A partir das *Teses de Lion e Alguns temas da questão meridional*, a questão camponesa surge como uma questão nacional que altera profundamente a sua visão do Estado moderno, e a França, com a Revolução e os Jacobinos, passa a desempenhar o papel de modelo em vez da Inglaterra.

24 Michelini, 2011, p. 146.

25 A. Gramsci, "Anche a Torino", *in Avanti!*, edizione piemontese, 5 dicembre 1918. Gramsci, 1984, pp. 429-430.

26 "Os esquemas do liberalismo são desfeitos: as teses marxianas estão presentes. O comunismo é humanismo integral: estuda, na história, tanto as forças econômicas quanto as subjetivas, estuda-as nas suas interferências recíprocas, na dialética que emana dos choques inevitáveis entre a classe capitalista, essencialmente econômica, e a classe proletária, essencialmente subjetiva, entre a conservação e a revolução [...]. É por isso que o desenvolvimento do capitalismo, culminando na destruição da guerra, determinou a constituição das imensas organizações proletárias, unidas pelo mesmo pensamento, pela mesma fé, pela mesma vontade; o comunismo, estabelecido através do Estado dos Conselhos operário e camponês, que é o humanismo integral, tal como Karl Marx o concebeu, que triunfa sobre todos os esquemas abstractos e jacobinos da utopia liberal". A. Gramsci, "Einaudi o dell'utopia liberale", *in Avanti!*, edizione piemontese, 25 maggio 1919. Gramsci, 1966, pp. 41-42.

27 A. Gramsci, "La rivoluzione contro il 'Capitale'", *in Il Grido del popolo*, 1° dicembre 1917. Gramsci, 2015, p. 617.

28 "A época atual é a época da decomposição e da falência de todo o sistema capitalista mundial, o que significará a falência da civilização europeia se o capitalismo não for suprimido com todos os seus antagonismos irremediáveis". Gramsci, 1966, p. 33). Nesse artigo, Gramsci retoma literalmente os sete pontos programáticos da carta-convite para o Primeiro Congresso da Internacional Comunista, de 24 de janeiro de 1919. Agosti, 1974, pp. 18-22.

29 "Toda a abordagem que Gramsci havia construído nos anos anteriores sobre a questão da atipicidade do Estado burguês na Itália é colocada em discussão, e a sua análise das particularidades do desenvolvimento italiano terá de recomeçar, no futuro, sob novas bases". Rapone, 2011, p. 395. Efetivamente, ele partirá da análise da história dos intelectuais italianos e do seu cosmopolitismo, e não mais da categoria do transformismo, ou melhor, o transformismo será explicado pela longa história dos intelectuais e por sua falta de vínculo com as massas camponesas. O cosmopolitismo implica a ausência de uma relação hegemônica com o campesinato, o que, para o Gramsci dos *Quaderni*, constitui, por outro lado, o traço caraterístico

30 do Estado burguês moderno, cujo modelo exemplar é oferecido pela França jacobina, e não mais pela Inglaterra. Sobre transformismo ver Gramsci, 1975, *Quaderno* 1 (de agora em diante, nas notas, Q.), pp. 37-38.
"A nova época nasceu! É a época da desintegração do capitalismo, da sua dissolução interna, a época da revolução comunista do proletariado. O sistema imperialista está desmoronado [...]. Sobre a humanidade, cuja civilização foi hoje demolida, paira a ameaça da destruição total. Só uma força a pode salvar, e essa força é o proletariado [...]. O resultado final do processo de produção capitalista é o caos, e este caos só pode ser superado pela maior classe produtora: a classe operária. Ela tem a tarefa de criar a verdadeira ordem – a ordem comunista – para quebrar o domínio do capital, para tornar as guerras impossíveis, para eliminar as fronteiras estatais, para transformar o mundo numa comunidade que trabalha para si própria, para realizar a fraternidade e a emancipação dos povos". Agosti, 1974, p. 24 (Plataforma da Internacional Comunista aprovada no I Congresso, em 4 de março de 1919). "A teoria do empobrecimento estava sendo enterrada sob os assobios zombeteiros dos eunucos das cátedras da burguesia e dos altos hierarcas do oportunismo socialista. Hoje assistimos não só ao empobrecimento social, mas também ao empobrecimento fisiológico e biológico em toda a sua espantosa realidade. A catástrofe da guerra imperialista anulou claramente todas as conquistas das lutas sindicais e parlamentares. E, no entanto, essa guerra nasceu das tendências internas do capitalismo, da mesma forma que os acordos econômicos e os compromissos parlamentares que a enterrou no sangue e na lama [...]. O carácter estatal da vida econômica, a que o liberalismo capitalista tanto se opunha, tornou-se agora um fato consumado. Não só não é mais possível regressar à livre concorrência, como também não é possível regressar ao domínio dos *trusts*, dos sindicatos [...]. A questão é apenas a de saber quem dirigirá a produção estatizada no futuro, se o Estado imperialista ou o Estado do proletariado vitorioso". Agosti, 1974, pp. 60-61 (Manifesto da Internacional Comunista ao proletariado de todo mundo, de 6 marzo 1919).

31 A. Gramsci, "La volontà di lavorare", in *L'Ordine Nuovo*, 7 giugno 1919. Gramsci, 1966, p. 67.

32 A. Gramsci, "Per l'Internazionale comunista", in *L'Ordine Nuovo*, 26 luglio 1919, Gramsci, 1966, p. 152. "A experiência conselhista [...] é inconcebível nas suas formas e dinâmica sem a interação com a Revolução Russa. Os escritos de Gramsci estabelecem uma interdependência constante entre a politização das massas, a revolução bolchevique, a crise da ordem liberal e capitalista do pré-guerra, o problema da reconstrução de uma ordem internacional e o colapso das estruturas tradicionais da sociedade italiana". Pons, 2019, p. 24.

33 A. Gramsci, "Operai e contadini", in *Avanti!*, edizione piemontese, 20 gennaio 1920. Gramsci, 1966, p. 426.

34 Os bolcheviques encontraram também uma resposta bem-sucedida para a crise dos impérios e para o avanço do nacionalismo: a União Soviética foi, de fato, o resultado da "combinação de um Estado austro-marxista com um Partido Comunista centralizado". Mazower, 2005, p. 61.

35 De Felice, 1971, p. 290.

36 A. Gramsci, "La disfatta", in *L'Ordine Nuovo*, 5 aprile 1921. Idem. "Socialismo e fascismo". Gramsci, 1966, p. 126.

37 Pons, 2019, p. 36.

38 Sobre o tema da hegemonia ver o recente e detalhado livro de Vacca, 2017, em particular o Capítulo I. É preciso dizer que, numa carta de janeiro de 1924 dirigida a Scoccimarro (Negri), Gramsci escrevia: "Na realidade, o fascismo [tem] colocado na Itália um dilema muito duro e cortante: o da revolução permanente e da impossibilidade não só de mudar a forma do Estado, mas simplesmente de mudar o governo sem ser pela força armada". Gramsci, 1992, p. 162.

39 "Apesar de Gramsci [...] ser aquele que forneceu os elementos essenciais para um salto qualitativo e não reversível [...] mesmo no período ordinovista ele ainda se move dentro de

uma ótica que tem sua matriz na Segunda Internacional: a articulação real do que significa desempenhar o papel dirigente da classe operária não está resolvida". De Felice, 1971, p. 344.

40 A referência é ao dramático fracasso da revolta de 23 de outubro de 1923, em Hamburgo, liderada pelo Partido Comunista Alemão, que marcou o fim definitivo da expansão da revolução no Ocidente

41 "Eu me convenci estando na Rússia, em contacto com os nossos emigrados e vendo, nos resultados de hoje, o que os camaradas russos fizeram antes da revolução. Acreditam realmente que os simples operários que hoje dirigem as seções e divisões do Comissariado só adquiriram a sua experiência através da atividade política e econômica no Partido? As escolas do Partido tiveram uma função enorme na formação dessas competências, criaram aquilo que os russos chamam 'materialismo militante', ou seja, aquele fenômeno que eu considero único em todo o mundo, no qual a doutrina de Marx havia se tornado uma coisa viva no Partido, tinha se incorporado nas consciências, tinha dado lugar ao nascimento de um movimento integral de uma nova civilização. É claro que também produziu excessos: uma mania excessivamente detalhista, as discussões intermináveis, esse desejo de ir ao extremo na análise; mas isso está necessariamente ligado à formação de qualquer nova corrente de massa ideal e o fanatismo, no início, é uma força". Giasi; Gualtieri & Pons, 2009, pp. 205-207.

42 Numa anotação provavelmente datada de junho de 1923, escreve sobre a não aplicação da tática da frente única em todos os países: "É evidente que isto não pode ser acidental. Há algo de errado em todo o campo internacional e há uma fraqueza e uma falta de direção". A. Gramsci, "La questione italiana e il Comintern". Gramsci, 1971, p. 457.

43 Carta de 14 janeiro de 1924. Gramsci, 1992, pp. 184 ss.

44 Carta de 10 dezembro de 1923. *Idem*, p.138.

45 Carta de 20 dezembro de 1923. *Idem*, p. 148. F. Giasi trata disso no seu *Vita di Gramsci* (cap. 8.1); uma cópia digitalizada foi disponibilizada gentilmente pelo autor.

46 "O maximalismo é uma conceção fatalista e mecânica da doutrina de Marx [...]. Mas há também o maximalismo que não está no partido maximalista e que pode estar no Partido Comunista. Ele é intransigente e não oportunista. Mas também acredita que é inútil mover-se e lutar dia após dia; ele só espera o grande dia [...]. Isto, para nós, é maximalismo [...]. O camarada Lenin nos ensinou que para vencer nosso inimigo de classe, que é poderoso, que tem muitos meios e reservas à sua disposição, devemos explorar todas as fendas na sua frente e devemos utilizar todos os aliados possíveis, ainda que incertos, vacilantes e provisórios". A. Gramsci, "Maximalismo e Extremismo" em *L'Unità*, 2 luglio 1925. Gramsci, 1971, p. 248.

47 "O Partido Comunista é aquela parte do proletariado que assimilou a teoria socialista e continua a difundi-la. A tarefa que no início do movimento foi levada a cabo por intelectuais individuais (como Marx e Engels), mas também por operários que tinham uma capacidade científica [...] hoje é levada a cabo pelos partidos comunistas e pela Internacional no seu conjunto. Para o Comitê, o entendimento é que devemos conceber o partido tal como ele foi pensado no início do movimento: uma 'síntese' de elementos individuais e não um movimento de massas. Por que isso? Nessa concepção há uma ponta de forte pessimismo em relação à capacidade dos operários [...]. O que é então o partido? É apenas o pequeno grupo dos seus dirigentes [...] que 'refletem' e 'sintetizam' os interesses e as aspirações genéricas da massa, mesmo a do partido". *In* A. Gramsci, "Il partito si rafforza combattendo le deviazioni antileniniste", em *L'Unità*, 5 luglio 1925. *Idem*, p. 251.

48 O Congresso de Lyon e o aparecimento do tema dos intelectuais constituíram uma novidade absoluta que terá desenvolvimentos extraordinários.

49 "Em outros termos, o extremismo de Bordiga partia de um problema histórico-político que Gramsci reconhecia como fundamental à luz de todo o desenvolvimento da luta política na Itália, o do transformismo. Em virtude dessa escolha, Bordiga também teve o seu apoio. Mas em 1925, com a acusação de crocianismo, Gramsci pode argumentar que toda a linha política da esquerda só se justifica pela não resolução do problema que ela procurou colocar no centro

da sua própria iniciativa, o da autonomia ideal e política da classe". Paggi, 1984, pp. 318-319.
50 Carta de 9 fevereiro de 1924. Gramsci, 1992, p. 233.
51 F. Giasi, *Vita di Gramsci*, cap. 8.1 (ver nota 45).
52 "Só um Estado operário no mundo, rodeado por um grupo implacável de inimigos", ou seja, um Estado em que "os intelectuais, os camponeses, todas as classes médias [...] reconhecem a classe operária como a classe dominante". A. Gramsci, "La Russia, potenza mondiale", *in L'Ordine Nuovo*, 14 agosto 1920. Gramsci, 1966, p. 617.
53 *Idem*, p. 618. "A guerra mundial, vencida pela Entente, devia, com a Paz de Versalhes e com a Liga das Nações, estabelecer um regime de monopólio no globo; ao sistema de equilíbrio e de concorrência entre Estados devia suceder uma hegemonia incontestada. A Rússia dos Soviets [...] fracionou o sistema hegemônico, trouxe de volta o princípio da luta entre os Estados, estabeleceu em escala mundial [...] a luta da Internacional operaria contra o capitalismo". *Idem, ibidem*. "A presença do Estado bolchevique não parece agora decisiva somente por sua constituição interna e exemplo revolucionário, mas por sua projeção e influência no sistema internacional de Estados e de poder mundial [...]. O projeto leninista mantém-se relevante por meio da mutação da guerra civil e marca o tempo histórico do pós-guerra". Pons, 2019, pp. 32-33.
54 Pons, "Dopo Lenin", *in* Giasi; Gualtieri & Pons, 2009, p. 219.
55 *Idem*, pp. 215-216.
56 *Idem*, p. 225.
57 Vacca, 1999.
58 O convencimento a respeito da realidade do socialismo "não pode ser inculcado nas amplas massas por métodos de pedagogia escolástica, mas [...] apenas pelo fato político de o Partido Russo no seu conjunto estar convicto e lutando unido", carta a Togliatti de 26 outubro de 1926. Daniele, 1999, p. 439.
59 Pons, 2009, p. 227. Silvio Pons voltou recentemente ao tema, dando amplo espaço ao efeito da publicação do Testamento de Lenin sobre a divergência entre Gramsci e Togliatti, enfatizando ainda mais o valor internacionalista da posição de Gramsci. De acordo com Pons, "esta tomada de posição é atípica no contexto do comunismo internacional e representa uma extensão da visão da interdependência entre a revolução russa e a revolução ocidental, ela própria inscrita nas interconexões globais do pós-guerra. É precisamente essa extensão que carrega o sentido do internacionalismo cosmopolita até as últimas consequências e cria uma fratura na direção do partido italiano". Pons, 2019, p. 233.
60 Vacca, 2017, capítulos 4 e 5.

2

O Estado moderno e o papel dos intelectuais

2.1 – Os programas de trabalho na prisão

Passaram-se cerca de três anos até que Gramsci adquirisse condições para elaborar um programa inicial de trabalho e de estudo. Três anos marcados por muitas dificuldades; primeiro pelo confinamento, depois como prisioneiro sujeito a longas e perturbadoras transferências, culminando com a duríssima sentença no processo que finalmente o condenou à prisão de Turi. Ao longo desse período, ele evoca, nas cartas, os propósitos de estudo e os obstáculos, tanto materiais como psicológicos, que se apresentam à sua realização.

É esclarecedora, a esse respeito, a carta a sua cunhada Tania Schucht, datada de 19 de março de 1927, em que aparece o famoso *"für ewig"*:

> Estou atormentado [...] por essa ideia: de que deverei fazer algo *"für ewig"*, segundo uma complexa concepção de Goethe, que lembro de ter atormentado muito o nosso Pascoli. Em suma, de acordo com um plano pré-estabelecido, gostaria de me ocupar intensa e sistematicamente de alguns temas que me absorvessem e centralizassem minha vida interior. Até agora pensei em quatro temas, e isso já é um indício de que não consigo me concentrar, a saber: 1. uma investigação sobre a formação do espírito público na Itália no século passado; em outras palavras, sobre os intelectuais italianos [...]. Lembra do meu texto, muito curto e superficial, sobre o sul da Itália e a importância de B. Croce? Pois bem, gostaria de desenvolver amplamente a tese que então tinha esboçado de um ponto de vista "desinteressado", *"für ewig"*.[1]

Muito se tem escrito sobre como entender o *"für ewig"*, o "desinteressado".[2] Não se trata, certamente, da vontade de Gramsci de se livrar da política, do destino do seu partido e do movimento comunista internacional.[3] Essa expressão assinala sobretudo seu atormentado questionamento sobre as experiências políticas e teóricas vividas, com as imagináveis flutuações de avaliações e de sentimentos, e a intenção de se distanciar das contingências da luta política para adquirir a clareza e a ousadia de um olhar crítico, e mesmo autocrítico (deve-se ter presente que, às vésperas da sua prisão, estava convencido de que o fascismo atravessava uma crise que levaria a sua queda). O *"für ewig"* fornece a chave para compreender a mudança no estilo de pensamento e de escrita com as quais se iniciam as notas dos *Cadernos*, e mesmo em relação aos escritos imediatamente anteriores, desde a intervenção no Congresso de Lyon até "Alguns temas da questão meridional" etc.

Uma cautelosa aproximação ao coração dos seus interesses pode-se observar no início do estudo das línguas e das traduções, que representam uma espécie de regresso ao passado como premissa para um novo começo. É o que indica a carta de 23 de maio de 1927:

> Um verdadeiro estudo, creio, é impossível a mim, por muitas razões, não só psicológicas, mas também técnicas; é muito difícil para mim entregar-me completamente a um assunto ou a uma matéria e me aprofundar só nela, como se faz quando se estuda a sério [...]. Alguma coisa nesse sentido talvez comece a acontecer no estudo das línguas.[4]

E, ainda em 30 de julho de 1928, escreve de Turi que, por não ter uma cela apenas para si e o necessário para escrever, não tem condições para poder estudar "organicamente".[5] A partir do final de dezembro de 1928, lhe permitem ficar numa cela individual e pode finalmente começar a "estudar sistematicamente".[6]

> Agora que posso escrever na cela, vou fazer as listas dos livros de que preciso e, de vez em quando, enviá-las à livraria. Agora que posso fazer as anotações em caderno, quero ler de acordo com um plano e aprofundar determinados temas e não mais "devorar" os livros [...]. Sabe que já escrevo na cela? No momento, faço apenas traduções para recuperar a mão: enquanto isso, ponho em ordem meus pensamentos.[7]

Quer dizer, colocar ordem nos pensamentos que se acumulam sobre alguns dados incontroversos: a nacionalização das massas italianas estava ocorrendo sob o signo do fascismo enquanto a revolução fracassada no Ocidente tinha definitivamente arquivado o projeto original da Internacional Comunista. Os dois eixos em torno dos quais tinha organizado toda a sua vida intelectual e política – nação e unificação solidária do mundo – estavam derivando para outras direções. É preciso repensar tudo, mas por onde começar? Em 8 de fevereiro de 1929, no cabeçalho do Caderno 1, elabora uma lista de "tópicos principais" que vão desde a "Teoria e história da historiografia" até as "Experiências da vida na prisão "e, ainda que de forma fragmentária e desorganizada, enumera temas e questões que, de diferentes maneiras, seriam discutidos em seguida. Mas somente em 25 de março formulou pela primeira vez um programa de pesquisa definido, acompanhado de uma bibliografia e de um pedido de livros que queria ver respeitados porque "fazem parte do projeto intelectual que eu próprio quero construir. Decidi ocupar-me preferencialmente e tomar notas sobre estes três temas: 1º A história italiana no século XIX, com especial atenção à formação e desenvolvimento dos grupos intelectuais; 2º A teoria da história e a historiografia; 3º Americanismo e fordismo".[8]

Pede o *Manual* de Bukharin em tradução francesa,[9] bem como textos de Marx (o chamado volume IV de *O Capital*, os oito pequenos volumes editados pela Costes da *Storia delle dottrine economiche* e as *Oeuvres philosophiques*), Hegel, Croce, Labriola e Mondolfo, para voltar a estudar o marxismo, ou seja, a "teoria da história e da historiografia", como diz o segundo ponto do programa. Para contextualizar o primeiro tema, convém recordar que em 1928 tinha sido publicada *Storia d'Italia*, de Benedetto Croce, na qual o filósofo napolitano expunha a sua visão sobre o papel dos intelectuais no nascimento e desenvolvimento da nação italiana.

Desde a primeira enunciação desse programa, passou algum tempo, como deixa escapar na sua carta de 16 de dezembro de 1929, durante o qual o prisioneiro não conseguiu ultrapassar a barreira da escrita a fim de agarrar e desenrolar o fio de suas perturbadoras reflexões (tanto mais porque a esperança da sua libertação tinha se desvanecido).[10]

Agora já não sei o que escrever, como começar. Estou me enfiando completamente num casulo. Minha atenção está voltada para o que leio e traduzo. Parece-me [...] que voltei ao estado de obsessão em que me encontrava nos anos de universidade, quando me concentrava numa questão e ela me absorvia a tal ponto que já não prestava atenção em nada e, por vezes, corria o perigo de terminar debaixo do bonde.[11]

Mas, nessa operação de profundas implicações emocionais, que se reflete nas reformulações do programa de trabalho,[12] Gramsci mantém um tema: a "questão política dos intelectuais". Procurando uma resposta para a questão de como havia sido possível ocorrer a "catástrofe" do movimento operário na Itália (e na Europa), ele volta seu olhar para os dirigentes de partido: foram os intelectuais que, no momento da crise (entre a guerra e o pós-guerra), desertaram; entre dirigentes e dirigidos se criou um tal distanciamento que levou a "fenômenos de traição e deserção em massa como não se tinha visto em nenhum outro país"[13] e que o fizeram relembrar a fábula do castor.[14]

Gramsci utiliza um termo, "traição", que parece ecoar estilos culturais e comportamentos políticos prevalecentes no *Comintern*, onde havia uma tendência de substituir a análise objetiva dos problemas e dificuldades encontradas no movimento comunista pela procura de responsabilidades políticas e morais dos indivíduos. Contudo, o uso gramsciano tem um caráter distinto e lembra, sobretudo, o título de um livro muito famoso, *La trahison des clercs* (1927), de Julien Benda, bem conhecido por ele e comentado nos *Cadernos*,[15] dado o problema que pretende focar. O que decide o destino dos partidos em luta são os movimentos, os posicionamentos de classes, dos grupos intelectuais: é esta a lição que Gramsci retira dos acontecimentos do longo pós-guerra.

Na avaliação sobre a presença ou ausência de organicidade na relação dirigentes/dirigidos, transparece uma mudança de paradigma que não tinha emergido com a clareza necessária até agora, embora já tivesse figurado nos escritos da última época pré-carcerária, particularmente em "Alguns temas": a unidade das massas operárias, não mais miticamente pressuposta, graças a um economicismo sociológico, presente na clássica visão socialista e comunista do sindicalismo. Ao contrário, é fruto da intervenção política, da plasticidade das relações de poder e da ação que promovem os grupos intelectuais. Aqui reside a importância da sua função política, aquela que Gramsci, redigindo "Alguns Temas", vislumbrou na aliança entre operários e camponeses mediada por intelectuais e defendida pela corrente democrática de Gobetti e Dorso.[16] A mesma função que Gramsci tinha percebido na obra de Benedetto Croce e Giustino Fortunato, orientada, pelo contrário, a separar os intelectuais radicais das massas camponesas do sul para inseri-los no circuito da cultura nacional e europeia, fazendo com que fossem assim absorvidos "pela burguesia nacional e, portanto, pelo bloco agrário".[17]

Limito-me aqui a assinalar que Gramsci, nos escritos dos anos entre 1922 e 1926, transita do uso do termo classe, presente nos artigos entre a guerra e o início do pós-guerra, para o de *massas*. Agregará, posteriormente, nas notas finais dos *Cadernos*, o conceito de "classes e grupos subalternos". São alterações linguísticas que marcam a progressiva passagem de uma semântica econômico-sociológica para uma semântica política, baseada na mobilidade das relações de poder, das "relações de forças". Como é sabido, há outras mudanças lexicais fundamentais nos *Cadernos* que, no seu conjunto, traçam o perfil de uma teoria da história e da política diversa da ortodoxia do *Comintern*, mas também das posições anteriores do próprio Gramsci.

2.2 – A "QUESTÃO POLÍTICA DOS INTELECTUAIS"

A atenção dada à função política dos intelectuais comporta algumas consequências essenciais que Gramsci irá desenvolver progressivamente.

A tradicional fundamentação marxista – baseada na relação "estrita" produção/política que ele próprio havia adotado anteriormente – aparece menos, bem como o padrão da polaridade burguesia/proletariado, que, no seu duro conflito, não prevê nenhuma instância de mediação.[18] Em torno do tema dos intelectuais, fica claro o distanciamento de Gramsci em relação às posições expressas pela Segunda e pela Terceira Internacional. Os socialistas e os comunistas compartilhavam a bastante difundida teoria da proletarização crescente dos estratos médios-baixos da intelectualidade e estavam também unidos na convicção de que o marxismo, sendo a única teoria *verdadeira* do desenvolvimento social que leva ao socialismo, conquistaria os estratos superiores, tendencialmente desinteressados e, por isso, prontos a reconhecer e a fazer sua a verdade marxista, transformando-se em ideólogos do movimento operário.[19] Nessa visão, centrada na distinção/oposição entre economia e ética, os intelectuais são colocados, por um lado, no interior da categoria geral de trabalhadores, sendo a sua qualidade intelectual específica reduzida à pura classificação sociológica, e, por outro, assumem o figurino de funcionários do espírito a serviço do proletariado. Não há espaço para papéis ou funções politicamente significativas.

A identificação da sua função autônoma levanta, contudo, a questão de saber quem são os intelectuais e qual é a sua tarefa específica. Isto implica, para Gramsci, confrontar-se criticamente com as diferentes teorias liberais e com a doutrina fascista[20] – sobretudo com o liberalismo ético-estatal de Hegel, segundo o qual os intelectuais são funcionários do Estado-razão, e com a filosofia de Croce, que, sensível à crise do Estado, revisa o hegelismo separando o ético-político do político-estatal, elevando os intelectuais a agentes animadores da sociedade civil.

Escreve Croce:

> [...] a verdadeira substância da história de um povo, da história que conta, da história por excelência, [...] é apenas ética ou moral e, num sentido mais elevado, política [...]. São promotores de tal história as classes ou grupos que se dizem dirigentes e os indivíduos que se dizem políticos e homens de Estado, [...] têm por instinto próprio promover o interesse geral e os ideais políticos, que é o ofício dos homens de Estado e das classes dirigentes.[21]

Gramsci está também bastante interessado em testar as novidades introduzidas pelo regime fascista. O Estado totalitário não se limita efetivamente a recompor, como o cesarismo moderno, as classes dirigentes, mas intervém, por meio de novas formas, para organizar toda a sociedade, abolindo tendencialmente a distinção entre o social, o civil e o político, como proclama Gentile e como o corporativismo se propõe a realizar.[22] Nesse enorme esforço de incorporação das massas ao Estado, aos intelectuais são atribuídas tarefas diretamente organizativas.

Assim, Gramsci, ao aprofundar o tema da hegemonia do proletariado – herdado de Lenin e da sua propensão de "nacionalizar" o bolchevismo –, depara-se com a "questão política dos intelectuais" e, através do cruzamento com Hegel, Croce, Gentile e o fascismo,[23] é levado a repensar radicalmente a questão do Estado moderno. Ao longo desse percurso, coloca em discussão o esquema dicotômico econômico/político, concreto/abstrato, real/alienado dos moldes rousseaunianos e do marxismo juvenil, bem como a imagem marxista redutora do "Estado-máquina", instrumento de opressão e dominação. Em vez disso, o Estado passa a assumir o caráter de sujeito *par excellence* da hegemonia burguesa, enquanto a vertente crítica da análise se desloca do terreno da ideologia para o terreno histórico-político da sua crise e transformação: os dois terrenos sobre os quais se dará a investigação dos *Cadernos*. Começando pela reconstrução da história dos intelectuais italianos, uma oficina de ideias e sugestões que se revelará decisiva para delinear o perfil geral do Estado moderno.

Gramsci identifica seus elementos fundamentais nas notas 43, 44, 150, 151, 152 e 155 do Caderno 1 (escritas de fevereiro de 1929 a maio de 1930), nas quais expressa, em meio a um turbilhão de citações e experimentos conceituais, os primeiros resultados das suas reflexões solitárias. Do debate sobre o *Risorgimento* italiano extrai novas pistas de análise sobre Hegel, os jacobinos, Maquiavel e os embriões de uma teoria do Estado, que mais tarde desenvolve organicamente, uma vez que, nesse momento, as linhas de desenvolvimento ainda pareciam incertas e oscilantes. Por exemplo, na nota 150 e seguintes, muitas das aquisições anteriores sobre a hegemonia, sobre os jacobinos e sobre Maquiavel parecem evaporar, como se pode ver na reelaboração dessas notas no Caderno 10.

Na nota 44, "Direção política de classe antes e depois de chegar ao governo", Gramsci formula dois critérios histórico-políticos que constituem o núcleo gerador da sua teoria da hegemonia e do Estado moderno. O primeiro diz: "uma classe é dominante de dois modos, quer dizer, é 'dirigente' e 'dominante'. É dirigente das classes aliadas, é dominante das classes opositoras"; o outro: "não existe uma classe independente de intelectuais, mas cada classe tem os seus próprios intelectuais; no entanto, os intelectuais da classe historicamente progressista exercem um tal poder de atração que acabam, em última análise, por subordinar os intelectuais das outras classes".[24]

E, com base neles, modifica radicalmente os julgamentos negativos anteriores sobre os jacobinos,[25] ao ponto de os tornar um modelo exemplar: "os jacobinos, portanto, forçaram a mão sempre no sentido de um desenvolvimento histórico real, porque não só fundaram o Estado burguês, fizeram da burguesia a classe 'dominante', mas fizeram mais [...], fizeram da burguesia a classe 'dirigente', hegemônica, ou seja, deram ao Estado uma base permanente".[26]

Gramsci estabelece uma forte ligação entre a Revolução Francesa e Hegel, ridicularizando o qualificativo de "covarde" atribuído a ele: "A doutrina de Hegel sobre os partidos e associações como trama 'privada' do Estado [...] derivou historicamente das experiências políticas da Revolução Francesa",[27] chegando a ponto de considerar a filosofia clássica alemã como a filosofia que "dá vida aos movimentos liberais nacionais".[28] Sua teoria do Estado, apesar das inovações, ainda está enredada na analítica derivada da metáfora arquitetônica da estrutura e da superestrutura e, portanto, incerta quanto à função dos intelectuais e da hegemonia. Na nota 150, "A concepção do Estado segundo a produtividade (função) das classes sociais", mobiliza o par Estado-produção contra o par Estado-razão (na sequência irá predominar o par contraposto nacional-popular/cosmopolitismo); quando reescrever sobre o tema no Caderno 10, seu sentido será profundamente alterado por conta da aquisição do conceito de revolução passiva.[29]

Serão as notas dedicadas às vicissitudes específicas dos intelectuais italianos – ao seu cosmopolitismo – que facilitarão uma definição mais precisa do novo quadro teórico.

2.3 – A função cosmopolita dos intelectuais italianos

O tema do "cosmopolitismo" comparece esporadicamente nos *Cadernos* 1 e 2,[30] mas só no Caderno 3 adquire certa importância no contexto de uma análise do "conceito genuinamente italiano de 'subversivo'". Para defini-lo, Gramsci se refere a um ódio de classe genérico e semifeudal, e ao estrato social dos "mortos de fome" que o alimenta, agregando a eles o "assim chamado 'internacionalismo' do povo italiano", que explica nestes termos:

> Na realidade, trata-se de um vago "cosmopolitismo" ligado a elementos históricos bem definidos: ao cosmopolitismo e universalismo medieval e católico, que teve sua sede na Itália e foi preservado devido à ausência de uma "história política e nacional" italiana. Escasso espírito nacional e estatal no sentido moderno.[31]

Para dissipar a aparente contradição entre a postura mental "cosmopolita" e o chauvinismo, também ele muito difundido na Itália, aponta a diferença entre a falta de unidade político-econômica da península e a existência de uma grande tradição cultural, formada entre os séculos XIV e XVII, que esteve na base do *Risorgimento* e "ainda continua a ser o substrato do nacionalismo popular".[32] E é essa tradição cultural, separada de uma real unidade econômica e política da nação, que fomenta um chauvinismo virulento. "O internacionalismo entendido como ausência de espírito nacional e estatal, e o chauvinismo não são contraditórios" porque "na Itália, um maior florescimento científico, artístico e literário coincidiu com um período de decadência política, militar e estatal".[33]

Aqui, pela primeira vez, sugere-se o verdadeiro nó histórico, mas também ideológico, constituído pelo nexo Renascimento-Decadência da Itália. Para desenvolvê-lo, Gramsci o remete às passagens críticas já avançadas por Antonio Labriola e, sobretudo, antes dele, por Francesco De Sanctis (mais tarde, irá se referir também às teses, enunciadas numa perspectiva oposta, por Giuseppe Toffanin), embora significativamente reformuladas nas numerosas notas dedicadas às relações Humanismo-Renascimento e Reforma-Renascimento.

O paradigma de De Sanctis para a interpretação da história italiana é bem conhecido e se baseia na profunda ligação que, segundo o grande crítico, as artes e as ciências têm com a vida civil e moral. No caso do Renascimento italiano, as extraordinárias realizações das ciências e das artes divorciaram-se da vida, acompanhadas, por sua vez, por uma corrupção da consciência moral, religiosa e civil, cujo protótipo é o "homem de Guicciardini".[34] O intelectual burguês italiano, de acordo com o diagnóstico de De Sanctis, é vítima de uma separação entre inteligência, cultura e moralidade que, enquanto exalta os seus dons artísticos e literários, deprime o seu ímpeto civil e religioso, sufocando as energias "nacionalizantes" que existiam, como demonstra a paixão política de Maquiavel.

Em agosto de 1930, novamente no Caderno 3, Gramsci retoma o tema do "paradoxo" italiano – um "país muito jovem" do ponto de vista político-estatal e "ao mesmo tempo, muito velho" em termos de tradição cultural[35] –, enveredando por um caminho original no contexto de um debate historiográfico que, naqueles anos, se desenvolve entre estudiosos e comentadores sobre a existência ou não de uma história da Itália anterior à sua unificação política, debate muito intenso e carregado de óbvias implicações político-ideológicas.

Se Gramsci rejeita claramente as "construções ideológicas e os romances históricos",[36] que pretendem encontrar uma unidade da nação italiana que remonta a Roma e até mesmo antes dos romanos, ele vê como possível, no entanto, uma biografia nacional sob a égide daquela delineada por Labriola[37] e contestada, no entanto, por Croce.

É bem conhecida a drástica afirmação de Croce de que a Itália não existe antes de 1860 e muito menos uma história da Itália;[38] enquanto a investigação histórica daqueles anos – certamente influenciada pelo fascismo, mas também inspirada pelas reconstruções oitocentistas da identidade da nação italiana, com a redescoberta da Idade Média e da civilização comunal[39] – se esforça, a partir de várias abordagens, por identificar tradições e instituições características da civilização italiana. Arrigo Solmi, por exemplo, encontra a unidade fundamental da história da Itália, remontando sua trajetória desde Roma até as cidades que produzem e imprimem de maneira contínua um perfil original na península, enquanto Gioacchino Volpe vê como difícil admitir que a vida da nação se esgota no Estado.[40]

Gramsci ridicularizou a retórica fascista e nacionalista de uma pretensa continuidade, desde Roma até a Era Moderna, de um sujeito histórico, a "Itália"; ao mesmo tempo, porém, tenta identificar os caracteres que formam a natureza peculiar da nação e do Estado italianos na "fragmentaridade" política e no universalismo papal e imperial, bem como nas sedimentações linguísticas e nas instituições jurídicas herdadas de Roma.[41]

O impulso para avançar nessa direção vem mais uma vez de Labriola, que, em *Discorrendo di socialismo e di filosofia*, escreve:

> No caso particular da Itália, necessitaríamos recuar até ao século XVI, quando o desenvolvimento inicial da era capitalista – que aqui tinha sua sede principal – foi deslocado do Mediterrâneo. Necessitaríamos chegar, através da história da decadência subsequente, às premissas positivas e negativas, internas e externas, das condições atuais da Itália.[42]

A investigação gramsciana, concentrando-se na temática específica da história dos intelectuais, enquanto contraria a pretensão ideológica de uma continuidade nacional que remonta a Roma, pode retomar algumas sugestões de outras historiografias, fazendo-as confluir num enquadramento metodológico inteiramente original.[43]

Gramsci começa a seguir a pista da história da língua italiana que, graças às competências que adquiriu nos seus estudos universitários, lhe oferece uma linha de investigação que pode seguir com confiança. Vale a pena segui-la – essa pista –, porque é a partir do seu interior, isto é, da concepção que ele tem da língua nacional e do modo como ela se forma, que vão surgir resultados importantes. Entendendo a língua como um elemento da cultura e, portanto, de história geral, e como uma manifestação precípua da "nacionalidade" e da "popularização" dos intelectuais,[44] ele considera possível e útil fazer história a partir dela, derivando daí indicações valiosas sobre a existência ou não de vínculos dos intelectuais com os elementos populares. Para Gramsci, "o caráter unificador da língua nacional é diretamente proporcional à difusão geográfica e social [...] de uma elite que leva a cabo uma ação concreta de centralização linguística e não à homogeneidade dos dialetos falados popularmente".[45]

Em outras palavras, Gramsci não só afirma a estreita ligação entre língua e cultura como também sustenta a tese de que a língua nacional se forma através de processos historicamente elitistas. Essa concepção enfatiza tanto o papel desempenhado pelos grupos intelectuais hegemônicos na estabilização e difusão da língua nacional como também os traços característicos desses grupos. A "questão política dos intelectuais" encontra aqui a sua raiz decisiva.

Em relação ao aceso debate que se travava naqueles anos em torno do "latim médio" e que ele acompanha nas revistas à sua disposição, assume uma posição de rejeição da interpretação de Ermini[46] segundo a qual, "à teoria dos dois mundos separados, do latim, que é dominado somente pelos eruditos e entra em decadência, e do neolatino, que surge e se torna vivo, deve ser substituída pela teoria da unidade latina e da continuidade perene da tradição clássica". Para Gramsci, o único significado possível dessa nova pesquisa é que "a nova cultura neolatina sentia fortemente as influências da cultura anterior, ainda que não que tenha havido uma unidade 'popular-nacional' de cultura".[47] O ponto é que o "latim médio" é uma língua dos eruditos "que não pode ser, de modo algum, comparada a uma língua falada, nacional, historicamente viva, embora também não deva ser confundida com um jargão ou uma língua artificial como o esperanto. De qualquer modo, existe uma fratura entre o povo e os intelectuais, entre o povo e a cultura".[48]

E mesmo o vulgo ilustrado não sana essa fratura, antes perpetua a função cosmopolita desempenhada pelos intelectuais a serviço do papado. Seguindo as vicissitudes linguísticas, ou aquelas que ele mal menciona ao comentar um artigo de Francesco Brandileone,[49] que dizem respeito à germinação do direito a partir de uma pluralidade de fontes distintas da autoridade estatal, Gramsci começa a procurar as razões do afastamento entre os intelectuais italianos e o povo e, ao mesmo tempo, a questionar quem são os "intelectuais". Numa nota que imediatamente se segue (a 88) recua até ao Império Romano para explicar tanto o nascimento dos intelectuais, que chamará "tradicionais", quanto o carácter cosmopolita dos italianos.[50] No Caderno 4, dedica a primeira nota da Miscelânea (novembro de 1930) a efetivamente consolidar algumas passagens da sua teoria dos intelectuais, nota que constitui o primeiro esboço de um texto que irá desaguar no Caderno Especial 12.[51] Aqui ele registra os resultados das suas novas aquisições – em relação a "Alguns temas" – ao definir quem são os intelectuais, ao compreender a relação que mantém com a produção,[52] mediada pela sociedade civil ou pelo Estado, distinguindo intelectuais urbanos e rurais, bem como intelectuais "orgânicos", expressão direta de uma classe ou de um grupo social, e intelectuais "tradicionais", que são, pelo contrário, portadores e representantes da continuidade histórica de uma cultura e de uma civilização, para além das fraturas e das radicais mudanças sociais e políticas. Mas, acima de tudo, chega a estabelecer sua tarefa:

> Os intelectuais têm uma função na "hegemonia" que o grupo dominante exerce em toda a sociedade e no "domínio" sobre ela que se concretiza no Estado, e essa função é precisamente "organizativa" ou de conexão: os intelectuais têm a função de organizar a hegemonia social de um grupo e a sua dominação estatal [...]. Esta análise resulta numa extensão muito grande do conceito de intelectuais.[53]

Sustentado por essa conceitualização, Gramsci procede a uma análise, diferenciada por nação, da evolução dos intelectuais europeus, tomando a França como modelo de referência.[54] E é precisamente nesse quadro que ganha relevo histórico-político a tendência cosmopolita dos intelectuais italianos: "Para a Itália, o fato central é precisamente a função internacional ou cosmopolita dos seus intelectuais que é causa e efeito do estado de desagregação em que a península permaneceu desde a queda do Império Romano até 1870".[55]

Mas é na carta a Tania, de 17 de novembro de 1930, que ele estabelece o controle do trabalho de classificação e de comentários que vinham sendo acumulados nos primeiros "Cadernos Miscelâneos": "Fixei-me em três ou quatro temas principais, um dos quais é o da função cosmopolita desempenhada pelos intelectuais italianos até ao século XVIII, que depois se divide em muitas seções: o Renascimento e Maquiavel, etc."[56] Trata-se de uma indicação preciosa para compreender como o cosmopolitismo dos italianos constituía o núcleo gerador de duas temáticas, Renascimento--Reforma e Maquiavel, que nos *Cadernos* têm não só um perfil histórico, mas também teórico, típico-ideal: o primeiro serve de modelo da interação entre intelectuais e povo, o outro como figura-símbolo da política moderna, do Estado.

Assim, o cosmopolitismo dos intelectuais italianos, da genérica identificação de um traço de caráter dos italianos, começa a adquirir a fisionomia precisa de uma categoria histórica, por meio de um duplo percurso. Por um lado, Gramsci tenta reconstruir a sua gênese e as suas causas, traçando os elementos de longa duração da história italiana e, por outro, o utiliza como critério de diferenciação para se concentrar cada vez mais precisamente nas características do sujeito da era moderna, o Estado, e na função fundamental desempenhada pelos intelectuais, especialmente os tradicionais. Como veremos no Capítulo 3, nesse cruzamento entre história e teoria, ganhará corpo a figura simbólica de Maquiavel, teórico do Estado moderno e filósofo da práxis. Entretanto, entre novembro de 1930 e dezembro de 1931, vão se acumulando as notas do Caderno 7, os *Apontamentos de filosofia II* e as Miscelâneas, que conduzem a novos desenvolvimentos no plano conceitual, em particular a interpretação do marxismo em termos de filosofia da práxis e a formulação mais precisa dos conceitos de hegemonia e de partido político.

A nota 31 do Caderno 5 (outubro-novembro de 1930), intitulada "Sobre a tradição nacional italiana", marca uma passagem essencial: é aqui que efetivamente o problema histórico do bloqueio do desenvolvimento e do atraso da burguesia das cidades italianas aparece conectado à questão dos intelectuais através do recurso aos conceitos apenas esboçados de hegemonia e de Estado moderno.

Recordando uma questão recorrente na pesquisa histórica, Gramsci se pergunta "por que os núcleos burgueses formados em Itália, que alcançaram uma completa autonomia política, não tiveram a mesma iniciativa que os Estados absolutistas na conquista da América". Rejeitando explicações exógenas, escreve:

> A razão de tudo isso deve ser buscada na própria Itália, e não nos turcos ou na América. A burguesia se desenvolveu melhor, neste período, com os Estados absolutistas, isto é, com o poder indireto e não quando tinha todo o poder. Eis o problema, que deve ser relacionado com o dos intelectuais: os núcleos burgueses italianos, de caráter comunal, foram capazes de elaborar sua própria categoria de intelectuais imediatos, mas não de assimilar as categorias tradicionais de intelectuais (especialmente, o clero) as quais, ao contrário, mantiveram e aumentaram o seu caráter cosmopolita. Enquanto os grupos burgueses não italianos, através do Estado absolutista, atingiram este objetivo muito facilmente, porque absorveram os mesmos intelectuais italianos.[57]

A burguesia italiana das cidades revela sua limitação economicista na medida em que é capaz de formar seus próprios intelectuais "orgânicos", mas revela-se incapaz de separar os intelectuais "tradicionais" dos aparatos de poder imperial e papal e os inserir no Estado em formação; em suma, não se mostra à altura de exercer uma efetiva hegemonia. O ponto que merece ser sublinhado é o grau de compreensão do problema alcançado por Gramsci com a anotação sobre a burguesia que "se desenvolveu melhor [...] com o poder indireto". Aos seus olhos é cada vez mais claro que o poder burguês, efetivamente hegemônico, é exercido através de um "poder indireto", o Estado. A burguesia afirma a sua dominação de classe, esmaecendo sua força e parcialidade, por meio de instituições que adquirem um caráter universalista ao incorporarem as competências e os conhecimentos sobretudo dos intelectuais tradicionais, ou seja, daqueles que zelam pela continuidade de uma tradição, de uma civilização.

Confirmando que se alcançou um avanço teórico, as notas sobre o cosmopolitismo no Caderno 5 deixam de ter vários títulos e passam a ser organizadas sob a rubrica "Função cosmopolita dos intelectuais italianos".[58] O tema apresenta-se agora com uma fisionomia conceitual precisa que dá ritmo e ordem a uma quantidade considerável de material que vai desde São Bento e o feudalismo até Petrarca ou ao comentário a um artigo sobre os italianos na Rússia no século XVIII. Na nota 100 se lê:

> Como e por que ocorre que, a partir de um certo momento, são os italianos que emigram e não os estrangeiros que vêm para Itália? [...] Este ponto histórico é de máxima importância: os outros países adquirem consciência nacional e querem organizar uma cultura nacional, a cosmópole medieval entra em decadência, a Itália como território perde sua função de centro internacional de cultura, não se nacionaliza por si mesma, mas seus intelectuais mantêm a função cosmopolita, afastando-se do território e espalhando-se pelo exterior.[59]

Ao discutir uma passagem de um artigo de Luigi Cavina sobre Maquiavel, Gramsci também ressalta as relações internacionais que determinam a função "cosmopolita" da Itália e que a pressiona "passivamente" até 1914 e depois.

> No desenvolvimento da sua história (do Império Romano até a Idade Média), as relações internacionais prevaleceram sobre as relações nacionais. Mas o Papado é, sem dúvida, expressão deste fato; dado o duplo caráter do reino papal, de ser a sede de uma monarquia espiritual universal e de um principado temporal, é certo que a sua potência terrena tinha de ser limitada.[60]

Seguindo ainda o fio condutor da influência das relações internacionais, Gramsci regressa às origens romanas do cosmopolitismo dos intelectuais: "A Itália, devido à sua função 'cosmopolita', durante o período do Império Romano e durante a Idade Média, sofreu passivamente as relações internacionais".[61] Muito mais tarde, definirá com precisão que essa vocação cosmopolita da Itália remonta a César, responsável pela alteração do papel e da função dos intelectuais[62] e da posição de Roma e da Itália no equilíbrio do Império, com enormes consequências para a península italiana.[63]

Nesse estágio da sua elaboração, Gramsci identifica principalmente, ainda que não exclusivamente, na luta contra o poder da Igreja Católica, o ato que inaugura a fundação do Estado moderno e, na ausência dessa luta, o limite político-cultural da civilização comunal italiana.

A centralidade da relação com a Igreja surge na nota 85 do Caderno 5, dedicada a distinguir as duas principais correntes do desenvolvimento do espírito burguês na Itália. A *guelfa*, que, tal como em Alberti, se volta para a sociedade civil e não concebia a sociedade política – "É federalista sem centro federal" – e a *ghibellina*, "no sentido amplo", à qual pertence Dante e que tem o seu ápice em Maquiavel, "na colocação do problema da Igreja como um problema nacional negativo".[64]

O afastamento dos intelectuais tradicionais dos aparatos imperial e papal é uma condição indispensável para a formação da hegemonia burguesa e, portanto, para a construção do Estado, mas em relação a ela Gramsci acrescentaria uma condição adicional e decisiva: a mudança da relação feudal entre cidade e campo. A formação de um território estatal exige a superação do corporativismo das classes urbanas, com a renúncia de seus privilégios exclusivos e a inclusão dos camponeses na nação.[65]

E é na nota 7 do Caderno 6, "Função cosmopolita dos intelectuais italianos. A burguesia medieval e sua permanência na fase econômico--corporativa", que Gramsci liga diretamente o caráter cosmopolita dos intelectuais ao limite corporativo da burguesia das cidades e introduz, pela primeira vez, o conceito de econômico-corporativo como o *pendant* negativo da hegemonia.[66] Começa aqui a se estruturar a razão do confronto/contraste entre o *econômico-corporativo* e o *hegemônico* que se constituirá numa das ideias-força mais produtivas das análises de Gramsci nos *Cadernos*.

> Afirmação de Guicciardini de que, para a vida de um Estado, duas coisas são absolutamente necessárias: as armas e a religião. A fórmula de Guicciardini pode ser traduzida em várias outras fórmulas menos drásticas: força e consenso, coação e convencimento, Estado e Igreja [...]. Em todo o caso, na concepção política do Renascimento, a religião era o consenso e a Igreja era a sociedade civil, o aparelho de hegemonia do grupo dirigente, que não tinha um aparelho próprio, [...] mas sentia como tal a organização eclesiástica universal.[67]

A absorção ou não dos estratos intelectuais tradicionais determina, aos olhos de Gramsci, uma consequência, poderíamos dizer, sistêmica, sobre a natureza do Estado e o exercício do poder político. Isso o leva cada vez mais a enfrentar diretamente a questão da gênese e da estrutura do Estado moderno. E o faz por meio de uma dupla comparação entre Dante e Maquiavel e entre Guicciardini e Maquiavel; uma modalidade, esta sim, bastante típica de Gramsci, que sintetiza as características de uma época numa figura histórica, imprimindo-lhe, para além da sua historicidade efetiva, um valor simbólico.

Na nota 85, "A comuna medieval como fase econômico-corporativa do Estado moderno. Dante e Maquiavel", o primeiro movimento é de ordem metodológica. Para afastar a hipótese de um uso "ideológico" de Dante pela retórica fascista, que conecta "geneticamente" o Imperatore dantesco e o Príncipe maquiaveliano, Gramsci refuta a tese de que a doutrina política de Dante tem "um valor genético próprio, em sentido orgânico",[68] em relação ao pensamento político nacional. Ele está consciente de que, nesse ponto, se abre uma questão fundamental de teoria da história: como estabelecer que determinada experiência/concepção do passado não teve influência nas soluções do presente sem cair no mais absoluto presentismo e, portanto, no empirismo total? Em suma, de acordo com quais critérios se periodiza o tempo histórico?

Na resposta que menciona, ouve-se o eco da lição marxiana filtrada por Labriola: "É preciso saber estabelecer as grandes fases históricas que, no seu conjunto, apresentaram determinados problemas e, desde o início, esboçaram seus elementos de solução".[69] Por isso, "pensar que Maquiavel depende geneticamente ou está ligado a Dante é um despropósito histórico enorme".[70] Um encerra a Idade Média, o outro indica que uma fase do mundo moderno já foi elaborada nos seus pressupostos e soluções. Dante e Maquiavel pertencem a formações históricas diferentes e não é possível estabelecer filiações e ligações genéticas entre suas doutrinas. As ideias não dão origem a outras ideias numa genealogia inteiramente ideal, as ideias surgem no terreno das formações histórico-materiais e é a sua articulação específica que determina continuidades e rupturas. Ao justificar a distância histórica que separa as duas figuras, Gramsci assinala que, no caso do poeta, "não se trata de uma doutrina política, mas uma utopia política [...] e, acima de tudo, trata-se de uma tentativa de organizar como doutrina aquilo que era apenas material poético em formação [...] que terá a sua perfeição na *Divina Comédia*, tanto na 'estrutura' [...] como na 'poesia' como invectiva apaixonada e drama em ato".[71]

Dante é o utópico que tem o olhar voltado para o passado e a sua obra é poesia, enquanto Maquiavel é um realista e o seu *Príncipe*, "drama em ação", não pertence ao domínio da arte, mas à filosofia, à filosofia da práxis. Gramsci regressará a Dante nas últimas notas dos *Cadernos* com ênfases parcialmente diferentes – devido à identificação de uma espécie de humanismo comunal – reconhecendo o seu *De vulgari eloquio* como um "ato de política cultural-nacional", uma reação "ao esfacelamento e à desintegração das classes econômicas e políticas que vinham se formando depois do ano 1000 com as Comunas".[72]

O que está em jogo na comparação entre Guicciardini e Maquiavel é, assim, a eficácia histórica da obra do secretário florentino

> Guicciardini representa um passo atrás na ciência política em relação a Maquiavel, [...] retorna a um pensamento político puramente italiano, enquanto Maquiavel se havia elevado a um pensamento europeu. Não se compreende Maquiavel se não se leva em conta que ele supera a experiência italiana com a experiência europeia (internacional, daquela época): a sua "vontade" seria utópica sem a experiência europeia [...]. Na "natureza humana" de Maquiavel está incluído "o homem europeu" e este homem, na França e na Espanha, superou efetivamente a fase feudal desagregada com a monarquia absolutista.[73]

A obra de Maquiavel floresce da "decadência" italiana em virtude da sua dimensão europeia. O autor de o *Príncipe* entra nos *Cadernos* como o teórico da política moderna, o teórico do Estado. De fato, Gramsci esclareceu rapidamente seu julgamento, depois de várias oscilações que o tinham levado, ainda em outubro-novembro, a ter dúvidas.[74] Em dezembro de 1930, observa: "Maquiavel escreveu livros de 'ação política imediata', não escreveu uma utopia na qual um Estado já constituído [...] fosse aquele desejado".[75] Gramsci não só define a sua concepção de mundo em termos de "filosofia da práxis" ou "neo-humanismo" porque "se baseia inteiramente na ação concreta do homem que, pelas suas necessidades históricas, opera e transforma a realidade",[76] mas porque também a atribui como uma compreensão lúcida da natureza do Estado moderno e, ao mesmo tempo, dos limites da burguesia comunal italiana.[77]

De 1931 a 1932, nos Cadernos 7 e 8, ampliam-se as notas sobre temas da sociedade civil e do Estado, da hegemonia, da ética e da política.

Gramsci se pergunta sobre as modalidades de fusão de elementos "particulares" e "universais", de como o interesse de parte se eleva a uma visão "universal" por meio da inclusão dos intelectuais tradicionais, ou seja, dos depositários da cultura de uma civilização, e sobre como esta é mediada pelos interesses e visões de outros estratos ou figuras. Algumas das cartas escritas durante esse arco de tempo ilustram bem o itinerário intelectual de Gramsci ao seguir a pista do "cosmopolitismo dos italianos" até chegar a uma teoria inovadora do Estado. Muito importante a esse respeito é a carta de 3 de agosto de 1931 a Tania:

> Este interesse [pela história dos intelectuais, N. da A.] nasce do desejo, por um lado, de aprofundar a minha compreensão do conceito de Estado e, por outro, de compreender certos aspectos da evolução histórica do povo italiano [...]. É preciso necessariamente voltar ao Império Romano e à primeira concentração de intelectuais "cosmopolitas" ("imperiais") que ele formou [...]. Só assim se explica, a meu ver, que só a partir do século XVIII [...] se possa falar de intelectuais italianos "nacionais": até então, os intelectuais italianos eram cosmopolitas, exerciam uma função universalista (para a Igreja ou para o Império), não nacional, contribuíam para organizar os outros Estados-nação como técnicos e especialistas, ofereciam "pessoal dirigente" a toda a Europa, e não se concentravam como categoria nacional, como grupo especializado de classes nacionais.[78]

Igualmente relevante é a de 7 de setembro de 1931, novamente endereçada a Tania, mas dirigida a Sraffa,[79] na qual Gramsci, sintetizando os resultados da sua investigação sobre os intelectuais, escreve que graças a ela passou a ter uma visão diferente do Estado:

> [...] eu amplio muito a noção de intelectual [...]. Este estudo leva também a certas determinações do conceito de Estado, que habitualmente é entendido como sociedade política [...] e não como um equilíbrio da sociedade política com a sociedade civil [...] e é precisamente na sociedade civil que operam especialmente os intelectuais [...]. Desta concepção da função dos intelectuais, na minha opinião, pode-se esclarecer a razão ou uma das razões da queda das comunas medievais, ou seja, do governo de uma classe econômica que não soube criar sua própria categoria de intelectuais e, assim, exercer uma hegemonia para além de uma ditadura.[80]

O cosmopolitismo dos intelectuais constitui, portanto, não só um dos elementos daquele "nexo de problemas" que refletem "a trabalhosa elaboração de uma nação italiana de tipo moderno" – como afirma na tardia nota 1 do Caderno 21 (1934), em que elenca o "catálogo das questões mais significativas"[81] –, mas emerge como a categoria histórico-interpretativa geral, um dos "expoentes" com que se tece a "imponente máquina retórica"[82] dos *Cadernos* que, juntamente com a categoria oposta do nacional-popular, circunscreve o campo da concepção gramsciana do Estado moderno.[83]

2.4 – Nacional-popular

A relação hegemônica entre dirigentes e dirigidos torna-se assim o principal critério adotado por Gramsci para definir o caráter peculiar do Estado moderno e para avaliar seus diferentes graus de desenvolvimento na Europa.

Uma passagem do Caderno 9, retomada literalmente no Caderno 23, ilustra em termos densos de significado a dinâmica "democrática" que lhe dá fundamento: "'Estado' significa, em especial, direção consciente das grandes multidões nacionais; é necessário, portanto, um 'contato' sentimental e ideológico com estas multidões e, em certa medida, a simpatia e a compreensão das suas necessidades e exigências".[84]

Essa visão lhe permite desenvolver a categoria de nacional-popular que, longe de exprimir um pretenso populismo do autor dos *Cadernos*, dá consistência à ideia de que o Estado burguês é uma forma política animada por uma expansividade democrático-hegemônica.

O seu princípio motor, à diferença das antigas formas políticas (mesmo que tal princípio não se identifique totalmente com o Estado e não se esgote nele),[85] reside na tendência de relacionar a dimensão econômico-passional (as multidões) e a dimensão racional (a elite dirigente); em suma, colocar a razão política em contato com a vida.

De acordo com Gramsci, o perfil especificamente moderno do político não se define pelos atributos clássicos da soberania (unidade, absolutização e perpetuidade do poder) ou pelo monopólio da força, mas pela emergência, em seu seio, do "elemento territorial", a nação: "Não se pode falar do nacional sem o territorial: em nenhum desses períodos [pré-modernos, N. da A.] o elemento territorial tem uma importância que não seja meramente jurídico-militar, isto é, 'estatal' no sentido governamental, sem conteúdo ético-passional".[86]

Convém salientar que, no léxico gramsciano, o termo "território" não assinala uma função de ordenação espacial, evocada pela referência à terra, como acontece em outras constelações teóricas, em particular na obra de Carl Schmitt, para quem a terra-território, por meio da apropriação e definição de limites, confere ao poder político uma fisionomia de estabilidade e "direcionamento".[87] Em Gramsci, identifica sobretudo o ingresso na forma política daquilo que constitui, em princípio, o seu inverso: o econômico-passional. Na visão gramsciana, a territorialização do poder põe em contato os opostos, o econômico e o político; enraíza a razão política na densa rede de paixões, interesses, crenças religiosas e tradições comunitárias sedimentadas num determinado território; estabelece uma ligação imanente entre a racionalidade política e a vida nas suas múltiplas manifestações. Nesse sentido, a territorialidade é um princípio que injeta mobilidade, conflito e transformação na forma política. Só secundariamente passa a indicar uma delimitação da soberania do Estado dentro de fronteiras definidas.

Diferentemente de todas as formas políticas anteriores, o Estado territorial moderno é uma forma que engloba o múltiplo, o outro que não ele próprio, e que, portanto, por origem e estrutura, se apresenta *complexo* e *expansivo*. A sua dinâmica de desenvolvimento passa a ser entendida e definida pela *nacionalização* do *territorial*, quer dizer, pelo conturbado processo de formação da hegemonia burguesa, que tende a ser aberta e inclusiva.

> A revolução provocada pela classe burguesa na concepção do direito e, por conseguinte, na função do Estado, consiste especialmente na vontade de conformismo[...]. As classes dominantes anteriores eram essencialmente conservadoras, no sentido de que não tendiam a elaborar uma transição orgânica das outras classes para a sua própria [...]. A classe burguesa apresenta-se como um organismo em movimento contínuo, capaz de absorver toda a sociedade, assimilando-a a seu nível cultural e econômico; toda a função do Estado é transformada.[88]

Essa tensão interna transforma o *territorial* em *nacional*, colocando cada vez mais profundamente em contato classes cultas e classes populares, classes urbanas e rurais, em suma, a cidade e o campo.

De acordo com a leitura gramsciana, a matriz desse processo é dupla. Por um lado, a revolução filosófica e científica que, juntamente com a reforma religiosa, quebra o monopólio da cultura pela Igreja de Roma, libertando as classes cultas do cosmopolitismo de matriz católica e humanista-imperial. Por outro lado, uma outra relação entre cidade e campo, que remete à formação de um bloco histórico urbano-rural, hegemonizado pelos grupos sociais urbanos, introduz o mundo dos camponeses no fluxo da história e da política; tanto que, em uma carta de 19 de outubro de 1931 a Tania Schucht, Gramsci chega a afirmar que na época moderna os camponeses "são [...] a nação".[89]

A alteração da relação entre cidade e campo traduziu-se numa série de fenômenos que vão desde a formação de um exército que não era mais mercenário, mas expressão do novo bloco histórico urbano-rural, dirigido pela cidade, ao nascimento dos "homens comuns", que favoreceram uma comunhão linguística entre os cultos e os incultos, até as correntes da reforma religiosa tendentes à homogeneidade ética.[90] Nesse processo, toma forma o *povo*, ou seja, "o conjunto das classes subalternas e instrumentais",[91] urbanas e rurais, que devido à divisão entre trabalho manual e intelectual carecem de homogeneidade cultural e de concepções elaboradas e coerentes.

Numa síntese extrema, a formação do povo-nação se desenvolve segundo um duplo movimento: por um lado, o elemento territorial, ou seja, o mundo camponês, é progressivamente incluído na dimensão nacional, enquanto, por outro, o elemento espiritual, ou seja, a cultura medieval cosmopolita, romano-imperial e católica, tende a se nacionalizar e a se popularizar.[92]

Na tendencial unificação de cidade e campo, que se constitui na espinha dorsal da nação moderna, as figuras centrais são, portanto, os intelectuais que elaboram uma linguagem, uma tradição histórica, costumes capazes de se difundir e de integrar "filosofia" e "religião", o "pensar" e o "sentir", num "senso comum" dinâmico e expansivo.

Essa concepção do Estado substitui a perspectiva anterior, cultivada por Gramsci, baseada na relação imediata e conflitual de produção e política, que havia animado a experiência conselhista e a insistência relativa no "espírito de cisão" de ascendência sorelliana. Toma cada vez mais corpo então o nexo filosofia-política, que impulsiona a reelaboração do marxismo nos termos da filosofia da práxis, de modo a elevar o "espírito de cisão" do econômico-corporativo de classe à hegemônica autonomia do marxismo, isto é, a uma concepção autônoma da história e dos seus protagonistas.

2.5 – Humanismo, Renascimento, Reforma

Como conciliar o cosmopolitismo dos intelectuais italianos, fruto do seu vínculo com as instituições pré-modernas do Papado e do Império, com o extraordinário florescimento literário, artístico e científico da época do Renascimento, de que são protagonistas indiscutíveis? O entendimento de Gramsci sobre a natureza regressiva e restauradora do Humanismo e do Renascimento lhe permite articular de forma original o paradoxo de um período de extraordinária criatividade cultural acompanhada pela decadência civil e política.[93] Humanismo e Renascimento separados da reforma religiosa ou intelectual e moral só agravam o distanciamento entre os intelectuais e o povo e, portanto, de um ponto de vista histórico-político (não literário), ou seja, em relação aos processos de constituição dos Estados europeus, não se abrem à modernidade, pelo menos na Itália. Reforma-Renascimento é um nó histórico fundamental que informa, como vimos, a vicissitude nacional italiana, mas também assume o perfil de um critério geral de ciência política.[94] Esse traço múltiplo está bem expresso nas rápidas e admiráveis justaposições entre história e atualidade que Gramsci faz em *Passato/presente*.[95]

A história particular da nação italiana que Gramsci tenta reconstruir com os poucos materiais de que dispõe – embora possa recorrer à bagagem de uma cultura historiográfica bastante rica, acumulada desde a juventude até sua prisão – adquire, nos desenvolvimentos que dela retira, um valor paradigmático para identificar e testar os processos de *nation building* na acepção tipicamente gramsciana, isto é, se a conexão entre intelectuais e povo é ou não bem-sucedida.

Numa longa nota de novembro-dezembro de 1930, fazendo um comentário pontual sobre um artigo de Vittorio Rossi a respeito do Renascimento, ele formula um juízo claramente negativo, enriquecendo-o de anotações conceitualmente mais precisas.[96] É conveniente mencionar algumas passagens:

> Rossi tem uma concepção realista e historicista do Renascimento, mas não abandona completamente a velha concepção retórica e literária [...] não sabe avaliar o fato de que havia duas correntes: uma progressista e outra retrógrada e que esta última triunfou, depois de o fenômeno geral ter atingido o seu auge no século XVI [...] como fenômeno de uma aristocracia separada do povo-nação, enquanto no povo se preparava a reação a este esplêndido parasitismo na Reforma Protestante, no savonarolismo [...] no banditismo popular [...] e noutros movimentos [...] o próprio Maquiavel é uma reação ao Renascimento, é um apelo à necessidade política e nacional de se aproximar do povo como fizeram as monarquias absolutas de França e Espanha.[97]

Na conclusão, menciona o caráter de restauração do humanismo, extraindo daí uma indicação geral que terá mais tarde um desenvolvimento muito importante no conceito de revolução passiva, segundo o qual as ideias de uma classe revolucionária, incapaz de ascender como força hegemônica, são apropriadas e aplicadas pela antiga classe dominante.

> Ele teve o caráter de uma restauração, mas, como toda restauração, assimilou e desenvolveu, melhor do que a classe revolucionária que havia sufocado politicamente, os princípios ideológicos da classe vencida que não soubera sair dos limites corporativos e criar todas as superestruturas de uma sociedade integral. Só que esta elaboração ficou "no ar", permaneceu como patrimônio de uma casta intelectual, não teve qualquer contato com o povo-nação.[98]

Por isso, quando a Contrarreforma se instalou, até os humanistas – sem raízes e sem apoio popular – se viram isolados, cederam e "perante a fogueira, abjuraram".[99]

Retornando ao tema, no ano seguinte, depois de ler o livro de Toffanin *Che cosa fu l'umanesimo* – que tinha encomendado numa carta a Tania em 23 de novembro de 1931 –, Gramsci escreve: "Parece-me, sem dúvida, que a questão sobre o que foi o humanismo não pode ser resolvida senão num quadro mais abrangente da história dos intelectuais italianos e da sua função na Europa".[100] Só inserindo as vicissitudes dos intelectuais italianos na dinâmica europeia de construção do Estado-nação é possível fazer um julgamento sobre o significado histórico do Humanismo e do Renascimento, que, em seu pleno desenvolvimento, se opuseram ao "Renascimento espontâneo" comunal e ao "Humanismo ético-político", sufocando as energias "nacionalizantes".[101]

Em suma, Gramsci não está preocupado em formular um juízo historiográfico sobre o Humanismo e o Renascimento como fenômenos histórico-culturais, mas em compreender o que representaram na malograda formação do Estado-nação italiano, daí o seu caráter "em grande parte reacionário".[102] Não por acaso, o juízo se dilui na consideração a respeito do papel desempenhado efetivamente no campo europeu:

> [...] parece mais correta a opinião de que o Renascimento é um movimento de grande alcance, que se inicia depois do ano 1000, do qual o Humanismo e o Renascimento (em sentido estrito) são dois momentos conclusivos, que tiveram na Itália sua sede principal, enquanto o processo histórico mais geral é europeu e não apenas italiano.[103]

Gramsci retira da experiência italiana uma espécie de critério histórico-político de valor geral: a dialética Reforma-Renascimento.

> Todo movimento intelectual se torna ou volta a ser nacional se se verificou uma "ida ao povo", se ocorreu uma fase de "Reforma" e não apenas uma fase de "Renascimento"; e se as fases "Reforma-Renascimento" se sucedem organicamente e não coincidam com fases históricas distintas (como na Itália, onde entre o movimento comunal – Reforma – e o do Renascimento ocorreu um hiato histórico do ponto de vista da participação popular na vida pública).[104]

A falta da reforma religiosa na Itália impediu a "ida ao povo", a disseminação "popular" no mundo camponês – espinha dorsal da nação moderna, segundo Gramsci – das ideias que a nova cultura estava elaborando. Mesmo discordando das intenções dos neoprotestantes,[105] Gramsci atribuía à Reforma um papel decisivo na definição do perfil da era moderna. Certamente esta não é uma inspiração original, toda a tradição "alemã" foi construída em torno dela: do idealismo ao historicismo, até Max Weber.

Gramsci capta no protestantismo o desejo de uma conexão capaz de estabelecer uma ponte entre filosofia e religião. Seguindo uma linha de interpretação que remonta a Hegel e Weber, ele vê na obra de Lutero um momento essencial no desenvolvimento da hegemonia burguesa, na medida em que permitiu às massas de fiéis elaborar internamente os princípios da liberdade e da autonomia. Por meio do protesto, o elemento vivificante da liberdade penetrou no mundo religioso popular, poderíamos dizer, na imediatez do "territorial", mesmo à custa do sacrifício da riqueza cultural de que Erasmo era o principal defensor. Retomando um juízo expresso por Croce em *Storia dell'età barocca in Italia*, Gramsci considera que a Reforma, comparada ao Renascimento, que produziu uma cultura refinada, mas sem o envolvimento das classes populares, exprimiu "esterilidade" na alta cultura. O protesto religioso fecundou o povo, incutindo-no o espírito da liberdade, mas não envolveu os intelectuais. Lutero encontrou nos camponeses os defensores mais aguerridos da Reforma, enquanto a alta cultura, com Erasmo, bateu em retirada.

> O portador da Reforma, por isto, foi exatamente o povo alemão em seu conjunto, como povo indiferenciado, não os intelectuais. É precisamente esta deserção dos intelectuais ante o inimigo que explica a "esterilidade" da Reforma na esfera imediata da alta cultura, até que da massa popular, que permanece fiel, se selecione lentamente um novo grupo de intelectuais que culmina na filosofia clássica.[106]

Com base nessa interpretação, Gramsci concebe uma generalização do nexo Reforma-Renascimento para torná-lo um instrumento crítico eficaz para avaliar os desenvolvimentos de "uma nova civilização que se forma no mundo contemporâneo".

Assim, em duas notas do Caderno 7 (43 e 44), sob a rubrica "Reforma e Renascimento", aplica explicitamente a dialética dos dois momentos aos problemas da relação entre a alta cultura e o povo na URSS, fazendo dela um paradigma teórico-político.

> Estes modelos de desenvolvimento cultural fornecem um ponto de referência crítico cada vez mais abrangente e importante, [...] quanto mais reflito sobre eles. É evidente que não se compreende o processo molecular de afirmação de uma nova civilização que se desenvolve no mundo contemporâneo sem compreender o nexo histórico Reforma-Renascimento.[107]

A reforma intelectual e moral que a filosofia da práxis procura promover e que está tentando afirmar sua validade na URSS deve ter como objetivo não separar os dois momentos. Gramsci adotará precisamente esse critério para formular seu juízo crítico sobre a falta de expansividade hegemônica do grupo dirigente bolchevique.

Como veremos, o tema do cosmopolitismo reaparecerá sob outra roupagem, com uma carga disruptiva nos confrontos seja com o liberalismo, seja com o comunismo terceiro-internacionalista, mas isso só acontecerá na trama de uma profunda revisão do seu pensamento filosófico e político, que o levará a substituir o lema "materialismo histórico" por "filosofia da práxis", a utilizar a expressão "classes e grupos subalternos" em vez de "classe", a criticar duramente o *Manual* de Bukharin, a repensar a categoria de "hegemonia", a introduzir novas categorias como a de "revolução passiva" e a evocar um "cosmopolitismo de novo tipo" que supere os limites do "internacionalismo proletário".

Notas

[1] Gramsci & Schucht, 1997, pp. 61-62.
[2] Cospito & Frosini, 2017, pp. XX ss.; Mastroianni, 2003, pp. 206-231; Francese, 2009, pp. 45--54. Para compreender o significado de *"für ewig"* e os temas do seu trabalho, é interessante a referência à sua carta a Julca, de dezembro de 1932, na qual afirma o seguinte: "voltando às experiências passadas, com todo o enriquecimento posterior, faz-se descobertas interessantes, percebemos ter nos desviado ligeiramente da linha que teria permitido uma maior explicitação das próprias forças e, portanto, uma maior contribuição para o desenvolvimento de forças históricas vitais [...] retificá-lo poderia significar um reinício mais normal, mais fecundo, mais rico em valores", Gramsci, 2020, p. 902; L. La Porta, 2013, pp. 59-65.
[3] Giuseppe Vacca documentou o denso entrelaçamento entre os escritos da prisão e a vida política fora dela no livro. Vacca, 2012.
[4] Gramsci & Schucht, 1997, p. 104.
[5] *Idem*, p. 237. Ver também a carta de 27 agosto de 1928: "Quando puder trabalhar organicamente em torno de uma pesquisa literária ou de uma tradução, o tempo passará facilmente [...]. O que me tem dificultado a prisão até agora (para além de todas as outras privações decorrentes da minha situação) tem sido a ociosidade intelectual". *Idem*, p. 251.
[6] *Idem*, p. 293.
[7] *Idem*, carta de 9 de fevereiro de 1929, pp. 305-306.
[8] *Idem*, p. 333. Sobre os limites dos *Cadernos*, vale a pena alertar para as "cautelas" que se deve ter na sua leitura. Sobre isso ver Cospito, 2015, pp. 28-42, no qual são profusamente ilustrativas as advertências utilizadas pelo próprio Gramsci nas suas notas e se defende a necessidade de cautela na interpretação de escritos provisórios, não organizados para um público leitor.
[9] Trata-se do livro de N. Bukharin que, abreviando, Gramsci cita como *Ensaio popular* ou como *Manual*. Bukharin, 1977.
[10] Vacca, 2012, pp. 47 ss.

[11] Gramsci & Schucht, 1997, p. 426.
[12] Sobre o desenvolvimento do trabalho no cárcere são fundamentais as páginas de Cospito & Frosini, 2017, pp. XV-LXIV.
[13] Gramsci, 1975, *Quaderno* (doravante, nas notas, Q.) 3, pp. 322-323. A citação merece ser lida na íntegra: "Era evidente que a guerra, com a enorme perturbação econômica e psicológica que tinha provocado, especialmente entre os pequenos intelectuais e os pequenos burgueses, iria radicalizar esses estratos. O partido os transformou em inimigos *gratuitos*, em vez de torná-los aliados, ou seja, atirou-os de novo para a classe dominante. Função da guerra nos outros países [era] selecionar os líderes do movimento operário e provocar a precipitação das tendências de direita. Na Itália, esta função não foi desempenhada pela guerra (giolittismo), mas ocorreu mais tarde de uma forma muito mais catastrófica".
[14] Para a fábula do castor ver. Q. 3, pp. 319 ss.
[15] Gramsci compara várias vezes a posição de Benda sobre os intelectuais com a de Croce. Critica-a, mas também aprecia seu espírito europeu e antinacionalista em Q. 2, pp. 284-286 e Q. 10, p. 1.303, embora note o tratamento mais "superficial" e "jornalístico" de Benda em comparação com o carácter sistemático do pensamento croceano, Q. 10, pp. 1.333-1.334.
[16] "Não compreender isto significa não compreender a questão dos intelectuais e a função que eles desempenham na luta de classes. Gobetti serviu-nos praticamente de elo de ligação: 1) com intelectuais nascidos no terreno da técnica capitalista e que haviam assumido uma posição de esquerda [...] 2) com uma série de intelectuais do Sul [...], destes intelectuais, Guido Dorso é a figura mais completa e interessante", Gramsci, 1995, pp.153-185; a citação é da p. 184.
[17] *Idem*, p. 156.
[18] Não é convincente, portanto, a tese defendida por L. Paggi, segundo a qual "todo o problema relativo aos modos de superar a fase dos conselhos [...] possa talvez ser facilmente pensada como uma passagem do modelo industrial ao militar – com aquela forte valorização implícita de um elemento organizativo relativamente autônomo, que [...] se torna o verdadeiro fio condutor de toda a análise política de Gramsci" (Paggi, 1984, p. 323). A função de conexão exercida pelos intelectuais, se vem reconduzida ao modelo militar experimentado durante a Primeira Guerra Mundial, perde o valor político geral que Gramsci lhe atribui em toda a história do Estado moderno, e não apenas na fase de crise do século XX.
[19] Vacca, 1985, pp. 104-105.
[20] Os pedidos de livros feitos anteriormente na carta de 25 de março de 1929 são indícios de uma mudança de pensamento de Gramsci nesses meses; entre estes, são dignos de nota os seguintes títulos: Croce, *Elementi di politica*; Hegel, *Breviario di estetica*; Michels, *Il partito politico*; Ciasca, *Origine del programma dell'unità nazionale*; Labriola, *Da un secolo all'altro*; Mondolfo, *Il materialismo storico di F. Engels*, além dos volumes já pedidos de Bukharin e Marx (Gramsci & Schucht, 1997, pp. 331-333).
[21] Croce, 1925, pp. 29-30.
[22] Numa leitura bastante antecipatória, Franco De Felice tinha captado a novidade da análise de Gramsci sobre o fascismo nos *Cadernos*; ver De Felice, 1979. Em 1925, numa importante intervenção parlamentar, *La conquista fascista dello Stato*, Gramsci interpretou a lei contra a Maçonaria ainda em termos "bonapartistas", ou seja, de "unificação orgânica de todas as forças da burguesia sob o controle de uma única central", o que foi um avanço considerável em relação à anterior definição do fascismo como o "povo dos macacos", ou seja, o partido da pequena burguesia. Rapone, 2020, pp. 92-93. Sobre "cesarismo" e "bonapartismo" ver Antonini, 2020.
[23] Compreende-se, mesmo dessa angulação, por que a crítica da religião mitológica, positiva e transcendente seja uma das motivações importantes da atração de Gramsci pelo renascimento neoidealista de Croce e Gentile. A partir dela, aprecia enormemente o valor histórico-político: fundar a autonomia das classes intelectuais modernas no contexto italiano, no qual domina

a Igreja Católica, dando-lhes a consciência de serem funcionários do sujeito histórico-mundano, o Estado (Gentile), ou do ético-político (a sociedade civil liberal "ideal", para além do Estado de Croce). Ver Q. 1, p. 35 sobre os diversos tipos de intelectuais e sobre o corporativismo que seriam "um instrumento de unidade moral e política".

[24] Q. 1, p. 42.
[25] Q. 1, cap. 3.
[26] Q. 1, p. 51.
[27] Idem, p. 56
[28] Idem, p. 134.
[29] Idem, pp. 132-133 e Q. 10, pp. 1.359-1.361.
[30] No Q. 1, p. 133, Gramsci faz um aceno ao "cosmopolitismo medieval"; no Q. 2, p. 181, numa nota dedicada ao nacionalismo italiano, estabelece um vínculo entre cosmopolitismo e chauvinismo, depois amplamente desenvolvido, mas na nota 109, intitulada "Os intelectuais franceses e sua atual função cosmopolita", esboça uma distinção entre o cosmopolitismo dos intelectuais franceses e dos italianos. Idem, p. 255.
[31] Q. 3, p. 325.
[32] Idem, p. 326.
[33] Idem, ibidem.
[34] "As classes cultas, há muito retiradas para a vida privada, entre o ócio idílico e literário, eram cosmopolitas, animadas pelos interesses gerais da arte e da ciência, que não têm pátria [...]. A corrupção e a grandeza do século não eram mérito ou culpa dos príncipes ou dos literatos, mas residiam na própria natureza do movimento do qual saíra, que agora se revelava com tanta precisão, gerado não por lutas intelectuais e novidades de crenças, como nos outros povos, mas por uma profunda indiferença religiosa, política e moral, acompanhada pela difusão da cultura, pelo progresso das forças intelectuais e pelo desenvolvimento do sentido artístico: aqui está o germe da vida e o germe da morte; aqui está sua grandeza e a sua fraqueza", De Sanctis, 1962, p. 89.
[35] Q. 3, p. 353.
[36] Q. 9, p. 1.167.
[37] Escreve Labriola em *Da un secolo all'altro*: "Os traços verdadeiros e positivos dessa unidade de temperamentos e inclinações que constitui o povo no sentido histórico da palavra, não podemos encontrar para além do século XI, no qual a nação neolatina aparece constituída"; e sublinha que os literatos "foram durante séculos os únicos representantes ativos da intelectualidade italiana no longo período de decadência", cultivando "a unidade ilusória de uma história da Itália através de um grande número de séculos"; Labriola, 1964, p. 371. Também Zanantoni, 1999, p. 65. Substancialmente, Labriola apenas insinua (como se sabe, o manuscrito é interrompido) a discrasia entre tradição cultural e atualidade política na dimensão real do Estado italiano, o "paradoxo" de que fala Gramsci.
[38] A periodização da *Storia d'Italia dal 1871 al 1915* é a sua tradução historiográfica, mas sobretudo em *Controversie sulla storia d'Italia*, apêndice a Croce, 1954, p. 345: "Antes de 1860 [...] não há uma história da Itália [...] porque 'Itália' [...] é mais um conceito político, nem pode ser outra coisa".
[39] As comunas medievais comparecem como elemento de continuidade em muitos autores, de Madame De Staël a Sismondi, de Romagnosi a Balbo, a Cattaneo. Ver Balestracci, 2015, pp. 10-60.
[40] Solmi, 1927 (editada nos *Discorsi sulla storia d'Italia*, La Nuova Italia, Firenze, 1934). Para Volpe se tratava de responder à pergunta de como se forma a unidade moral e política num terreno por um lado fragmentado e, por outro, unido pelo universalismo papal e imperial; ver Volpe, 2010, pp. 10 e 33 ss.
[41] A doutrina da hegemonia que é programaticamente elaborada com base na distinção metodológica entre Estado-aparelho, momento coercitivo da autoridade, e Estado-sociedade

42 civil, trama do exercício do consenso, leva Gramsci não só a operar uma clara distinção entre nação e Estado como também atribuir à nação um valor e uma consistência necessários à formação estatal. Sobre esse tema me permito remeter ao meu "Nazione e cosmopolitismo nei Quaderni del cárcere" em Izzo, 2009, pp. 165-182.

42 Labriola, 1964, p. 267.

43 Assim, nos *Cadernos*, as cidades de Solmi transformam-se nas "100 cidades", ou seja, num indicador não de uma pretensa continuidade histórica nem sequer de progresso, mas de estagnação feudal devido ao originário carácter econômico-corporativo da cultura comunal; ver Q. 19, p. 2.036.

44 Q. 3, p. 355.

45 Schirru, 1999, p. 54. Schirru se refere, com toda a razão, ao aceso debate que se desenvolveu sobre a questão da língua e das nacionalidades entre os bolcheviques, os austromarxistas e os socialdemocratas alemães no limiar da Primeira Guerra Mundial, e cita a posição de Otto Bauer – "O fator de coesão da nação não é mais a unidade do sangue e da cultura das massas, mas a unidade cultural das classes hegemônicas"– para ilustrar o conhecido pano de fundo em que se inserem as reflexões dos *Cadernos*. Ver também Carlucci, 2013, um dos estudos mais detalhados sobre temas linguísticos em Gramsci.

46 Filippo Ermini (1868-1935) foi professor de literatura latina medieval do Ateneu em Roma, autor de numerosos estudos e de uma póstuma *Storia della letteratura latina medievale*, católico ativo no movimento de [Romolo] Murri e filiado ao Partido Popular.

47 Q. 3, p. 356

48 *Idem*, p. 353.

49 *Idem*, pp. 367-371: "O italiano é novamente uma língua escrita e não falada, dos eruditos e não da nação". Francesco Brandileone (1858-1929), estudioso de direito medieval, particularmente o bizantino, foi professor de Francesco Calasso.

50 "A investigação da formação histórica dos intelectuais italianos, assim, leva a remontar até a época do Império Romano, quando a Itália, por ter Roma no seu território, se torna o cadinho das classes cultas de todos os territórios imperiais. Os quadros dirigentes tornam-se cada vez mais imperiais e cada vez menos latinos, tornam-se cosmopolitas [...]. Há, portanto, uma linha unitária no desenvolvimento das classes intelectuais italianas [...], mas essa linha de desenvolvimento é tudo menos nacional [...]. O problema do que são os intelectuais pode ser monstrado em toda a sua complexidade através desta investigação". *Idem, ibidem*.

51 Sobre a datação, composição e gênese do Caderno 12, ver Francioni & Cospito, 2009, pp. 113-116. É oportuno recordar aqui o longo, constante e frutífero trabalho de Gianni Francioni, que, desde os seus primeiros escritos nos anos 1980, (Francioni, 1984) até o empreendimento da *Edizione nazionale*, esbanja sua grande experiência histórica e filológica, juntamente com os seus colaboradores, para restituir ao leitor a sequência mais exata possível dos escritos do cárcere, contribuindo decisivamente para a definição do perfil do "novo Gramsci".

52 "Todo grupo social, nascendo sobre a base originária de uma função essencial no mundo da produção econômica, cria em conjunto, organicamente, um estrato ou mais de um estrato de intelectuais que lhe dão homogeneidade e consciência da sua função no campo econômico: o empreendedor capitalista cria consigo o economista, o cientista da economia política". Q. 4, pp. 474-475.

53 Q. 4, p. 476. Gramsci certamente chegou à compreensão da função de conexão e organizativa dos intelectuais através da reflexão sobre a experiência em curso na URSS, mas creio que também foi influenciado pela nova leitura que estava fazendo do regime fascista, com sua ênfase na utilização maciça de recursos para a organização das massas.

54 "A França dá um tipo acabado de desenvolvimento harmônico de todas as energias nacionais e especialmente das categorias intelectuais: quando em 1789 um novo agrupamento social emerge politicamente para a história, ele está completamente equipado para todas as suas funções sociais e, por isso, luta pelo domínio total da nação, sem chegar a compromissos

55 essenciais com as velhas classes, pelo contrário, subordinando-as". *Idem*, p. 479. Sobre a França nos *Cadernos* e nos escritos antes da prisão ver Descendre & Zancarini, 2021.

55 Q. 4, p. 479.

56 Gramsci & Schucht, 1997, p. 606. Continua recordando os seus estudos anteriores sobre a linguagem e um artigo que escreveu sobre a questão da língua segundo Manzoni e acrescenta algumas considerações que remetem para o que vinha desenvolvendo nas notas: "A este latim médio sucedeu a língua vulgar, que foi novamente submersa pelo latim humanista, dando lugar a uma língua douta, vulgar no léxico, mas não na fonologia e muito menos na sintaxe, que foi reproduzida do latim: assim continuou a existir uma dupla língua, a popular ou dialetal e a douta, ou seja, a língua dos intelectuais e das classes cultas". *Idem*, p. 607.

57 Q. 5, p. 569.

58 A fórmula está presente nos cadernos anteriores, mas de maneira não orgânica e submetida a múltiplas variáveis: comparece pela primeira vez no Q. 2, nota 117, para retornar com a redação "A Função cosmopolita dos intelectuais italianos" só no Q. 5, nota 37, e daí em diante a rubrica "A Função cosmopolita dos intelectuais italianos" se mantém até o Q. 9, nota 38.

59 Q. 5, p. 629.

60 *Idem, ibidem*.

61 *Idem*, p. 589.

62 Q. 8, nota 22. Depois de citar a passagem de Suetônio sobre César que conferia a cidadania aos médicos e mestres das artes liberais para que estes vivessem mais à vontade em Roma e também outros fossem chamados, Gramsci comenta: "César, portanto, se propõe (1) a estabelecer em Roma os intelectuais que já residiam nela, criando assim uma categoria permanente deles, pois sem permanência não se poderia criar nenhuma organização cultural [...]; (2) atrair para Roma os melhores intelectuais de todo o Império Romano, promovendo uma centralização de grande alcance. Assim, tem início aquela categoria de intelectuais 'imperiais' de Roma, que continuará no clero católico e deixará muitas marcas em toda a história dos intelectuais italianos, com a sua caraterística de 'cosmopolitismo' até ao século XVIII". *Idem*, p. 954.

63 "Não parece ter sido compreendido que justamente César e Augusto, na realidade, modificam radicalmente a posição relativa de Roma e da península no equilíbrio do mundo clássico, tirando da Itália a hegemonia 'territorial' e transferindo a função hegemônica a uma classe 'imperial', isto é, supranacional [...]. Esse nexo histórico é da máxima importância para a história da península e de Roma, pois é o início do processo de 'desnacionalização' de Roma e da península e da sua transformação em 'terreno cosmopolita'"; Q. 19, pp. 1.959-1.960.

64 Q. 5, p. 614.

65 Sobre camponeses e nação moderna, Gramsci irá se concentrar nas notas sobre Maquiavel e os jacobinos, como veremos no Capítulo 3. Mas vale a pena assinalar que, sob a rubrica "Função cosmopolita dos intelectuais italianos" (na nota 150 do Q. 5), Gramsci faz também uma rápida incursão no passado mais recente: "No Risorgimento se dá o último reflexo da 'tendência histórica' da burguesia italiana para se manter dentro dos limites do 'corporativismo': não ter resolvido a questão agrária é prova deste fato". Estando claro que a questão agrária para Gramsci coincide com a questão nacional-territorial do Sul e com a questão camponesa, compreende-se por que ele responsabiliza todas as correntes do Risorgimento pela sua não resolução: a neoguelfa na qual, com Gioberti, "aparece o caráter universalista-papal dos intelectuais italianos", os cavourianos que repetem o tipo "homem de Guicciardini", isto é, "voltados apenas para sua situação 'particular'"; "traços do universalismo medieval estão também em Mazzini e determinam o seu fracasso político". *Idem*, pp. 677-678.

66 A fórmula *econômico-corporativo* já tinha aparecido no Q. 4, p. 461, no contexto de crítica ao economicismo do sindicalismo teórico, especificamente na nota dedicada às relações entre estrutura e superestrutura: "fazer sacrifícios de natureza econômico-corporativa". A nota 7 do Q. 6 marca a passagem, com a nota 13, intitulada "As comunas medievais como fase

econômico-corporativa", para uma consideração mais complexa sobre as origens do Estado, até a nota 43 (dezembro de 1930-março de 1931), que dá início à nova rubrica sobre "A Comuna como fase econômico-corporativa do Estado", na qual prevalece a atenção a fenômenos diversos para além da questão dos intelectuais e da relação com a Igreja, ou seja, as antigas raízes de comportamentos distorcidos da moderna sociedade civil italiana. "Em 1400, o espírito de iniciativa dos comerciantes italianos havia decaído; preferia-se investir as riquezas adquiridas em bens fundiários [...]. Mas como se deu esse declínio? [...] a causa fundamental está na própria estrutura do Estado comunal que não pode se desenvolver como um grande Estado territorial. Desde então, enraizou-se em Itália o espírito retrógrado pelo qual a única riqueza segura é a propriedade fundiária"; Q. 6, p. 719.

67 Q. 6, pp. 762-763.
68 Idem, p. 758.
69 Idem, ibidem.
70 Idem, ibidem.
71 Idem, pp. 758-759.
72 Q. 29, p. 2.350. "O opúsculo de Dante tem também um significado não negligenciável para a época em que foi escrito: não só de fato, mas elevando o fato à teoria, os intelectuais italianos do período mais exuberante das Comunas 'rompem' com o latim e justificam a língua vulgar, exaltando-a contra o 'mandarinismo' latinizante, ao mesmo tempo que o vulgar alcança assim grandes manifestações artísticas". Idem, ibidem.
73 Q. 6, p. 760.
74 Q. 2, p. 258: "Em Maquiavel o nacionalismo era suficientemente forte para superar o 'amor da arte pela arte'? Uma investigação dessa natureza seria muito interessante: o problema do Estado italiano o ocupava mais como 'elemento nacional' ou como um problema político interessante em si e para si, especialmente dada a sua dificuldade e a grande história passada da Itália?".
75 Q. 5, p. 657.
76 Idem, ibidem.
77 "Pode-se encontrar em Maquiavel a confirmação do que já assinalei em outro lugar, que a burguesia italiana medieval não soube sair da fase corporativa para ingressar na fase política porque não soube se libertar completamente da concepção medieval-cosmopolita representada pelo Papa, pelo clero e também pelos intelectuais leigos (humanistas), isso é, não soube criar um Estado autônomo, mas permaneceu dentro da moldura medieval feudal e cosmopolita". Idem, p. 658.
78 Gramsci & Schucht, 1997, p. 750.
79 Como é sabido, Tania transcrevia normalmente as cartas de Gramsci para Sraffa, mas nessa carta, Gramsci se refere explicitamente ao terceiro interlocutor e responde substancialmente a ele: "Gostaria de responder a alguns pontos da sua carta de 28 de agosto, na qual menciona algo a respeito do meu trabalho sobre os 'intelectuais italianos'. Vê-se que você falou com Piero, porque só ele pode ter-lhe dito certas coisas". Idem, p. 790.
80 Idem, p. 791.
81 Q. 21, p. 2108.
82 Ciliberto, 2016, p. 59.
83 O cosmopolitismo dos intelectuais é um conceito que, no plano da análise política, tende a englobar a categoria de transformismo que havia dominado os escritos juvenis paralelamente – como sustenta Michelini, 2011, p. 101 – ao de "parasitismo corporativo", que, nos Cadernos, não parece mais ser a única categoria lógica adaptada ao estudo da relação entre Estado e mercado.
84 Q. 23, p. 2.197.
85 Poderíamos dizer, numa síntese extrema, que o princípio "democrático" (conexão de razão e vida), que também anima o Estado moderno, o transcende no sentido de que tem uma potência suficiente para sobreviver e se desenvolver para além da forma estatal.

[86] Q. 17, p. 1936.
[87] Carl Schmitt, em *Der nomos der Erde* (na versão italiana, Schmitt, 1991), produziu a teorização mais radical sobre a territorialidade como espaço político específico da forma estatal da Europa continental. Já no texto anterior, *Land und Meer* (na versão italiana Schmitt, 2002), Schmitt tentou trazer conceitos e assuntos da política de volta a um núcleo primordial constituído pela diferente destinação dos elementos terra, água, ar. Sobre esse tema ver Bolocan, 2019, pp. 661-666.
[88] Q. 8, p. 937.
[89] "O que se vê habitualmente são os intelectuais e o que não se vê são especialmente os camponeses que, assim como a maioria da população, são eles próprios a 'nação', ainda que contem pouco na direção do Estado e sejam negligenciados pelos intelectuais (à parte o interesse que alguns traços pitorescos despertam)", Gramsci & Schucht, 1997, p. 840. Sobre a centralidade do processo de unificação entre cidade e campo na visão gramsciana do Estado moderno ver Montanari, 1997.
[90] "Sempre que aflora, de um modo ou de outro, a questão da língua, isso significa que uma série de outros problemas está se impondo: a formação e a ampliação da classe dirigente, a necessidade de estabelecer relações mais íntimas e seguras entre os grupos dirigentes e a massa popular-nacional, isto é, de reorganizar a hegemonia cultural". Q. 29, p. 2.346.
[91] Q. 27, p. 2.312.
[92] Sobre nacional e popular apresento duas citações exemplificadoras: a primeira de Gramsci, a outra de Giuseppe Toffanin, autor lido e apreciado por Gramsci: "Pode-se, portanto, dizer que um caráter é 'nacional' quando é contemporâneo de um determinado nível mundial (ou europeu) de cultura e evidentemente atingiu esse nível. Neste sentido, Cavour era nacional na política liberal, De Sanctis na crítica literária [...] Mazzini, na política democrática"; Q. 14, p. 1.660; o que é popular? "Uma erupção de sentimentos e pensamentos muito refinados em formas plebeias: uma verdadeira literatura popular, entendendo por 'popularidade' a adaptação espontânea do que há de mais individual e íntimo em nós ao meio formal oferecido pelo povo". Toffanin, 1928, p. 5.
[93] Muito significativa a nota do Q. 5, retomada no Q. 26, sobre a dificuldade de traduzir em outras línguas os termos *Rinascimento*, *Rinascita* e *Risorgimento* por estarem muito ligados à história nacional italiana. Q. 5, p. 667.
[94] Ver essa abordagem sobre Humanismo e Renascimento em páginas anteriores deste capítulo.
[95] Q. 3, pp. 317-318 ss.
[96] Q. 5, pp. 646-653.
[97] *Idem*, p. 648.
[98] *Idem*, p. 652
[99] *Idem*, pp. 652-653.
[100] *Idem*, p. 682.
[101] "[É] de se observar que há espontaneidade e o vigor da arte antes que o humanismo se 'sistematize', daí a proposição avançada noutro lugar de que o humanismo seja um fenômeno em grande parte reacionário, isto é, represente a separação entre os intelectuais e as massas que se nacionalizavam e, portanto, uma interrupção da formação político-nacional italiana, para retornar à posição (sob outra forma) do cosmopolitismo imperial e medieval". Q. 15, p. 1.829.
[102] Sobre "mitigações" e sobre modulações dos julgamentos de Gramsci, ver Ciliberto, 1991, pp. 759-788.
[103] Q. 17, p. 1.913; e continua: "mas o movimento progressista depois do ano 1000, se esteve presente na Itália em grande parte das Comunas, decaiu precisamente na Itália, e mesmo com o Humanismo e o Renascimento que foram regressivos, enquanto no resto da Europa o movimento geral culminou nos Estados nacionais e depois na expansão mundial de Espanha, França, Inglaterra, Portugal". *Idem, ibidem*.

[104] Q. 8, p. 1.030.
[105] Ver Q. 3, p. 318, na qual Gramsci retoma o debate dos anos 1920-1925 sobre a necessidade de uma "reforma intelectual e moral" que havia envolvido Gobetti, Missiroli, Dorso e ele próprio e a rejeição de tentativas anacrônicas de reforma religiosa.
[106] Q. 16, p. 1.862. Ver também a carta a Tania de 1º dezembro de 1930 na qual estabelece o paralelo entre a posição de Croce a respeito do materialismo histórico em relação à de Erasmo contra Lutero em Gramsci & Schucht, 1997, pp. 615-616.
[107] Q. 7, p. 891.

3
A construção da Europa burguesa

3.1 – Maquiavel filósofo

Maquiavel é a figura-símbolo em torno da qual se articulam, entre 1931 e 1932, dois momentos marcantes do percurso de pesquisa de Antonio Gramsci: o aperfeiçoamento da teoria do Estado moderno e a afirmação da plena autonomia do marxismo, que ele começa a declinar em termos de filosofia da práxis.

Apesar do grande interesse demonstrado por Gramsci nos seus anos de universidade, Maquiavel é um autor secundário nos escritos anteriores à prisão (nos quais aparece sobretudo a questão do "maquiavelismo") e está inicialmente ausente no plano dos *Cadernos*.[1] Ingressa neles, ganhando rapidamente um papel de destaque por ocasião da publicação de um número da *Rivista d'Italia*, inteiramente dedicado à celebração do seu centenário, reafirmando a redução da sua obra ao maquiavelismo.[2]

> Fiquei surpreso com o fato de que nenhum dos autores, por ocasião do centenário, tenha relacionado os livros de Maquiavel com o desenvolvimento dos Estados em toda a Europa, no mesmo período histórico. Confundidos pelo problema puramente moralista do chamado [sic] "maquiavelismo", não viram que Maquiavel foi o teórico dos Estados nacionais regidos pela monarquia absoluta, isto é, que ele, na Itália, teorizava o que na Inglaterra foi energicamente realizado por Elisabeth, na Espanha por Fernando, o Católico, na França por Luís XI e na Rússia por Ivan, o Terrível, mesmo que ele não conhecesse nem pudesse conhecer nenhuma dessas experiências

nacionais, que representavam, de fato, o problema histórico da época que Maquiavel teve a genialidade de intuir e expor sistematicamente.[3]

A partir desse nó interpretativo fundamental tem início o tratamento dado por Gramsci ao "problema Maquiavel", com o objetivo imediato de libertar a obra do secretário florentino das amarras do maquiavelismo. Esse antigo entendimento, que tingia de moralismo o eterno princípio da política como força, tinha sido renovado e relançado por Croce no debate filosófico sobre o revisionismo, por meio da teoria da distinção e da avaliação autônoma do princípio da utilidade:

> E é bem sabido que Maquiavel descobre a necessidade e a autonomia da política, da política que está além ou aquém do bem e do mal moral, que tem suas próprias leis às quais é inútil se rebelar [...]. Mais importante ainda é que Maquiavel está com a alma e a mente dividida em relação à política, cuja autonomia descobriu, e que lhe aparece seja como triste necessidade de sujar as mãos por lidar com pessoas inconfiáveis, seja como a sublime arte de fundar e sustentar essa grande instituição que é o Estado [...]. A política é diabólica ou divina? Maquiavel a fantasia com a imagem do Centauro.[4]

Ao qualificar Marx, de maneira icônica, como o "Maquiavel do proletariado", Croce conseguiu um duplo resultado: reduziu o marxismo a um momento subalterno na dialética da distinção e retirou a relevância filosófica de Maquiavel, atribuindo-lhe o mérito de ter dissociado a avaliação do *fato* político do juízo moral.

É por conta da justaposição crociana que Maquiavel inicia o seu percurso nos *Cadernos* na companhia de Marx. Nas primeiras notas miscelâneas do Caderno 4, Gramsci retoma o paralelo, mas invertendo a marca revisionista e reducionista da fórmula crociana, começando a desmontar a vulgata tanto do maquiavelismo como do marxismo. O propósito é restaurar a dimensão histórica das duas figuras e recuperar criticamente a autenticidade do seu ensinamento. Maquiavel deve ser libertado das incrustações que se instalaram no seu pensamento, deformando sua vitalidade histórica e conceitual num maquiavelismo de moda, da mesma forma que a autonomia filosófica do pensamento de Marx deve ser restabelecida, segundo a visão de Labriola,[5] contra os vários marxismos que "combinam" vertentes positivistas e idealistas.[6] Nos *Apontamentos de filosofia I*, o paralelismo, construído sobre a recuperação do valor histórico original da obra de ambos, é enriquecido por uma outra passagem que remete ao que os diferencia: Marx inova radicalmente a ciência da política e da história na medida em que supera o naturalismo residual que ainda marca Maquiavel, historicizando a própria natureza humana.

Mas o que interessa a Gramsci, sobretudo, é colocar Maquiavel no centro da dinâmica histórica e teórica que deu origem à complexa arquitetura do Estado moderno, demolindo a imagem de campeão do eterno momento da força-economia, como pretendia Croce, ao estabelecer seus limites insuperáveis em relação ao momento da ética-política. Por essa razão, *O Príncipe* não é lido por Gramsci como um tratado de política, ainda que genial, mas, ao contrário, é entendido como uma obra filosófica da mais ousada modernidade: um modelo exemplar de filosofia da práxis, comparável ao *Manifesto*. Tanto que Gramsci, ao questionar a natureza de um livro tão singular, chega a apontar aspectos decisivos da sua tradução do pensamento de Marx em termos de filosofia da práxis.

Historicizar a obra de Maquiavel, situando-a na época da formação dos Estados nacionais, implica confrontar-se com a defasagem entre a modernidade deslumbrante do seu pensamento e o contexto de decadência e de crise política e intelectual em que a península mergulhou. Francesco De Sanctis, seguido por Luigi Russo, tinha explicado essa defasagem pela tensão utópica que marcaria *O Príncipe*, enquanto Croce tinha apelado ao esteticismo maquiaveliano, ao seu "amor da arte pela arte".[7] Gramsci, pelo contrário, resolve a defasagem no interior de uma concepção unitária da gênese do "mercado determinado"[8] e dos Estados nacionais europeus que lhe permitem estabelecer uma relação de homogeneidade histórica, ainda que em graus diferenciados, entre a Itália e a Europa.[9] O Maquiavel que emerge dos *Cadernos* não tem o perfil nem do utópico nem do artista, mas antes do teórico realista, do cientista político que estuda a formação dos Estados absolutistas europeus, sem se colocar *au-dessus de la mêlée*. "Maquiavel é um homem inteiramente de sua época e sua arte política representa a filosofia do tempo, que tende à monarquia nacional absoluta, a forma que pode permitir um desenvolvimento e uma organização burguesa".[10]

Por meio de Maquiavel, Gramsci coloca a "questão da nação italiana" e a "questão política dos intelectuais", com crescente consciência teórica e analítica, no quadro de uma análise diferenciada do processo geral de fusão entre mercado capitalista e Estados nacionais, bem como da formação do bloco histórico burguês que marca toda a época moderna, até a manifestação integral da sua crise com a Primeira Guerra Mundial.

Na prospecção da sua solução do "problema Maquiavel", Gramsci começa a aplicar, embora ainda não teorize, o critério gnoseológico da tradutibilidade das linguagens,[11] utilizado por Marx em *A Sagrada Família*, para explicar a recíproca implicação entre a filosofia clássica alemã e a Revolução Francesa e, por conseguinte, a convertibilidade recíproca da filosofia e da política. Graças a isso, o secretário florentino torna-se, na leitura de Gramsci, o filósofo que, a partir da ruína da cidade-Estado italiana, é capaz de enunciar os princípios fundadores da autonomia da política com a intenção de aplicá-los também à Itália; isso porque na França, Espanha e Inglaterra uma burguesia não econômico-corporativa estava praticamente favorecendo a construção de uma instituição soberana, não mais dependente, como as outras instituições feudais, do Papado e do Império. Em suma, o que as monarquias absolutistas de outros lugares realizavam no plano político, Maquiavel elaborava no plano filosófico, em virtude do princípio de que numa formação histórica unitária existe a recíproca convertibilidade de política e filosofia.

Mas se o Maquiavel resultante não é nem um utópico nem um artista, também não é, aos olhos de Gramsci, um *Realpolitiker*, mas um revolucionário nacional, um "jacobino precoce".

O tema do jacobinismo, apresentado nessa definição, é amplamente desenvolvido nos *Cadernos*; nesse momento basta dizer que em torno do conceito histórico-teórico de *jacobinismo*, Gramsci determina os traços típicos da revolução burguesa e do bloco histórico que está na base do nascimento e desenvolvimento do Estado nacional moderno.[12] Trata-se de características que derivam do vínculo orgânico entre as classes intelectuais urbanas e as massas camponesas e da emergência cada vez mais decisiva do elemento humano sobre o elemento patrimonial-territorial do Estado absoluto. Nesse processo se aperfeiçoa a nacionalização do território.[13]

Em Maquiavel, o elemento "jacobino" revela-se na tentativa de envolver o campo no desenvolvimento da nova forma política (estatal-territorial, e não mais citadina), dando vida à milícia popular em substituição aos exércitos mercenários. Daí a importância que Gramsci atribui, na sua avaliação global da obra de Maquiavel, à *Arte da Guerra*:

> O Príncipe deve pôr fim à anarquia feudal e é isso que faz Valentino na Romagna, apoiando-se nas classes produtoras, comerciantes e camponeses. Dado o caráter militar-ditatorial do chefe de Estado, como se requer num período de luta pela fundação e consolidação de um novo poder, a indicação de classe contida na *Arte da Guerra* deve ser entendida também para a estrutura geral do Estado: se as classes urbanas pretendem pôr fim à desordem interna e à anarquia externa, devem apoiar-se nos camponeses como massa, constituindo uma força armada segura e leal de um tipo absolutamente diferente das formadas por tropas mercenárias [...]. Russo (nos *Prolegomeni al Machiavelli*) nota, com razão, que a *Arte da Guerra* complementa *O Príncipe*, mas não extrai todas as conclusões da sua observação. Mesmo na *Arte da Guerra*, Maquiavel deve ser considerado como um político que precisa se ocupar da arte militar.[14]

Mas a precocidade da concepção política "jacobina" de Maquiavel emerge da perspectiva exclusivamente militar com a qual ele encara a nova relação a ser estabelecida entre a cidade e o campo. "É compreensível que o programa ou a tendência de ligar a cidade ao campo só possa ter tido em Maquiavel uma expressão militar, se refletirmos que o jacobinismo francês seria inexplicável sem o pressuposto da cultura fisiocrática, com sua demonstração da importância econômica e social do cultivador direto".[15]

Só um desenvolvimento muito mais avançado das relações sociais capitalistas no campo teria permitido aos jacobinos franceses conceber uma cidadania capaz de incluir o campesinato, enquanto na *Arte da Guerra* a participação do mundo rural só pode ser limitada ao momento exclusivo da vida militar do Estado.

Sobre o programa econômico de Maquiavel, Gramsci se detém numa nota do Caderno 8 que, apesar da sua brevidade, oferece muitas sugestões de natureza teórica e historiográfica. Trata-se de uma nota escrita como comentário a um ensaio de Gino Arias em diálogo crítico com Federico Chabod,[16] na qual são levantadas questões nodais da teoria materialista da história relativas à relação entre o pensamento econômico e o pensamento político, entre desenvolvimento do mercado capitalista e desenvolvimento do Estado, e à tradutibilidade das linguagens.

Se é verdade que o mercantilismo é uma mera política econômica, na medida em que não pode pressupor um "mercado determinado" e a existência de um "automatismo econômico" pré-formado, cujos elementos só se formam historicamente num determinado grau de desenvolvimento do mercado mundial, é evidente que o pensamento econômico não pode fundir-se no pensamento político geral, isto é, no conceito de Estado e das forças que, acredita-se, devam estar na sua composição. Se se provar que Maquiavel aspirava a suscitar laços entre cidade e campo e ampliar a função das classes urbanas a ponto de lhes pedir que se despojassem de certos privilégios feudais-corporativos em relação ao campo para incorporar as classes rurais ao Estado, também se demonstrará que Maquiavel superou implicitamente, em ideia, a fase mercantilista e já dá indícios de caráter "fisiocrático", isto é, pensa num ambiente sociopolítico que é aquele pressuposto pela economia política clássica.[17]

Nessa passagem, Gramsci põe à prova alguns elementos da sua concepção materialista da história na análise do mundo moderno: em primeiro lugar, o início da ciência econômica moderna se dá com os fisiocratas, e não com os mercantilistas, pela razão de que só com o desenvolvimento de um mercado mundial se criam as condições ("mercado determinado" e "automatismo econômico") da produção capitalista. Gramsci confirma, assim, o pressuposto marxiano de que o capital ou é mundial ou não é. A consequência que daí se retira é que o "pensamento econômico", enquanto não estiverem criadas essas condições, não pode se "fundir" com o pensamento político, isto é, a economia política não pode fazer parte ou se tornar um momento da teoria do Estado, devido à recíproca tradutibilidade de economia e política. Por isso, se fosse demonstrado que Maquiavel (como era sua convicção) projetava incorporar os camponeses à cidade, vencendo as resistências econômico-corporativas das classes urbanas, teria "em ideia" superado o mercantilismo da sua época, manifestando assim uma mentalidade "fisiocrática", isto é, propriamente capitalista. E, por isso, Maquiavel, apesar da limitação "militar" da sua visão, é mais "atual" do que Botero.[18] Emerge aqui a qualidade específica do sentido histórico na concepção gramsciana, sempre categoricamente estruturada e nunca simplesmente "historicista", segundo o qual a temporalidade não flui linearmente ao longo do eixo do antes e do depois, mas se adensa em torno de certos nós conceituais.[19]

Para além, portanto, de critérios histórico-filológicos rigorosos, Gramsci projeta no secretário florentino a morfologia de toda uma época histórica, elevando-o a símbolo do processo original de constituição dos Estados nacionais europeus, no qual convergiram fenômenos históricos conexos, mas distintos. O primeiro é representado pela conquista da hegemonia[20] da cidade sobre o campo, que, no caso particular da Itália, se realizaria com a superação da fase econômico-corporativa das comunas medievais (só "idealmente" prefigurada nos escritos de Maquiavel),[21] enquanto, no resto da Europa, se realiza com a aliança entre a coroa e as camadas burguesas contra a aristocracia feudal.[22] O segundo é constituído pela "ida ao povo" das classes intelectuais, com a sua nacionalização através da ruptura com as funções cosmopolitas do Império e do Papado.[23] A "ida ao povo" coincide com a reforma religiosa, e somente a união de Reforma e Renascimento constituiria uma verdadeira transição para a nova época histórica.

Os maiores representantes da reforma religiosa e intelectual são identificados por Gramsci nas figuras de Lutero e Hegel, o filósofo que elevou a função educativa do Estado a critério distintivo da política moderna e motivou filosoficamente a tarefa política dos intelectuais-funcionários.

Mas a figura de Maquiavel excede a simples dimensão de contribuição para a compreensão da política moderna. A sua grandeza se revela efetivamente no caráter muito especial da sua filosofia: Maquiavel é um modelo, senão *o* modelo de filósofo da práxis, tendendo a substituir Lenin, isto é, do cientista político que traduz a sua teoria num impulso para a ação e que retira conceitos teóricos da sua práxis.

> Maquiavel escreveu livros de "ação política imediata", não escreveu uma utopia [...]. Na sua elaboração, na sua crítica do presente, expressou conceitos gerais [...] e exprimiu uma concepção original do mundo, que também poderia ser chamada de "filosofia da práxis" ou "neo-humanismo", na medida em que não reconhece elementos transcendentais ou imanentes (no sentido metafísico), mas se baseia inteiramente na ação concreta do homem que, devido às suas necessidades históricas, opera e transforma a realidade.[24]

No secretário fiorentino, Gramsci vê tomar forma uma nova filosofia que nasce do pressuposto da autonomia integral da política. A interpretação de O Príncipe como a obra de um "político em ação" o leva a definir Maquiavel como um filósofo da práxis, ou seja, uma figura na qual ciência e ação política, teoria e práxis se entrelaçam e coexistem.

> É preciso distinguir [...] entre o cientista da política e o político em ação [...] mesmo o cientista, como mero cientista, só se deve mover na realidade efetiva. Mas Maquiavel não é um mero cientista; ele é um homem de partido, de paixões poderosas, um político em ato, que quer criar novas relações de forças e, por isso, não pode deixar de se ocupar com o "dever ser", não entendido evidentemente em sentido moralista [...]. O político em ação é um criador, um instigador, mas não cria a partir do nada, nem se move na vazia agitação dos seus desejos e sonhos. Ele se baseia na realidade efetiva, mas o que é essa realidade efetiva? Será algo de estático e imóvel ou, ao contrário, uma relação de forças em constante movimento e equilíbrio inconstante? [...] O "dever ser" é, portanto, algo concreto, somente ele é interpretação realista e historicista da realidade, somente ele é história em ato e filosofia em ato, somente ele é política.[25]

Gramsci argumenta que Maquiavel é, ao mesmo tempo, um teórico e um político, um cientista político, na medida em que se sustenta numa determinada concepção filosófica que não só rejeita a divisão (reafirmada antes por Croce) entre ser e dever ser, entre fato e valor,[26] mas que concebe a realidade em termos de "relações de força", de equilíbrios resultantes de uma permanente mobilidade dialética entre objetivo e subjetivo sem que um possa ser fixado isoladamente do outro. Para Gramsci, ao contrário de Croce, o nexo entre o ser e o dever ser é dialético e articulado na constituição da realidade – entendida como equilíbrio de relações de força – e a liberdade do sujeito é tanto maior quanto mais historicamente determinada, ou seja, quanto mais intrínseca for a uma dada relação de força.[27]

Procurando a solução para o "problema Maquiavel", ele enuncia um dos princípios fundamentais da sua concepção da filosofia da práxis, diretamente derivado da releitura das Teses sobre Feuerbach. O político em ação é o verdadeiro filósofo porque, ao agir, compreende a natureza íntima da realidade, que não é uma objetividade transcendente, mas uma relação de forças em constante movimento e mudança. "Relação de força" é o conceito com o qual Gramsci reinterpreta e amplia a fórmula marxiana do homem como "conjunto de relações sociais"[28] e do qual a teoria é parte essencial: conhecer, de alguma maneira, é já intervir sobre a realidade, modificando-a.

A chave que permite a Gramsci definir Maquiavel não como um realista, um seguidor da *Realpolitik*, mas como um filósofo da práxis é dada, precisamente, pela concepção historicista, ou melhor, dialética, da realidade, constituída de relações de forças integralmente históricas, das quais foi eliminado qualquer vestígio de transcendência ontológica ou especulativa.

Tal como Marx com o *Manifesto*, Maquiavel escreveu uma obra científica, não "livresca", mas programática, destinada a incitar à ação: *O Príncipe* desenvolve uma análise da realidade não num nível puramente teórico, vale dizer, contemplativo de dado objeto, mas conscientemente construída com base no pressuposto da sua "modificabilidade" por meio da ação. Em suma, também Maquiavel escreveu um "manifesto de partido",[29] com um objetivo puramente político: educar "os que não sabem" para as necessidades do momento histórico, que exige a mobilização de todos os meios adequados para atingir o objetivo do Estado nacional unificado.[30]

Além disso, Maquiavel revela aos "que não sabem" que a multidão não se torna povo sem a intervenção da força, sem elementos de constrangimento, realizando assim uma obra de crítica da ideologia:

> Por que Maquiavel escreveu *O Príncipe*, não como uma "memória" secreta ou confidencial, como "instruções" de um conselheiro a um príncipe, mas como um livro que deveria ser posto ao alcance de todos? Para escrever uma obra de "ciência" desinteressada, como se poderia deduzir das observações de Croce? Isto parece contra o espírito da época, parece uma concepção anacrônica. Por "ingenuidade", dado que Maquiavel é visto como um teórico e não como um homem de ação? [...] Na realidade, parece possível dizer que, apesar de *O Príncipe* ter uma destinação precisa, que o livro não é escrito para ninguém e, sim, para todos: é escrito para um hipotético "homem da providência" que poderia se manifestar da mesma forma como se tinha manifestado Valentino ou outros *condottieri*, a partir do nada, sem tradição dinástica, em função das suas qualidades militares excepcionais.

A conclusão de *O Príncipe* justifica todo o livro também em relação às massas populares, que realmente esquecem os meios empregados para alcançar um fim, se esse fim for historicamente progressista, isto é, se resolve os problemas essenciais da época e estabelece uma ordem na qual seja possível mover-se, atuar, trabalhar tranquilamente.[31]

Substancialmente, Gramsci acredita que *O Príncipe* se constitui num pedaço da reforma intelectual e moral que deve acompanhar o nascimento da nova ordem política; essa reforma tem no seu centro o princípio da imanência e, em particular, a ideia de que a preservação da vida e da liberdade deve ser perseguida por meios exclusivamente mundanos. Se assim é, deve-se saber aceitar, aquiescendo-se de um hábito moral adequado, a contingência dos fins, o risco da sua falibilidade, que muitas vezes se paga ao preço de enormes perdas humanas e de bloqueio ou regressão no percurso de um progressivo incremento civilizatório de toda a humanidade.

Todos os meios tornam-se lícitos para atingir aquele determinado fim, vale apenas o princípio de juízo sobre sua adequação; torna-se necessário, contudo, estabelecer se aquele fim se revelou historicamente *vitorioso* ou melhor *progressivo*. Se o fim for historicamente exitoso (e Gramsci avalia a criação do Estado moderno como a maior conquista da civilização burguesa-capitalista), então os meios pregados por Maquiavel são justos e eficazes. E "quem não sabe" deve aceitar – se pretende atingir aquele fim – um "líder" que possa atingi-lo porque conhece os meios e tem a coragem de usá-los, partilhando a responsabilidade desses meios mesmo que sinta repugnância em nível moral. Depois a história julgará.[32]

3.2 – A HEGEMONIA DOS JACOBINOS

Em relação ao fenômeno histórico-político do jacobinismo, é bem conhecida a mudança de entendimento de Gramsci, da primitiva aversão juvenil à plena celebração nos *Cadernos*.[33] Em ambos os momentos, está em questão a relação entre os intelectuais e as massas subalternas. Foi muito importante, nos anos da sua formação política e de sua atividade no partido socialista, a crítica de origem francesa (Peguy, Sorel) às tendências degenerativas do partido político, que também alimentava em profundidade as sensibilidades de várias correntes do sindicalismo. Em particular, Gramsci foi sensível à polêmica soreliana contra a política dos partidos que, agindo de acordo com uma lógica "jacobina", bloqueava os processos autoemancipatórios do proletariado. Sorel interpretou o jacobinismo de acordo com um cânone sócio-histórico que o reduzia a uma manifestação de passividade e fraqueza. O proletariado, incapaz de se autogovernar, foi forçado a delegar sua representação a um estado--maior de intelectuais burgueses que apenas podiam perpetuar sua subalternidade. Jacobinismo, nesse sentido, equivalia à direção intelectual burguesa e dependência proletária.[34]

Consequentemente, o antijacobinismo do jovem Gramsci exprimia a aspiração de quebrar esse círculo, promovendo a organização autônoma da classe operária. Grande parte da sua atividade nesses anos foi dirigida a esse fim, da crítica ao reformismo socialista até a criação dos conselhos de fábrica. Tal aversão era também fruto da leitura rigidamente classista do fenômeno jacobino, voltada para o caráter violento e opressivo do domínio burguês. Nos artigos dedicados aos bolcheviques, entre 1917 e 1918, esforça-se por afastar a acusação de jacobinismo lançada pela imprensa burguesa e o faz distinguindo o "ato proletário" levado a cabo pelos revolucionários russos, em nome de valores tendencialmente universais, da ditadura jacobina que, como burguesa, é imposta por uma minoria à maioria por meio da violência para defender interesses particularistas.[35]

A perspectiva sofreu uma mudança decisiva após a leitura e publicação em *L'Ordine Nuovo*, em 1921, do ensaio de Albert Mathiez "Le bolchévisme et le jacobinisme", no qual o historiador francês estabelece uma analogia entre os dois fenômenos histórico-políticos com base no compromisso comum de defender a pátria num momento de perigo, ou seja, de agir como uma força nacional.[36] A tese do historiador francês imprime uma nova direção à pesquisa gramsciana: compreender a função histórica do jacobinismo à luz do nacional-popular, da soldagem dos intelectuais e do povo, para além de analogias e paralelismos mais ou menos bem fundamentados.

O Gramsci dos *Cadernos* fará dos jacobinos uma das figuras-mito das suas notas carcerárias, de modo a constituir o exemplo insuperável, "uma 'encarnação categórica' de *O Príncipe* de Maquiavel", uma

> [...] exemplificação do modo pelo qual se formou concretamente e atuou uma vontade coletiva que, pelo menos em alguns aspectos, foi criação *ex novo*, original [...]. Qualquer formação de uma vontade coletiva nacional--popular é impossível se as grandes massas de camponeses cultivadores não irromperem *simultaneamente* na vida política. Isso é o que Maquiavel pretendia através da reforma da milícia, isso fizeram os jacobinos na Revolução Francesa.[37]

Mas, ao juízo sobre o jacobinismo expresso no Caderno 19, Gramsci chega gradualmente à medida que avança, por etapas, na sua interpretação cada vez mais complexa do Estado moderno, centrada na "nacionalização do território" e no vínculo entre os intelectuais e as massas camponesas (reformadas).[38]

O aparecimento do tema nos *Cadernos* remonta às primeiras notas do Caderno 1, numa referência "indireta" a Maurras e ao "jacobinismo às avessas".[39] Como já tinha acontecido com Marx e Maquiavel, o primeiro passo de Gramsci é dissociar o fenômeno histórico-político jacobino do "jacobinismo", entendido como fórmula genérica, verdadeiro "espectro"[40] verbal.

> A palavra "jacobino" acabou por assumir dois significados: um é o significado próprio, historicamente caracterizado: um partido específico da Revolução Francesa, que concebia a revolução de um determinado modo, com um determinado programa [...] com uma determinada ação metódica caracterizada por uma extrema energia e resolução [...]. Na linguagem política, os dois aspectos foram separados e jacobino passou a ser o político enérgico e resoluto.[41]

Ao historicizar a experiência jacobina, Gramsci pretende libertá-la da prisão imposta pela classificação sociológica e valorizar seu nexo com a tendência própria do Estado moderno de unificação e autofundação. O que impressiona Gramsci no jacobinismo, para além dos aspectos negativos que ele compreende perfeitamente bem, é a capacidade de ativação das massas, caraterística da política moderna, que tende a quebrar a imobilidade característica do mundo camponês, introduzindo-o no círculo da historicidade, na mesma medida em que impele os intelectuais, "os que sabem", a entrar em relação com o "povo", criando uma vontade coletiva nacional-popular.[42] Trata-se aqui, efetivamente, do ápice de uma reflexão que Gramsci começara a formular nos primeiros anos do pós-guerra e que desenvolvera depois no ensaio sobre "Alguns temas...", no qual se introduzia a figura do intelectual para compreender a dinâmica histórico-política da relação cidade-campo. Os jacobinos são efetivamente intelectuais que, agindo como um elemento dirigente, arrastam e unificam toda a "vida popular e nacional".

O jacobinismo, que Croce elimina do quadro do século XIX traçado na *Storia d'Europa*, ao contrário, marca para Gramsci a inscrição das massas populares na história da liberdade.[43] O veículo de mediação é precisamente o Estado-nação, com os seus complexos aparelhos de consenso que incorporam funções intelectuais.

Mas só no contexto da reflexão mais madura sobre o *Risorgimento* italiano e o processo que levou à unidade nacional, conduzida no Caderno 19, em particular na nota 24 sobre "O problema da direção política na formação e no desenvolvimento da nação e do Estado moderno na Itália", que Gramsci traça um perfil mais definido e historicamente mais articulado do jacobinismo. A experiência jacobina é evocada em muitas das suas passagens como um contraponto para sublinhar as limitações históricas que marcam a ação dos moderados, mas sobretudo do "Partido da Ação" na Itália. Gramsci usa a comparação entre os democratas e os jacobinos para mostrar a fragilidade do "Partido da Ação", ou melhor, a sua inorganicidade, decorrente da ausência de um programa "burguês" que envolvesse o campo.

O *Risorgimento*, como se sabe, é analisado nos *Cadernos* como um exemplo clássico de revolução passiva, na medida em que os moderados, isto é, o partido da grande burguesia urbana e agrária, ganharam a direção não só sobre os grupos aliados, mas também sobre o "Partido da Ação". Atraíram efetivamente para a sua órbita os "elementos mais ativos", exercendo uma "ação hegemônica intelectual, moral e política" sobre as elites adversárias; por isso, o *Risorgimento* se realizou "sem 'Terror', como 'revolução sem revolução', ou seja, como 'revolução passiva'".[44] O que determinou a subalternidade dos democratas, sua aceitação passiva da orientação cultural e política dos moderados, não lhes permitindo dar "ao movimento do *Risorgimento* um carácter mais marcadamente popular e democrático"?[45] Para Gramsci, essa subalternidade deveu-se à falta de um programa e de uma organização articulados. Os democratas, ao contrário dos moderados, eram intelectuais sem raízes, sem laços sólidos com o mundo econômico-social.

> É evidente que, para se contrapor eficazmente aos moderados, o "Partido da Ação" devia se ligar às massas rurais, especialmente meridionais, ser "jacobino", não só pela "forma" externa, de temperamento, mas sobretudo por seu conteúdo econômico-social [...] para chegar a uma nova formação liberal-nacional [era necessário exercer] força em duas direções: sobre os camponeses na base [...] e sobre os intelectuais dos estratos médios e inferiores [...] a experiência [...] sobretudo da França no período da grande Revolução demonstrou que, se os camponeses se movem por impulsos "espontâneos", os intelectuais começam a oscilar, e, reciprocamente, se um grupo de intelectuais se coloca sobre a nova base de uma política filo-camponesa concreta, ele termina por arrastar consigo frações de massa cada vez mais importantes.[46]

O jacobinismo torna-se cada vez mais o modelo que ajuda a compreender os problemas não resolvidos da revolução passiva italiana, principalmente a questão camponesa, que é social, mas também territorial e, portanto, nacional.[47] Trata-se, portanto, de um nexo de questões: camponesa, meridional, mas também intelectual. Seguindo o fio da comparação entre o "Partido da Ação" e o jacobinismo, Gramsci faz uma análise – já sugerida na primeira escritura da nota no Caderno 1 – do fenômeno jacobino segundo o modelo da "revolução permanente". Uma palavra de ordem que, reavivada por Marx em 1848 na Alemanha, teve "seu complicado destino" entre as correntes políticas que se confrontaram durante a revolução bolchevique.[48]

> Os jacobinos foram, portanto, o único partido da revolução *in atto*, uma vez que não só representavam as necessidades e aspirações imediatas das pessoas físicas reais [...] mas todos os grupos nacionais que deviam ser assimilados ao grupo fundamental existente [...]. Eles estavam convencidos da verdade absoluta das fórmulas da igualdade, da fraternidade e da liberdade – e, o que mais importa –, de tal verdade estavam convencidas as grandes massas populares que os jacobinos mobilizavam e levavam à luta [...]. Sem a política agrária dos jacobinos, Paris teria tido a Vendeia em suas portas [...]. Se é verdade que os jacobinos "forçaram" a mão, é verdade também que o fizeram no sentido de um desenvolvimento histórico real, porque [...] fizeram da burguesia a classe dominante, mas fizeram mais: criaram o Estado burguês, fizeram da burguesia a classe nacional dirigente, a classe hegemônica, isto é, deram ao novo Estado uma base permanente, criaram a compacta nação francesa moderna.[49]

Em suma, o jacobinismo representa a figura arquetípica do Estado burguês "puro", caracterizado pela aniquilação das velhas classes feudais, pela aliança entre a burguesia urbana e as massas camponesas, pela formação de uma vontade coletiva nacional cimentada por grupos de intelectuais orgânicos, um elemento consistente de comparação para medir as semelhanças e diferenças das outras construções estatais europeias. Mas é também o modelo de revolução que não se estanca, a não ser que o processo tenha atingido os próprios limites de "classe", limites que Gramsci salienta desde o início. O "ditatorial" que se aninha no jacobinismo – tal como o "especulativo" no idealismo – é o resultado da estrutura aporética que está na base de ambos: realizar a unificação da humanidade (liberdade, igualdade, fraternidade) dentro de formas em nada absolutas, mas sim historicamente determinadas pela constituição material específica de uma classe. Que o mundo todo se torne burguês é um pressuposto ideológico e contraditório tanto quanto a afirmação de que a liberdade deve se concretizar dentro de um quadro categorial imutável. O "individualismo possessivo"[50] que está subjacente à ideia da unificação da humanidade, sob a hegemonia burguesa, demonstra a impossibilidade estrutural desse projeto à medida que as massas passam a se mobilizar e se tornam sujeitos partícipes do desenvolvimento.

> Apesar de tudo, os jacobinos permaneceram sempre no terreno da burguesia [...] eles não quiseram reconhecer o direito de associação aos operários, mantendo a lei Chapelier [...]. Romperam assim o bloco urbano de Paris, [...] o Termidor prevaleceu. A revolução havia encontrado os limites mais amplos de classe, [...] desencadeou forças elementares que só uma ditadura militar seria capaz de conter.[51]

O elemento ditatorial (em outro lugar também designado como "jurídico-formal") do jacobinismo identifica a plena realização da moralidade e da liberdade com a figura determinada do sujeito e da civilização burguesa, sem, contudo, compreender sua íntima historicidade. Também as tentativas jacobinas de reforma religiosa, inspiradas pela vontade de *reductio ad unum*, cancelando a distinção própria do Estado moderno entre sociedade civil e sociedade política, estão condenadas ao fracasso, embora Gramsci esteja pronto a reconhecer nelas o ponto de origem da laicidade integral reivindicada pelo Estado:

[...] deve-se estudar a iniciativa jacobina de instituir o culto do "Ser Supremo", que surge, portanto, como uma tentativa de criar identidade entre Estado e sociedade civil, de unificar ditatorialmente os elementos constitutivos do Estado em sentido orgânico e mais amplo (Estado propriamente dito e sociedade civil), numa busca desesperada de controlar toda a vida popular e nacional, mas que surge também como a primeira raiz do Estado laico moderno, independente da Igreja, que procura e encontra em si mesmo, na sua vida complexa, todos os elementos da sua personalidade histórica.[52]

Gramsci considera a decisão de Robespierre de instituir o culto ao "Ser Supremo" um sintoma do desejo jacobino de dar à sociedade e ao Estado um fundamento inteiramente novo e racional. Mas é também um sinal da tentação, destinada ao fracasso, de empurrar o impulso religioso das massas populares em direção à legitimação teológico-política do poder. A esse respeito, parece-me muito significativo que Gramsci se mostre insensível aos "mitos" metapolíticos construídos em torno do jacobinismo. Labriola, por exemplo, em *Da un secolo all'altro*, tinha se referido ao novo calendário pretendido pela Convenção para sublinhar como a "ruptura" efetuada na marcação do tempo não só subvertia a ordem natural do mundo, mas também zerava a temporalidade governada pela providência e teatro da teodiceia.[53] "Foi precisamente o *reacionário* Hegel quem disse que aqueles homens (da Convenção) foram os primeiros, depois de Anaxágoras, a tentar inverter a noção do mundo, apoiando-o sobre a razão"; e prossegue citando uma passagem da Convenção: "Cabe a todo o povo francês mostrar-se digno de si próprio, contando a hora de iniciar os seus trabalhos, os seus prazeres, as suas festividades cívicas, numa divisão do tempo criada para a liberdade e a igualdade".[54]

Mais do que os aspectos metapolíticos do jacobinismo, Gramsci prefere sublinhar os aspectos histórico-políticos que o fazem o arquétipo da revolução burguesa fundada na aliança orgânica entre a intelectualidade pequeno-burguesa e camponesa, e que, no plano do "mito", produzirá rapidamente o "mito" da "nação" e da "pátria".[55]

Aliás, é este o desafio lançado pela filosofia da práxis: ultrapassar o "ditatorial" e o "especulativo" que minam toda a filosofia e toda a política, aplicando os cânones do materialismo histórico a si própria, historicizando-se integralmente com base na unidade de filosofia, história e ideologia.

3.3 – Ricardo e o "mercado determinado"

A lei *Le Chapelier* tornou claro que o Estado moderno se desenvolve com base em um terreno de classe, ou melhor, para usar o léxico posterior dos *Cadernos*, no "mercado determinado", gerado por um entrelaçamento específico de política e economia. O conceito de "mercado determinado", em relação ao qual Gramsci só chega a uma definição precisa no Caderno 10, tem um significado estratégico tanto na refutação gramsciana das teorias revisionistas (Croce) e corporativistas (Spirito) como no deslindamento da metáfora marxiana de estrutura e superestrutura. A origem desse conceito, tal como do outro relacionado, o de "abstração determinada", remonta a Ricardo, que, graças a essa "descoberta", assume, aos olhos de Gramsci, um perfil filosófico, e não apenas científico.

Tal como os jacobinos representam, no plano político, figuras paradigmáticas da hegemonia burguesa, também Ricardo, juntamente com Hegel, o são no plano do pensamento, da teoria, e, nessa qualidade, determinam o campo em que se constitui a filosofia da práxis.[56] Em suma, através de Ricardo (e Hegel), Gramsci se mede com as teorias e filosofias burguesas hegemônicas, refinando, na perspectiva da filosofia da práxis, os critérios que distinguem a ciência da filosofia, a crítica da economia política da própria economia política e a filosofia da ideologia.

Vale a pena sublinhar que, à diferença das outras figuras simbólicas que comparecem na confecção das notas, Ricardo aparece tardiamente, apenas no Caderno 7 (novembro de 1931), quando Gramsci, mais consciente da magnitude da passagem do materialismo histórico para a filosofia da práxis, vislumbra o valor filosófico das fórmulas do economista inglês.

Gramsci refere-se a Ricardo numa nota significativamente intitulada "Comparação elíptica?", em que discute a tese revisionista de Croce segundo a qual a teoria marxiana do valor, sendo fruto de uma comparação elíptica entre a sociedade atual e uma sociedade futura apenas imaginada, seria "arbitrária". O fato de a teoria do valor de Marx desenvolver a teoria ricardiana, como havia observado Graziadei, não só fornece um bom argumento contra a tese de Croce como também chama a atenção de Gramsci para Ricardo e para a sua ideia de ciência ou, melhor, de abstração científica.

Se, de fato, se estudasse a hipótese "econômica" pura, como Ricardo provavelmente pretendia fazer [...] não se trataria, então, de nenhuma maneira, de uma "comparação elíptica" [...] mas de uma teoria resultante da redução à pura "economicidade" dos fatos econômicos, isto é, do máximo de determinação do "livre jogo das forças econômicas".[57]

A partir desse momento, Ricardo entra plenamente na linha de pensamento de Gramsci, a ponto de decidir recorrer a Sraffa, sabendo-o organizador da edição crítica das suas obras, para obter indicações sobre o aspecto filosófico do seu pensamento.[58] Na sua carta a Tania, de 30 de maio de 1932, escreve:

> Gostaria de fazer uma série de observações, para que, se for o caso, as retransmita a Piero, pedindo-lhe algumas indicações bibliográficas que me permitam ampliar o campo de meditações e orientar-me melhor [...]. O curso das minhas reflexões é o seguinte: pode-se dizer que Ricardo teve um significado na história da filosofia, além do que teve na história da ciência econômica e que, certamente, é de primeira ordem? E pode-se dizer que Ricardo contribuiu para orientar os primeiros teóricos da filosofia da práxis no sentido de sua superação da filosofia hegeliana e na construção de seu novo historicismo, depurando de qualquer traço de lógica especulativa? Parto de dois conceitos [...] de "mercado determinado" e da "lei da tendência" [...] e raciocino da seguinte forma: não terá sido talvez a partir destes dois conceitos que ouve um impulso para converter a concepção "imanentista" da história – expressa em linguagem idealista e especulativa pela filosofia clássica alemã – numa "imanência" realista e imediatamente histórica, na qual a lei de causalidade das ciências naturais foi purificada do seu mecanicismo e se identificou sinteticamente com o raciocínio dialético do hegelismo? Talvez esta série de pensamentos pareça ainda um pouco obscuro.[59]

A resposta recebida foi decepcionante, tanto no que diz respeito à compreensão das questões colocadas como no que se refere às indicações bibliográficas,[60] e a partir desse momento Ricardo deixará de ser mencionado nas cartas.[61]

Se da parte de Sraffa não veio nenhuma ajuda no sentido de tornar menos "confuso" seus pensamentos, o interesse em buscar na obra do economista pistas filosóficas permanece e se reforça, até porque a sugestão vem de longe, da leitura e releitura de uma obra de Marx que ele apreciava e refletira profundamente, *A Miséria da Filosofia*. É nesse escrito exaltado de Marx, em feroz polêmica com Proudhon, que Gramsci encontra o valor científico da obra ricardiana.

> Ricardo constata a verdade da sua fórmula [isto é, o princípio de que o valor relativo das mercadorias é avaliado exclusivamente com base na quantidade de trabalho necessária para a sua produção, N. da. A.] derivando-a de todas as relações econômicas e explicando assim todos os fenômenos, mesmo aqueles que, à primeira vista, parecem contradizê-la, como as rendas, a acumulação de capital e a relação entre salários e lucros; o que faz da sua doutrina um sistema científico.[62]

Não só isso, Marx conecta a exposição do sistema científico à representação do sistema social burguês. "A doutrina ricardiana representa rigorosamente, sem piedade, toda a burguesia inglesa, que é o protótipo da burguesia moderna".[63]

Nesse texto, Gramsci também lê, além da relação entre Ricardo e Hegel, a relação que existe, na sociedade burguesa, entre o domínio da forma mercadoria e a filosofia especulativa.

"Se o inglês transforma os homens em chapéus, o alemão transforma os chapéus em ideias. O inglês é Ricardo, um rico banqueiro e grande economista; o alemão é Hegel, um simples professor de filosofia na Universidade de Berlim".[64]

Também em Marx encontramos a crítica da inversão da história em natureza, típica do procedimento dos economistas que, dessa maneira, eternizam o que é transitório, transformando a ciência em ideologia. As atuais relações de produção burguesas para os economistas

> [...] são leis naturais independentes da influência do tempo [...]. Portanto, houve história, mas não há mais. Houve história porque existiram instituições feudais e porque nessas instituições feudais existem relações de produção muito diferentes das da sociedade burguesa, que os economistas querem fazer passar por naturais e, portanto, eternas.[65]

São passagens essenciais da crítica da economia política que ajudam Gramsci a esclarecer conexões "um tanto obscuras" do seu pensamento. De fato, o encaminham, prática ou historicamente, para a definição teórica da natureza verdadeira das abstrações da ciência econômica e da "tradutibilidade" recíproca dos conceitos econômicos de Ricardo e das ideias filosóficas de Hegel (depois da já observada e assimilada entre a política francesa e a filosofia idealista alemã). Graças a esse "paralelismo", ou seja, à tradutibilidade recíproca das linguagens econômica, política e filosófica, ele pode dar o passo ousado de abandonar a metáfora estrutura/superestrutura que não só alimentava uma visão determinista das relações entre a economia e as outras esferas da vida social como também justificava a acusação de Croce em relação ao marxismo de chegar a um resultado metafísico (o "deus oculto").[66] Da mesma forma, a visão da dialética revela-se muito mais complexa, pois não anula, mas preserva as distinções (contra Gentile e os gentilianos), sem contudo fixá-las meta-historicamente como Croce.[67] A via a seguir é a da historicização integral das categorias, na esteira do que Marx havia realizado em *O Capital*: "o fato determinado da ciência econômica moderna não pode ser senão o da mercadoria, da produção e da distribuição de mercadorias e não um conceito filosófico, como pretendia Croce, para quem até o amor é um fato econômico e toda a 'natureza' é reduzida ao conceito de economia".[68]

Em outras palavras, Marx não faz "uma comparação elíptica", mas trabalha criticamente sobre as categorias da economia clássica.

A conclusão que Gramsci traz da historicização integral das categorias, sem mais nenhum resíduo ideal ou material,[69] é a incongruência da fórmula "materialismo histórico", apesar da precaução em manter a ênfase no adjetivo. Tornava-se indispensável encontrar um novo nome que exprimisse esse passo teórico. Gramsci recuperou a expressão labriolana de "filosofia da práxis", que agora lhe parece mais aderente à sua concepção do marxismo.

Em abril-maio de 1932, no Caderno 10, Gramsci regressa a Ricardo, recolocando a questão do valor filosófico do seu pensamento no contexto da controvérsia que surgiu em torno da teoria corporativista de Ugo Spirito e da sua crítica ao liberalismo.[70] Spirito argumenta, a partir do seu ponto de vista presentista, contrário às distinções, que a economia não é uma categoria filosófica e que o *homo oeconomicus* não é uma abstração com valor científico,[71] ao passo que os economistas puros, por um lado, e Croce, por outro, transformaram o conceito de *homo oeconomicus* genérico a ponto de o tornarem uma categoria filosófica (o útil crociano) pressuposta nas formas históricas concretas. É nesse ponto que se mede a contribuição filosófica de Ricardo porque os conceitos de "lei de tendência", "mercado determinado" e "*homo oeconomicus*", na sua abstração, restituem a dinâmica historicamente concreta "de um mercado mundial já suficientemente 'denso' de movimentos complexos para que seja possível isolar e estudar as suas leis de regularidade necessárias, isto é, leis de tendência, que são leis não no sentido naturalista ou de um determinismo especulativo, mas no sentido 'historicista'".[72]

Trata-se, portanto, de "abstrações" que continuam a ter validade histórica, apesar de apresentarem sinais de "crise".[73]

O que significa a abstração historicamente determinada? Significa a intervenção de forças e instituições, formadas no campo da luta de classes, que adquiriram uma certa capacidade de controle sobre as ações sociais e que, por isso, são capazes de provocar comportamentos automáticos e regulares, previsíveis, ainda que sujeitos a mutações permanentes (lei de tendência). Os economistas clássicos compreenderam que as condições para o desenvolvimento generalizado da forma mercadoria são históricas (o famoso lugar de Ricardo),[74] quer dizer que certas leis, algumas formas de vida, alguns comportamentos se manifestaram num determinado momento da história, mas uma vez adquirida aquela regularidade, aquela abstração (o *homo oeconomicus* ou o "mercado determinado"), passam a ser considerados como a manifestação finalmente emergente da naturalidade das ações humanas em relação à antinaturalidade (historicidade) dos comportamentos precedentes. Acontece assim que a abstração historicamente determinada do *homo oeconomicus* se transmuta na abstração genérica do homem biológico.

Distinguir abstração de "generalização" afigura-se, assim, fundamental para a atribuição precisa dos méritos e limites teóricos de Ricardo e, consequentemente, da crítica da economia política. Em Ricardo, a abstração é determinada, é real,[75] o *homo oeconomicus* é uma abstração real, enquanto o homem biológico deriva de uma generalização, isto é, da anulação de toda a determinação histórica, como acontece com a economia vulgar e com Pantaleoni.[76]

> Há que se fixar com exatidão o ponto no qual se distingue "abstração" da "generalização". Os agentes econômicos não podem ser submetidos a um processo de abstração cuja hipótese de homogeneidade seja o homem biológico: esta não é abstração, mas generalização ou "indeterminação".

> Abstração será sempre abstração de uma categoria histórica determinada, vista precisamente enquanto categoria e não como individualidade múltipla. O *homo oeconomicus* [...] é uma abstração determinada.[77]

Ricardo historiciza, através de abstrações determinadas, a produção material da vida e, ao historicizá-la, a autonomiza tanto da moral como da política, constituindo-a como objeto de uma ciência autônoma, a economia política. Portanto, só quando a vida social desenvolveu determinadas condições torna-se possível as abstrações reais da ciência, torna-se possível a ciência econômica. A autonomização, num dado momento da evolução histórica, da reprodução social dos condicionamentos religiosos, éticos e políticos permite a formação de um específico objeto econômico e do conhecimento que o investiga.[78]

A determinação da abstração reverbera sobre as próprias condições de nascimento da ciência econômica, contra o preconceito de que, se uma investigação é ciência, deve ter sido sempre ciência.

> Para a economia [...] houve um período no qual não podia haver "ciência", não só porque faltavam os cientistas, mas porque faltavam certas premissas que criavam aquela determinada "regularidade" ou aquele determinado "automatismo", cujo estudo dá origem precisamente à investigação científica [...]. Não se deve acreditar que, tendo sempre existido uma "vida econômica", deva ter sempre existido a possibilidade de uma "ciência econômica".[79]

Mas, uma vez constituída como ciência, a economia política naturaliza suas próprias categorias e as eterniza; "houve história, mas então já não há mais".

Enquanto toda a "concepção da economia crítica é historicista (o que não quer dizer que ela deva ser confundida com a chamada escola histórica da economia) e o seu tratamento teórico não pode ser separado de uma história da ciência econômica",[80] ciência e história devem estar intimamente ligadas, pois no seu nexo inseparável reside o caráter *crítico* da ciência do *Capital*. Para essa convicção de Gramsci contribuiu acima de tudo a consciência de que a publicação dos escritos inéditos de Marx sobre a crítica da economia política (as *Teorias da Mais-Valia*) alterou o quadro do conhecimento no qual se processou no passado a difusão da sua obra. A nota 37 do Caderno 10 ilustra os novos critérios em que se deve inspirar para compilar um manual de divulgação que ultrapasse os limites dos existentes. A principal referência é a síntese do *Capital* feita por Borchardt, que, no entanto, não leva em conta as obras recentemente publicadas, e o manual de Lapidus e Ostrovityanov, que é "dogmático" e "apresenta suas afirmações e seus desenvolvimentos como se não fossem 'contestados' e 'rejeitados' por ninguém".[81]

Mais tarde, Gramsci voltará a abordar o *Précis* de Lapidus e Ostrovityanov em termos duríssimos, constatando a ossificação desses estudos, incapazes de acompanhar a evolução da economia política (a referência implícita é ao americanismo, por um lado, e ao fascismo, por outro, com as mudanças nas relações entre mercado, consumo e Estado, e ao marginalismo, no que diz respeito à análise da economia planificada):

> O que espanta é o seguinte: como um ponto de vista crítico, que requer o máximo de inteligência, de ausência de preconceitos, de vivacidade mental e de inventividade científica tornou-se o monopólio de cérebros restritos e mesquinhos, que só pela posição dogmática conseguem manter uma posição, não na ciência, mas na bibliografia marginal da ciência. Uma forma de pensar ossificada é o maior perigo nestas questões: é preferível uma certa impetuosidade desordenada do que a defesa filisteia de posições culturais já estabelecidas.[82]

3.4 – Hegel e a historicidade

A relação entre Hegel e o jacobinismo – a que muitas vezes se alude – assume nos *Cadernos* um valor emblemático no que diz respeito ao vínculo entre saber e poder no mundo moderno. Em si mesma, essa referência não tem nada de original, pois o espelhamento mútuo entre idealismo alemão e Revolução Francesa é um raciocínio que remonta ao próprio Hegel e é retomado por Heine e Marx, mas adquire nas notas gramscianas aspectos e desenvolvimentos novos, a começar pelo contexto em que é evocada: a crítica ético-política.[83] Na visão de Gramsci, ao expurgar da história o momento do conflito e da força, Croce celebra apenas a conquista da hegemonia, da ordem pacificada e serena. Não é por acaso que as raízes revolucionárias que lhes deram origem foram retiradas da *Storia d'Italia* e da *Storia d'Europa* para exaltar exclusivamente o equilíbrio constitucional liberal alcançado. Comparada com a versão crociana do historicismo, a dialética hegeliana mostra um realismo histórico muito diferente e superior.

> Hegel não pode ser pensado sem a Revolução Francesa e sem Napoleão e suas guerras, ou seja, sem as experiências vitais e imediatas de um período histórico intensíssimo de lutas, de misérias, quando o mundo exterior esmaga o indivíduo e o faz tocar a terra, quando o nivela com a terra, quando todas as filosofias passadas foram criticadas pela realidade de forma tão peremptória? [...] quando os acontecimentos históricos [...] de 1789 a 1815, que abalaram todo o mundo civilizado da época e obrigaram a pensar "mundialmente"? Que colocaram em movimento a "totalidade" social, todo o gênero humano imaginável, todo o "espírito"?[84]

Gramsci – antecipando-se à literatura mais pertinente que, ao longo dos anos, arquivou definitivamente a imagem de um Hegel teólogo e místico, um leal súdito prussiano conservador, senão mesmo reacionário[85] – considera que a filosofia hegeliana está em profunda consonância com a convulsão epocal produzida pela Revolução Francesa. Rejeitando a redução terrorista e mortífera da *reductio ad unum* implementada pela política de Robespierre, Hegel percebe os jacobinos como aqueles que queriam "pôr o mundo de pernas para o ar" e a sua filosofia tenta restaurar o significado filosófico da Revolução, "um acontecimento na história universal". Trata-se, portanto, de uma filosofia revolucionária nos seus princípios.

> Nas lições de filosofia da história, Hegel explica que o princípio da vontade formal, da liberdade abstrata, segundo o qual "a simples unidade da consciência de si, o Eu, é a liberdade absolutamente independente e a fonte de todas as determinações universais", "permaneceu para os Alemães uma tranquila teoria, mas os Franceses quiseram executá-la praticamente" [...]. Croce conclui fazendo reservas sobre a comparação enquanto "afirmação de uma relação lógica e histórica" [...]. O fato de Croce ser a favor de "tranquilas teorias " e não de "realidades efetivas", que uma reforma "em ideia" lhe pareça fundamental e não uma reforma em ato, compreende-se.[86]

Os franceses traduziram na prática, com o lema "igualdade, liberdade e fraternidade", a conquista filosófica kantiana da autonomia e liberdade do sujeito. O senhor da razão, afirmado pelo pensamento, procurou fazer-se mundo, penetrar nas esferas resistentes e opacas do mundo para adaptá-las a si. E é esse vínculo íntimo entre o lógico e o histórico, entre pensamento e ser, que emergiu com a Revolução, que a dialética hegeliana procura vertiginosamente apreender e expor ("o próprio tempo capturado com o pensamento"). É precisamente esse vínculo que, para Croce assim como para todo o neoidealismo, representa a pedra da discórdia da dialética hegeliana, que deve ser reformada restaurando a distinção entre o transcendental e o histórico-empírico.

A reforma crociana da dialética pretende expurgar o elemento metafísico que se encontra na filosofia da história de Hegel, mas de fato chega à negação do lógico-histórico. Para libertar a filosofia hegeliana do constrangimento finalista de uma história padronizada e, ao mesmo tempo, devolver à história a sua criatividade espontânea, Croce rompe o nexo entre conceito e tempo, achatando o devir numa temporalidade genérica.

> E como explica Croce o caráter não definitivo das filosofias? Por um lado, ele faz essa afirmação gratuitamente, sem justificá-la senão por meio do princípio geral do "devir"; por outro lado, reafirma o princípio (já afirmado por outros) de que a filosofia não é uma coisa abstrata, mas é a resolução de problemas que a realidade, em seu desenvolvimento, incessantemente coloca.[87]

Sobre a questão da historicidade das categorias se joga uma partida decisiva na luta pela hegemonia. Trata-se, de fato, da possibilidade, rejeitada como uma aberração em muitas partes, de que a lógica filosófica reconheça que não é puramente apenas um círculo do movimento das formas, mas uma organização formal de contradições reais. E Croce, na sua batalha ininterrupta contra a filosofia da práxis, tem encarado a gênese da lógica hegeliana como um *monstrum* lógico que torna pensável, na dialética do ser-nada-devir, a temporalização do conceito,[88] e tem reconduzido as categorias filosóficas ao céu das ideias puras com a dialética da distinção, que Gramsci, por isso, considera "um passo atrás, uma reforma 'reacionária'".[89]

Medindo com precisão o alcance do lógico-histórico e a historicidade das categorias, por meio da crítica da reforma da dialética crociana, é fácil compreender por que os *Cadernos* atribuem ao hegelismo um lugar muito especial na história da filosofia.

> É certo que o hegelismo é o mais importante (relativamente) dos motivos do filosofar do nosso autor [Marx, N. da. R.], também e sobretudo porque o hegelismo tentou superar as concepções tradicionais do idealismo e do materialismo numa nova síntese, que foi certamente de uma excepcional importância e representa um momento histórico-mundial na investigação filosófica.[90]

"Momento histórico-mundial da investigação filosófica" porque foi o único sistema filosófico que, embora de forma especulativa, procurou ultrapassar a oposição entre idealismo e materialismo.

> Todas as filosofias (sistemas filosóficos) que existiram até agora foram a manifestação das íntimas contradições pelas quais a sociedade foi dilacerada. Mas cada sistema filosófico, por si só, não foi a expressão consciente dessas contradições, uma vez que tal expressão só poderia ser dada pelo conjunto dos sistemas em luta entre si. Todo filósofo está e não pode deixar de estar convencido de que exprime a unidade do espírito humano, isto é, a unidade da história e da natureza; de fato, se tal convicção não existisse, os homens não atuariam [...]. Hegel representa, na história do pensamento filosófico, um papel especial, e isso porque no seu sistema, de uma forma ou de outra, ainda que na forma de "romance filosófico", consegue-se compreender o que é a realidade, isto é, tem-se, num único sistema e num único filósofo, aquela consciência das contradições que antes resultavam do conjunto dos sistemas, do conjunto dos filósofos, em luta uns com os outros, em contradição uns com os outros.[91]

A superioridade do sistema filosófico hegeliano em relação a todas as filosofias anteriores reside na compreensão de que a verdade não é algo dado, que existe independentemente do esforço para apreendê-la, mas é um processo que se desenrola no tempo, é história, e por isso nenhum momento dela a define inteiramente, uma vez que historicidade significa contradição e parcialidade.

Com Hegel, a filosofia, isto é, a unidade de espírito e natureza, converte-se em história da filosofia, e o pensamento (a lógica, as categorias, o transcendental) se cala na temporalidade histórica.[92] E o pensamento se revela como constitutivamente produzido pela contradição, pelo negativo, pelo outro de si mesmo, que o delimita e o arrasta para a imanência da história, impedindo-o de se mover no círculo eterno das ideias puras. Ao mesmo tempo, o devir não se configura como simples e vazio fluir do tempo, lugar de pura dispersão, da multiplicidade sem sentido, da empiria a ser dominada pelas formas puras; antes, o fluir do tempo adquire sentido e figura a partir do conceito que por sua vez se historiciza.

Materialismo e idealismo são assim superados numa conexão processual do pensamento com seu conteúdo, embora tudo isso se manifeste sob uma roupagem especulativa. Mas a energia de um pensamento, que se secularizou completamente, não reconhecendo outra autoridade que não ele próprio, o legislador supremo, para usar uma expressão kantiana, tende a conformar o mundo inteiro a partir de si próprio. A filosofia tende a se tornar política e os intelectuais passam a racionalizar e dar publicidade aos *arcana imperii*.

O Estado ético ou de cultura hegeliano,[93] com o papel mediador atribuído aos intelectuais-funcionários, passa a se constituir no modelo de realização do princípio filosófico moderno.

> Na concepção não só da (ciência) política, mas em toda a concepção da vida cultural e espiritual, teve enorme importância a posição atribuída por Hegel aos intelectuais, que deve ser cuidadosamente estudada. Com Hegel, se começa a não mais pensar segundo castas ou "estamentos", mas segundo o "Estado", cuja "aristocracia" são precisamente os intelectuais [...]. Sem esta "valorização" dos intelectuais feita por Hegel nada se compreende (historicamente) do idealismo moderno e das suas raízes sociais.[94]

Quais são essas "raízes sociais"? A que se está fazendo referência exatamente?

Na nota intitulada "Pontos para um ensaio crítico sobre as duas Histórias de Croce: da Itália e da Europa", no Caderno 10 – que retoma com profundas modificações a nota do Caderno 1 sobre "A concepção do Estado segundo a função produtiva das classes sociais"[95] – Gramsci corrige a bastante simples e mecânica aplicação do esquema de classes à história italiana e europeia e desenvolve uma visão mais articulada, baseada na ideia da história como história concretamente "mundial", entendendo por "mundo" aquele unificado por uma mesma formação econômico-social. As realidades nacionais singulares que a constituem não podem ser plenamente compreendidas sem referência às dinâmicas hegemônicas que a atravessam.

> A concepção do Estado segundo a função produtiva das classes sociais não pode ser aplicada mecanicamente à interpretação da história italiana e europeia desde a Revolução Francesa até todo o século XIX [...]. É verdade que a conquista do poder e a afirmação de um novo mundo produtivo são indissociáveis [...], mas se apresenta o problema complexo das relações de forças internas de um determinado país, da relação das forças internacionais, da posição geopolítica do país.[96]

Gramsci aplica esse critério histórico e metodológico para explicar a relação França-Europa depois da Revolução, o nascimento dos Estados nacionais no período da Restauração e as suas diferenças.

Se na França é a classe fundamental, a burguesia, que dirige o processo, impondo o seu domínio até pelo terror, plasma o Estado à sua própria imagem, noutros lugares (na Itália, na Alemanha) a fragilidade da classe burguesa, também sensível às novas ideias de desenvolvimento, faz com que seja a classe dos intelectuais a liderar a unidade nacional "e a concepção do Estado da qual se faz propaganda, muda de aspecto: ele é concebido como algo em si, como um absoluto racional".[97] O político-jurídico do Estado francês torna-se o filosófico do Estado-razão hegeliano.

A dialética de Hegel não quebra o ritmo da processualidade histórica que conduz do jacobinismo ao constitucionalismo liberal, ao contrário da dialética crociana, que domestica os contrários com distinções para se defender o desafio colocado pelo materialismo histórico.

Já no Caderno 1, Gramsci sublinhava essa caraterística decisiva da filosofia hegeliana na nota (de elaboração B) sobre Hegel e o associacionismo:

> A doutrina de Hegel sobre os partidos e associações como trama "privada" do Estado. Ela derivou historicamente das experiências políticas da Revolução Francesa e devia servir para dar um caráter mais concreto ao constitucionalismo [...]. Hegel, em certo sentido, já supera assim o constitucionalismo puro e teoriza o Estado parlamentar com o seu regime de partidos.[98]

Essa primeira avaliação não só é confirmada, mas desenvolvida posteriormente na nota seguinte, retomada e reescrita no Caderno 13:

> O desenvolvimento do jacobinismo (de conteúdo) e a fórmula da revolução permanente implementada na fase ativa da Revolução Francesa encontrou seu "aperfeiçoamento" jurídico-constitucional no regime parlamentar que realiza [...] a hegemonia permanente da classe urbana sobre toda a população, na forma hegeliana do governo com consenso permanentemente organizado.[99]

Lógico e histórico, filosofia e política: o jacobinismo é assumido como a matriz da construção do Estado liberal do qual Hegel é a mais alta manifestação filosófica em nome da universalidade da razão burguesa.

O absoluto racional do Estado hegeliano exprime a tendência para estender a todos os homens a forma da racionalidade burguesa. "A concepção de Hegel é própria de um período no qual o desenvolvimento em extensão da burguesia podia parecer ilimitado, portanto, sua eticidade ou sua universalidade podia ser afirmada: todo o gênero humano será burguês".[100]

E a estreita vinculação entre saber (ciência) e política exprime o mais alto grau atingido pela hegemonia: os intelectuais, funcionários do Estado, fazem a mediação pela via da ética, isto é, por meio das organizações da sociedade civil, entre o indivíduo e o Estado. A passagem da pura individualidade atomizada à universalidade do Estado é estabelecida graças à presença e à ação dos intelectuais, sob o signo da razão, e não da força.

Se, para Hegel, a filosofia é o próprio tempo apreendido através do pensamento, ou seja, a imanência do pensamento ao mundo, o tempo e o mundo que a filosofia hegeliana esboça "pelo claro e escuro" marcam um ponto culminante que se impõe como absoluto. Tal como Ricardo, Hegel eterniza sua própria filosofia, a subtrai do princípio da historicidade e a absolutiza como o ponto de vista do todo: "a verdade é o todo" e a sua filosofia se coloca como princípio e fim de toda a história da liberdade. Aqui a especulação recupera toda a sua potência, mas é significativo o que Gramsci escreve no Caderno 11:

> Não é necessário ocultar as dificuldades que apresentam a discussão e a crítica do caráter "especulativo" de certos sistemas filosóficos e a "negação" teórica da "forma especulativa" das concepções filosóficas [...] 1) o elemento

"especulativo" é inerente a toda a filosofia [...] isto é, "especulação" é sinônimo de filosofia e de teoria? 2) ou se trata de uma questão "histórica" [...] no sentido de que toda concepção do mundo, numa determinada fase histórica, assume uma forma "especulativa" que representa o seu apogeu e o início da sua dissolução?[101]

A filosofia da práxis – nascida das contradições do imanente, que, pelo contrário, quer se fixar como superação do fluir histórico (os jacobinos com a lei Chapelier, Ricardo com o *homo oeconomicus* naturalizado, Hegel com o sistema que encerra o devir) – aplica a si própria o critério da historicidade e afirma a tradutibilidade de filosofia, história e política (sujeito histórico), isto é, a imanência integral, na medida em que afirma não ser a verdade finalmente descoberta, mas apenas um conhecimento crítico que deve demonstrar praticamente, politicamente, que é mais expansivo, mais universal do que o sujeito do qual se declara herdeiro.

Notas

[1] Na carta a Tania de 23 de fevereiro de 1931, escreve: "Todavia, quando vi Cosmo pela última vez, em maio de 1922 [...], ele ainda insistia em que eu escrevesse um estudo sobre Maquiavel e o maquiavelismo; desde 1917, era uma ideia fixa dele de que eu devia escrever um estudo sobre Maquiavel". Gramsci, & Schucht, 1997, p. 670. No plano de trabalho na abertura do Q. 1 (p. 5), de fevereiro de 1929, no qual são indicados os temas "Desenvolvimento da burguesia italiana até 1870" e "Formação dos grupos intelectuais italianos: desenvolvimento, atitudes", não faz menção a Maquiavel, enquanto na reformulação do programa, no final de 1931, o secretário florentino comparece muitas vezes nos diversos rearranjos da matéria. Q. 8, pp. 935-936.

[2] Ver Q. 1, p. 189; da mesma forma, na nota 10 Gramsci havia retomado o tema da historização de Maquiavel, presente na carta a Tania de 1927, em conexão com a leitura política da *Arte della guerra*: "Maquiavel é um homem inteiramente do seu tempo e a sua arte política representa a filosofia da época que tende para a monarquia nacional absolutista, a forma que pode permitir um desenvolvimento e uma organização burguesa". Q. 1, p. 8. Sobre Maquiavel nos *Cadernos* ver Kanoussi, 2009, pp. 229-238.

[3] Carta a Tania de 14 de novembro de 1927. Gramsci & Schucht, 1997, pp. 153-154.

[4] Croce, 1956, pp. 255 e 261. Em relação a esse tema, como para outros, Gramsci está pronto a reconhecer os passos dados por Croce, movendo o debate filosófico para um terreno mais inclinado ao desenvolvimento da filosofia da práxis, em comparação com o positivismo e o materialismo do século XIX, mas também a compreender os seus limites: "Ao lado dos méritos da moderna 'maquiavelística' derivada de Croce, deve-se assinalar também os 'exageros' e desvios a que deu origem. Criou-se um hábito de considerar Maquiavel, de modo excessivo, como o 'político em geral', como o 'cientista da política', atual em todos os tempos. É preciso considerar Maquiavel, em grau maior, como expressão necessária do seu tempo e como estreitamente ligado às condições e às exigências do seu tempo que resultam: 1) das lutas

internas da república florentina e da estrutura particular do Estado que não sabia libertar-se dos resíduos comunal-municipais, isto é, de uma forma bloqueadora de feudalismo; 2) das lutas entre os Estados italianos por um equilíbrio no âmbito italiano, que era obstaculizado pela existência do Papado e dos outros resíduos feudais e municipalistas, da forma estatal citadina e não territorial 3) das lutas dos Estados italianos mais ou menos unidos por um equilíbrio europeu, ou seja, das contradições entre as necessidades de equilíbrio interno e as exigências dos Estados europeus em luta pela hegemonia [...]. Maquiavel é um homem inteiramente do seu tempo e a sua ciência política representa a filosofia da época que tende à organização de monarquias nacionais absolutas, a forma política que permite e facilita um novo desenvolvimento das forças produtivas burguesas". Q. 13, p. 1.572.

5   Quanto à avaliação que Labriola faz de Maquiavel, deve-se dizer que ele não é um dos seus "autores", embora a localização histórica do seu pensamento seja muito clara: "Moral! Mas não ouvimos há muito tempo a lição desta moral da época burguesa, a partir da *Favola delle Api* de Mandeville, que foi contemporâneo da primeira formação da economia clássica? E a política desta moral não foi explicada, em suas marcas de insuperável e inesquecível classicismo, pelo primeiro grande escritor político da época capitalista, por Maquiavel: não um inventor ele próprio, mas antes fiel e refinado secretário e propulsor do maquiavelismo?"; "Memoria del Manifesto dei comunisti", em Labriola, 1964, pp. 50-51. No tocante à teoria da história, em *Del materialismo storico. Dilucidazione preliminare*, refere-se, num registro, a Maquiavel: "Ou se fale de *caso* ou de *fato*, ou se refira à *direção providencial* dos assuntos humanos, ou se acentue o nome e o conceito de fortuna – a divindade que só sobrevive a meio caminho na concepção rígida e muitas vezes grosseira de Maquiavel – [...] todas essas suposições que foram e são encontradas reproduzem um pensamento ingênuo". *Idem*, p. 78. É certo, porém, a ascendência proveniente de De Sanctis de um realismo historicista na sua interpretação.

6   Na nota 3 de Q. 4 enfrenta o tema do marxismo, enquanto na nota 4, sobre "Maquiavelismo e marxismo", através de um entendimento de Croce, chega à avaliação objetiva das posições de Maquiavel; na nota 9, intitulada "Maquiavel e Marx", o secretário aparece como teórico da autonomia da política em relação à religião e à moral. Mas o pensamento de ambos foi utilizado pelos adversários (aspecto já observado na nota 44 do Q. 1, em que Gramsci se reporta a Maquiavel como professor de política da classe dominante italiana). Enquanto Maquiavel quer educar o povo-nação italiano, Marx, "nisso diverso e superior a Maquiavel", quer educar a nova classe. Por fim, na nota 11, "Marx e Maquiavel", Gramsci avança, pela primeira vez, a ideia de um livro de política – extraído de princípios marxistas, mas modelado no *Príncipe* – sobre partido político, não como categoria sociológica, mas como partido que quer fundar o Estado.

7   Ecos da interpretação crociana se observam nas primeiras notas dedicadas ao secretário: "E, em Maquiavel o nacionalismo era suficientemente forte para superar 'o amor da arte pela arte'? Uma investigação dessa natureza seria muito interessante: o problema do Estado italiano o ocupava mais como 'elemento nacional' ou como problema político interessante em si e para si, especialmente devido à sua dificuldade e à grande história passada da Itália?", *A função cosmopolita dos intelectuais italianos*, Q. 2, § 116 p. 257 [texto A].

8   Ver item 3.3.

9   Procacci, 1995.

10 Q. 1, p. 9. Em 1930, num pequeno volume, Horkheimer, 1978, escrevia em particular consonância com as reflexões gramscianas: "Este escritor [Maquiavel, ed.] não aconselhou monarcas e governos republicanos por amor a eles, mas se propôs a incentivar a potência e a grandeza, a firme segurança do Estado burguês enquanto tal" (p. 9); e avança a mesma crítica em relação à imutabilidade da natureza humana na concepção de Maquiavel: "O erro de Maquiavel não consiste simplesmente na afirmação da uniformidade detectáveis no carácter dos homens que se expressam historicamente, mas em ignorar as condições sociais de preservação ou modificação das qualidades psíquicas" (p. 22). Enquanto Franz Borkenau, no

mesmo momento, considera Maquiavel ainda em muitos aspectos ligado ao mundo medieval, pelo que a sua análise do absolutismo "não é sociológica, mas cinicamente baseada no pretenso domínio da técnica política pura [...] enquanto os grandes Estados modernos não admitem o ponto de vista da técnica pura e exigem um tipo determinado e mais conteudista na resolução de problemas de classe". Borkenau, 1984, p. 109. Borkenau efetivamente aceita a visão mais tradicional de Maquiavel como teórico da força e a técnica política e, consequentemente, sua redução ao maquiavelismo.

[11] Sobre a tradutibilidade das linguagens ver item 4.2. desse livro. "Deve-se resolver o seguinte problema: se a tradutibilidade recíproca das várias linguagens filosóficas e científicas é um elemento 'crítico' próprio de toda concepção de mundo ou próprio somente à filosofia da práxis (de maneira orgânica) e apenas parcialmente apropriável pelas outras filosofias. A tradutibilidade pressupõe que uma determinada fase da civilização tenha uma expressão cultural 'fundamentalmente' idêntica, mesmo que a linguagem seja historicamente diversa, determinada pela tradição particular de cada cultura nacional e de cada sistema filosófico, pelo predomínio de uma atividade intelectual ou prática, etc. [...] Pode dizer, ao que parece, que precisamente só na filosofia da práxis a 'tradução' é orgânica e profunda, enquanto que de outros pontos de vista é muitas vezes um simples jogo de 'esquematismos' genéricos". (Q. 11, p. 1.468). Sobre Marx e os precedentes em Hegel ver o parágrafo 49 do Q. 11.

[12] "Os jacobinos foram, portanto, o único partido da revolução em ato, uma vez que não só representavam as necessidades e aspirações imediatas das pessoas físicas reais que constituíam a burguesia francesa, mas representavam o movimento revolucionário em seu conjunto, como desenvolvimento histórico integral [...]. Se é verdade que os jacobinos 'forçaram' a mão, é também verdade que isto aconteceu sempre no sentido do desenvolvimento histórico real, porque eles não só organizaram um governo burguês, ou seja, fizeram da burguesia a classe dominante, mas fizeram mais: criaram o Estado burguês, fizeram da burguesia a classe dirigente e hegemônica, isto é, deram ao novo Estado uma base permanente, criaram a compacta 'nação francesa moderna'". Q. 19, pp. 2.028-2.029.

[13] Referindo-se à decisão de Napoleão de mudar o título de "rei da França" para "rei dos franceses", Gramsci comenta: "a denominação tem um caráter nacional-popular profundo e significa uma ruptura nítida com a época do Estado patrimonial, uma importância dada aos homens maior do que ao território". *Idem*, p. 2.070.

[14] Q. 13, pp. 1.572-1.573; e continua assinalando a profunda unidade da obra maquiaveliana: "Mas, não só a *Arte da guerra* deve ser ligada ao *Príncipe*, mas também a *Histórias florentinas*, que devem efetivamente servir como análise das condições reais italianas e europeias das quais derivam as exigências imediatas contidas no *Príncipe*". *Idem, ibidem*.

[15] *Idem*, p. 1.575.

[16] "Parece que Chabod, em alguns textos sobre Maquiavel, considera que a quase ausência de referências econômicas nos seus escritos seja uma deficiência do florentino em comparação, por exemplo, com Botero". Q. 8, p. 1.038. Sobre a questão do pensamento econômico de Maquiavel ver Guzzone, 2018, pp. 154 ss.

[17] Q. 8, pp. 1.038-1.039.

[18] A propósito da apreciação diferente de Botero e Maquiavel, em relação a Chabod. *Idem*, p. 1.038.

[19] Biaggio de Giovanni sublinhou que "a novidade teórica das categorias utilizadas por Gramsci para a compreensão da história italiana [...] o carácter 'estruturado', 'vertebrado' da história em Gramsci, não é mensurável pelo tempo histórico implícito na historiografia idealista"; De Giovanni, 1979, p. 223. A tese de doutorado em filosofia de Douet, 2018, desenvolve com grande riqueza de argumentos e referências o tema da história em Gramsci, em que se lê: "Gramsci tece uma complexa teia de pares de categorias com os quais se esforça por pensar o mais adequadamente possível os diferentes aspectos do processo histórico: fazer história e durar; movimentos orgânicos e conjunturais; real e possível; grande política e pequena política;

20 *ser e dever ser*; previsão e aposta; quantidade e qualidade; condições objetivas e subjetivas; história e anti-história". *Idem*, p. 177 [tradução minha].

Hegemonia como superação do econômico-corporativo e expressão dos interesses inclusive das classes aliadas e, portanto, capaz de suscitar consenso além de impor coerção.

21 "É preciso lembrar que para Maquiavel a Comuna ou a República ou o senhorio comunal não eram um Estado, porque lhes faltava, além de um vasto território, uma população suficiente para ser a base de uma força militar que permitisse uma política internacional autônoma [...]. Pode-se encontrar em Maquiavel a confirmação de que a burguesia italiana medieval não soube sair da fase corporativa para ingressar na fase política porque não soube se libertar completamente da concepção medieval-cosmopolita, representada pelo Papa, pelo clero e, inclusive, pelos intelectuais leigos (humanistas), isto é, não soube criar um Estado autônomo, mas permaneceu na moldura medieval, feudal e cosmopolita". Q. 5, p. 658.

22 O povo participa ativamente na história (o povo-exército) tornando-se fiador da observância dos tratados entre os descendentes de Carlos Magno; o povo-exército dá essa garantia "jurando em língua vulgar", isto é, introduz sua língua na história nacional, assumindo uma função política de primeiro plano, apresentando-se como vontade coletiva, como elemento de uma democracia nacional. Este fato "demagógico" dos carolíngios de apelarem ao povo na sua política externa é muito significativo para compreender a evolução da história francesa e a função que teve a monarquia como fator nacional. *Idem*, p. 646.

23 É ainda útil a leitura do ensaio de Procacci, de 1952, no qual se documenta, com base nas indicações gramscianas, o uso de textos e autores do renascimento italiano, entre eles o próprio Maquiavel, na construção do Estado nacional francês.

24 Q. 5, § 127, p. 657.

25 Q. 13, § 16, pp. 1.577-1.578.

26 De acordo com as filosofias da cisão, a realidade (necessidade) subsiste isolada na sua transcendência objetiva, opondo-se à vontade do sujeito, cuja liberdade se configura como um dever ser absolutamente independente da constituição objetiva do objeto. Portanto, se é tanto mais livre quanto mais se prescinda dos condicionamentos materiais e passionais.

27 Ver capítulo 4, sobre a filosofia da práxis.

28 "A 'natureza' do homem é o conjunto das relações sociais, que determina uma consciência historicamente definida [...] o conjunto das relações sociais é contraditório a cada momento e está em contínuo desenvolvimento, de modo que a 'natureza' do homem não é algo homogêneo para todos os homens em todos os tempos". Q. 16, pp. 1.874-1.875.

29 "A doutrina de Maquiavel não era, no seu tempo, uma coisa puramente 'livresca', um monopólio de pensadores isolados, um livro secreto que circula entre iniciados. O estilo de Maquiavel não é, de modo algum, o de um tratadista sistemático, como os que a Idade Média e o Humanismo conheceram: é o estilo de um homem de ação, de quem quer induzir à ação, é o estilo de 'manifesto' de partido". Q. 13, p. 1.599.

30 Ver Q. 14, p. 1.690. Perder a alma para salvar a pátria ou o Estado é um elemento de laicismo absoluto, de concepção de mundo positiva e negativa (contra a religião ou concepção dominante). Q. 15, p. 1.947.

31 Q.13, pp. 1.617-1.618. A condicionalidade da conclusão da citação remete ao coração do julgamento histórico que mede a efetividade e a eficácia da ação apenas *ex post*: só historicamente é possível julgar a congruência entre meios e fins. desse ponto de vista, a comparação implícita Maquiavel-Stalin *está condicionada*.

32 Frosini, 2010, pp. 17-22 e 123 ss.

33 "O termo 'jacobino' e o conceito de jacobinismo pertencem àquele vocabulário excepcional em que uma palavra, escapando ao âmbito geográfico e ao contexto histórico do seu nascimento, adquire um significado mais geral que sugere, para o bem ou para o mal, uma atitude, um comportamento ou mesmo uma visão do mundo". Vovelle, 1998, p. VII. Sobre o jacobinismo em Gramsci ver Paggi, 1984, pp. 221-239, aparentemente condicionado pela preocupação de

"libertar" Gramsci da hipoteca jacobina, sinônimo, na época, de totalitarismo e mais especificamente stalinismo; ver também Medici, 2004.

34 São muito significativas as considerações de Gramsci nos *Cadernos* a propósito do antijacobinismo de Sorel: "Não se pode compreender Sorel como uma figura de 'intelectual revolucionário' se não se pensar na França depois de 70: [o biênio] 70-71 viu duas derrotas terríveis na França: a nacional, que pesou sobre os intelectuais burgueses [...] criando tipos como Clemenceau, quinta-essência do jacobinismo francês, e a derrota do povo parisiense na Comuna, que pesou sobre os intelectuais revolucionários e criou o antijacobinismo: o curioso antijacobinismo de Sorel, sectário, mesquinho, anti-histórico, é um produto da sangria popular de 1871". Q. 4, pp. 447-448.

35 Antonio Gramsci, "Os maximalistas russos" *in Il Grido del popolo*, 28 de julho de 1917; *in* Gramsci, 1982, pp. 265-267; "Constituinte e Sovietes" *in Il Grido del popolo*, 26 de janeiro de 1918. *Idem*, pp. 602-603.

36 Sobre o artigo de Mathiez e o destino do paralelismo jacobino-bolchevique, ver Vovelle, 1998, pp. 125-138.

37 Q. 13, pp. 1.559-1.560.

38 A leitura crítica apresentada por Paggi no ensaio acima mencionado deixa escapar, no meu entendimento, precisamente esse caráter progressivo da visão do jacobinismo nos *Cadernos*, que prossegue em paralelo com a compreensão cada vez mais profunda que Gramsci tem do Estado moderno: "O reconhecimento pode restringir-se em grande parte ao Caderno I, uma vez que é precisamente nesta rede entrelaçada de notas [...] que a categoria do jacobinismo encontra a sua decantação talvez mais rica, através de uma complexa gradação de significados". Paggi, 1984, p. 234.

39 Q. 1, p. 58.

40 *Idem*, p. 61.

41 *Idem*, p. 44. "Os jacobinos usavam uma certa linguagem, seguiam uma certa ideologia; no seu tempo, aquela linguagem e aquela ideologia eram ultrarrealistas porque conseguiam que as forças necessárias marchassem para alcançar os fins da revolução e manter o poder da classe revolucionária". *Idem*, p. 61.

42 Q. 13, p. 1.559.

43 Q. 10, p. 1.209.

44 Q. 19, p. v.

45 *Idem*, p. 2.013.

46 *Idem*, p. 2.024.

47 Vacca, 2012, pp. 67-105.

48 Q. 1, p. 54.

49 Q. 19, pp. 2.028-2.029.

50 Fórmula retirada do volume de grande êxito de Macpherson, 1982. "O individualismo que se tornou anti-histórico hoje é aquele que se manifesta na apropriação individual da riqueza, enquanto a produção da riqueza tem se socializado cada vez mais [...]. Se só é homem aquele que possui, e se se tornou impossível que todos possuam, por que então seria antiespiritual buscar uma forma de propriedade na qual as forças materiais integrem e contribuam para constituir todas as personalidades?" Q. 15, pp. 1.784-1.785.

51 Q. 19, pp. 2.029-2.030. A lei *Le Chapelier* – do seu proponente Isaac René Guy Le Chapelier –, promulgada em 14 de junho de 1791, previa a abolição das corporações, mas também proibia as primeiras formas de organização sindical dos trabalhadores e a greve, com base na liberdade de empresa e de mercado. O decreto sobre o *maximum*, de 29 de setembro de 1793, por outro lado, fixou um teto máximo para os preços e salários. Para Gramsci, a limitação encontrada pelo processo revolucionário jacobino com a lei *Le Chapelier* evidencia a limitada expansividade daquele bloco histórico, tanto interna como externamente, e coloca a questão de um outro

[52] Q. 6, p. 763.
[53] Bongiovanni, 1983, pp. 282-296.
[54] Labriola, 1964, pp. 364-365. Gramsci cita essa passagem labriolana no Q. 10, p. 1.357.
[55] "A 'religião' popular que substituiu o catolicismo (ou melhor, em combinação com ele) foi a do 'patriotismo' e do nacionalismo". Q. 10, p. 1.237.
[56] "Mas uma das pesquisas mais interessantes e fecundas, parece-me, deve ser feita a propósito das relações entre filosofia alemã, política francesa e economia clássica inglesa. Em certo sentido, é possível dizer que a filosofia da práxis é igual a Hegel + David Ricardo". *Idem*, p. 1.247.
[57] Q. 7, p. 890. Em relação a isso ver Guzzone, 2018, pp. 132-94.
[58] Sobre Piero Sraffa e seu papel na correspondência carcerária de Gramsci ver Naldi, 2020, pp. 241-278.
[59] Gramsci & Schucht, 1997, p. 1.015. E continua: "Deve-se lembrar que o próprio Hegel viu, em outros casos, estes nexos necessários entre diversas atividades científicas e até entre atividades científicas e práticas [...]. Pela *Sagrada Família*, se vê como este nexo [...] foi adotado pelos teóricos da filosofia da práxis. [...] É preciso ver como e em que medida a economia clássica inglesa, na forma metodológica elaborada por Ricardo, contribuiu para o desenvolvimento posterior da nova teoria [...] pensa-se habitualmente na teoria ricardiana do valor. Parece-me que se deve [...] identificar uma contribuição que eu chamaria de sintética, isto é, que se refere à intuição do mundo e ao modo de pensar, e não só analítica, relativa a uma doutrina particular, ainda que fundamental". *Idem*, pp. 1.015-1.016.
[60] "Ele gostaria de obter alguma explicação sobre dois conceitos de 'mercado determinado' e da 'lei da tendência' [...]. Piero confessa que não compreende bem ao que se referem [...]. Em termos gerais, portanto, ele [Ricardo] nunca adota um ponto de vista histórico e, como já foi dito, considera como leis naturais e imutáveis as leis da sociedade em que vive. Ricardo era, e sempre foi, um agente de mudança de cultura medíocre [...]. Mas para obras de metodologia é inútil recorrer aos ingleses, que nisso, e em nada mais, são fiéis discípulos de Ricardo. Eles são duas operetas alemãs"; carta de Tania de 5 julho de 1932. Gramsci & Schucht, 1997, pp. 1.039-1.041.
[61] Guzzone, 2018, p. 163.
[62] Marx, 1973, p. 123.
[63] *Idem*, p. 120.
[64] *Idem*, p. 168. Sobre os homens serem transformados em chapéus, Marx havia escrito anteriormente: "Certamente, a linguagem de Ricardo é extremamente cínica. Equiparar o custo de fazer chapéus ao custo de manter um homem é transformar um homem num chapéu [...]. Mas o cinismo está nos fatos e não nas palavras que expressam os fatos". *Idem*, p. 125.
[65] *Idem*, p. 182.
[66] Sobre a superação da metáfora arquitetônica estrutura/superestrutura ver Cospito, 2011, pp. 19-77.
[67] Q. 10, p. 1.310: "Se se estuda a hipótese econômica pura, como Ricardo pretendia fazer, não se torna necessário ignorar esta situação de força representada pelos Estados e pelo monopólio legal da propriedade?".
[68] *Idem*, p. 1.311. A centralidade da análise da mercadoria na crítica gramsciana é realçada por Guzzone: "O argumento decisivo contra o revisionismo é constituído precisamente por aquele nexo de continuidade e de cesura entre Marx e Ricardo, vislumbrado, mas não explorado, pelo próprio Croce: a forma do valor, entendida como a determinação específica do produto do trabalho destinado à troca, e a noção de força de trabalho como mercadoria se constituem *na* e *com* a crítica da equação clássica ricardiana entre valor e trabalho". Guzzone, 2018, pp. 213-214.

[69] "O momento sintético unitário, creio, deve ser identificado no novo conceito de imanência, que da sua forma especulativa, tal como era apresentada pela filosofia clássica alemã, foi traduzido numa forma historicista graças à ajuda da política francesa e da economia clássica inglesa". Q. 10, p. 1.247.

[70] "A descoberta do princípio lógico-formal da 'lei de tendência', que conduz à definição científica dos conceitos fundamentais na economia, o de *homo oeconomicus* e o de 'mercado determinado', não foi uma descoberta de valor gnoseológico?". *Idem, ibidem.*

[71] *Idem*, p. 1.253.

[72] *Idem*, pp. 1.247-1.248.

[73] *Idem*, pp. 1.253-1.254. É oportuno salientar que o "mercado determinado" é o mercado mundial da livre concorrência, o sistema de mercado autorregulado que teve seu centro na Grã-Bretanha, fundado no mercado livre do trabalho e da terra, tendo o ouro como lastro. K. Polanyi, 1974, pp. 88-98.

[74] Q. 11, p. 1.479.

[75] "Conceito e fato de 'mercado determinado', isto é, revelação científica de que determinadas forças decisivas e permanentes surgiram historicamente, forças cuja ação se apresenta com um certo 'automatismo' [...]. 'Mercado determinado' equivale, portanto, a dizer 'determinada relação de forças sociais numa determinada estrutura do aparelho de produção', relação de forças garantida (isto é, tornada permanente) por uma determinada superestrutura política, moral, jurídica". *Idem*, p. 1.477.

[76] Q. 10, pp. 1.268-1.269. Maffeo Pantaleoni é uma figura proeminente no panorama da cultura liberal-liberista italiana entre os séculos XIX e XX, juntamente com Luigi Einaudi e Vilfredo Pareto. Animador do *Giornale degli economisti*, é um dos mais combativos opositores da política reformista e protecionista de Giolitti e um defensor do livre-comércio.

[77] *Idem*, p. 1.276.

[78] Maccabelli, 2008, pp. 613-617; também Q. 10, p. 1.310.

[79] Q. 10, p. 1.350.

[80] *Idem*, p. 1.286.

[81] *Idem, ibidem*. Marx, 1919: trata-se de um volume de extratos dos três livros do *Capital*, inspirado no princípio da facilidade de utilização, por leigos e trabalhadores, de um texto particularmente difícil e, em certos aspectos, ilegível. A ordem, em relação ao original, é invertida: começa com preços e lucro e passa depois ao valor de uso, ao valor de troca e à produção; falta o tratamento da forma mercadoria.

[82] Q. 15, pp. 1.805-1.806.

[83] A análise crítica do momento ético-político é mencionada no Q. 4 para depois ser amplamente desenvolvida no Q. 10.

[84] Q. 10, p. 1.317.

[85] Menciona-se aqui, a título puramente indicativo dessa linha interpretativa: Lukács, 1960; Ritter, 1970; Ilting, 1977; De Giovanni, 1970; D'Hondt, 1989; Bodei, 1975.

[86] Q. 11, pp. 1.472-1.473; primeira escritura Q. 8, pp. 1.066-1.067.

[87] Q. 10, p. 1.299.

[88] Q. 11, pp. 1.472-1.473.

[89] Q. 10, p. 1.317; e continua: "Não terão eles [os neoidealistas] tornado Hegel abstrato? Não lhe cortaram a parte mais realista, mais historicista? E, ao contrário, não é precisamente desta parte que somente a filosofia da práxis, dentro de certos limites, é uma reforma e uma superação? E não foi justamente o conjunto da filosofia da práxis o que levou Croce e Gentile a se desviarem nessa direção, mesmo que tenham se servido desta filosofia para doutrinas particulares?". *Idem, ibidem.*

[90] Q. 11, p. 1.437.

[91] *Idem*, p. 1.487.

[92] "Pode-se observar, com maior exatidão e precisão, o significado que a filosofia da práxis deu à tese hegeliana de que a filosofia se converte na história da filosofia, isto é, a tese da historicidade da filosofia. Isso leva à consequência de que é preciso negar a 'filosofia absoluta' abstrata ou especulativa, ou seja, a filosofia que nasce da filosofia precedente e herda dela os chamados 'problemas supremos'". Q. 10, pp. 1.271-1.272.
[93] Q. 8, p. 1.049.
[94] *Idem*, p. 1.054.
[95] Q. 1, pp. 132-133.
[96] Q. 10, pp. 1.359-1.360.
[97] *Idem*, pp. 1.360-1.361.
[98] Q. 1, p. 56.
[99] Q. 13, p. 1.636.
[100] Q. 8, pp. 1.049-1.050 e Q. 11, pp. 1.472-1.473 e 1.636.
[101] Q. 11, p. 1.481.

4
A crise da civilização europeia e a revisão do marxismo

4.1 – De Oxford a Londres – Croce e Bukharin

Maquiavel e os jacobinos, Ricardo e Hegel são as figuras simbólicas por meio das quais Gramsci desenvolve a sua análise do Estado-nação moderno, das formas de exercício da hegemonia burguesa e dos saberes que as elaborou.

A observação de fenômenos de revolução passiva, ativados também na Itália pelo fascismo, torna cada vez mais lúcido o seu olhar sobre a situação do sujeito revolucionário (URSS e *Comintern*). Suas questões sobre o sujeito revolucionário, quer dizer, sobre sua capacidade de compreender e corresponder ao nível em que se trava a luta pela hegemonia tornam-se cada vez mais desprovidas de "preconceitos": está este sujeito dotado de uma concepção do mundo capaz de "constituir seu próprio grupo de intelectuais independentes",[1] além de educar as massas populares cuja cultura ainda se encontra no nível medieval?[2]

As avaliações amargas presentes nas primeiras notas dos *Cadernos*, sobre a derrota do movimento operário e a "traição" dos intelectuais, sofrem uma espécie de aceleração, entre 1931 e 1932, que culminará na substituição de termos canônicos da teoria marxista por um novo léxico. Gramsci está à procura de uma outra constituição do sujeito político que possa ultrapassar os limites cada vez mais evidentes da Terceira Internacional.

Inicialmente, nos *Apontamentos de filosofia I* do Caderno 4 (de maio de 1930 a outubro-novembro do mesmo ano), no qual analisa as vicissitudes do marxismo no contexto da cultura moderna, Gramsci tenta dar uma explicação histórica do porquê de os marxistas "oficiais", em vez de compartilharem a posição de Labriola de que o marxismo "se basta a si mesmo", se preocuparam em combiná-lo com o materialismo filosófico.[3] Tinha em mente, de forma segura, para além do próprio Engels e de Kautsky, os marxistas russos, de Plekhanov a Lenin do *Materialismo e empiriocriticismo* e a Bukharin, mas muito provavelmente também as duras discussões que se davam em Moscou e na imprensa do *Comintern* por ocasião do lançamento do livro de Lukács, *História e Consciência de Classe*. Trata-se de um confronto centrado no significado de ortodoxia no marxismo e na oposição entre materialismo e idealismo, que Gramsci teve a oportunidade de acompanhar em Viena.[4] Alguns dos protagonistas eram bem conhecidos dele, como László Rudas e talvez também Abram Deborin. O ataque a Lukács se concentrou no distanciamento de Engels em relação a Marx; na limitação da dialética ao mundo histórico, e não à natureza;[5] na lei da causalidade.[6] Deborin acusou Lukács de rejeitar o materialismo filosófico porque o considera um idealista que confia todo o processo revolucionário à consciência e porque afirmava a identidade entre ser e pensamento. "Todos os marxistas ortodoxos defendem o seguinte ponto de vista leniniano: ser e pensamento não são idênticos, embora reciprocamente diferentes. O ser existe independentemente da consciência enquanto realidade objetiva. A consciência e o pensamento refletem apenas o ser".[7]

Perante ao enxerto de materialismo filosófico no corpo do marxismo, que marcou a primeira social-democracia e depois grande parte do bolchevismo, Gramsci pontua que o marxismo tinha duas tarefas: "combater as ideologias modernas na sua forma mais refinada e esclarecer as massas".[8] Esse segundo aspecto absorveu todas as forças; por razões "didáticas", o marxismo confundiu-se com uma forma de cultura simplesmente superior à mentalidade popular, mas inadequada para combater as ideologias das classes cultas.[9] É com referência a essa tarefa educativa que Gramsci examina inicialmente o *Ensaio Popular*,[10] um texto didático destinado à educação de massas comuns. Não se trata de um manual qualquer, mas de um protótipo de texto de divulgação do marxismo, difundido durante a bolchevização dos partidos comunistas (1923-1925), que o próprio Gramsci adotou, traduzindo partes dele para as duas apostilas da escola do partido, em 1925.[11]

Nos *Cadernos*, a apreciação crítica focaliza inicialmente as numerosas deficiências lógicas e expositivas presentes nele, invalidando o valor didático. Não é por acaso que a primeira referência ao *Ensaio* remete ao livro de Bernheim, que Gramsci considerava um possível modelo para a exposição manualística da "sociologia marxista",[12] e as observações críticas que se seguem tendem a ficar sempre circunscritas à sua eficácia como instrumento de educação e formação das pessoas "comuns".

Ainda nos *Apontamentos de filosofia II* (e estamos em fevereiro de 1931), Gramsci o discute a partir dessa chave, tanto que considera a falta de tratamento da dialética por Bukharin fruto de fatores de ordem "psicológica". "Sente-se que a dialética é uma coisa muito árdua e difícil na medida em que pensar dialeticamente vai contra o senso comum vulgar [...]. Este motivo, ao que me parece, é um freio psicológico para o autor do *Ensaio Popular*: ele realmente capitula perante o senso comum e o pensamento vulgar".[13]

No decorrer do ano, porém, acontece alguma coisa que provoca uma mudança de ênfase, que Giuseppe Cospito chamou de "a crise de 1931":[14] a crítica de Gramsci torna-se radical e se volta decisivamente contra o núcleo filosófico do pensamento de Bukharin. A que se deve essa mudança acelerada de registo? A minha hipótese é que ela foi provocada por dois acontecimentos que Gramsci conecta numa sequência que, aos seus olhos, foi particularmente significativa: o discurso de Croce em Oxford, com a subsequente polêmica intervenção contra Lounatcharsky, em setembro de 1930,[15] e o Segundo Congresso Mundial de Cientistas (Science at the Crossroads), em Londres, em junho-julho de 1931, que teve entre os protagonistas o próprio Bukharin.[16] Gramsci interpretou a apresentação do russo como uma espécie de resposta "oficial" ao discurso crociano em Oxford no ano anterior; uma resposta que mostrava a dramática inadequação da intelectualidade soviética comparada ao desafio hegemônico lançado por Croce, calibrado conscientemente para uma escala mundial.[17]

É uma tomada de atitude que o encoraja a enveredar decisivamente pela via de uma refundação da teoria marxista em termos de filosofia da práxis, cujo perfil vinha se definindo precisamente no confronto crítico com Croce e Bukharin. É certo que, em outubro de 1931, "o estudo sumário de Mirskji" lhe causa "grande impressão" porque "o depauperamento do 'fatalismo' e do 'mecanicismo' indica uma grande virada histórica".[18]

Mas a avaliação final é substancialmente crítica: "Nos novos desenvolvimentos do materialismo histórico, o aprofundamento do conceito de *unidade* da teoria e da prática está ainda numa fase inicial: há ainda resquícios de mecanicismo. Ainda se fala da teoria como um 'complemento' da prática, quase como um acessório etc.".[19]

Assim, a "grande virada" – de que fala Mirsky – não lhe parece tão grande e, sobretudo, tão bem orientada, se é verdade que, em Londres, Bukharin, como representante autorizado da filosofia/ciência oficial soviética (portanto, não como expoente de uma corrente filosófica particular), em vez de aceitar o confronto hegemônico, pronuncia um discurso que novamente confirma o recuo econômico-corporativo do novo sujeito.[20] Nos *Apontamentos de filosofia III*, Gramsci muda então o foco da sua crítica: já não é tanto a estrutura manualística do *Ensaio* que é visada (desse ponto de vista, começa a conceber, com a rubrica "Introdução ao Estudo da Filosofia", um projeto de manual que seja efetivamente educativo para as massas), mas diretamente o núcleo teórico, a interpretação do marxismo, a concepção do mundo que aí se exprime, e sua crítica é sem apelação. Em suma, a questão não é mais sobre as formas de popularização – da exigência dos intelectuais na sua relação com as massas, de se adaptarem às formas primitivas e simples da cultura popular, compreendendo e aplicando a dialética expressa na 3ª *Tese sobre Feuerbach*, do educador que deve ser educado –, mas do atraso e pobreza da cultura, da visão de mundo dos próprios intelectuais. Da tribuna de Londres, Bukharin, um membro importante da elite política soviética, dirigindo-se às pessoas cultas do mundo inteiro, deveria destacar o caráter hegemônico da filosofia marxista, ou seja, sua capacidade prático-crítica de compreender as contradições da época e apontar suas soluções, mostrando assim a novidade absoluta e a superioridade da interpretação materialista da história em confronto com as formas mais avançadas do historicismo contemporâneo, como o crociano. E, em vez disso, Bukharin, exprimindo "uma concepção 'metafísica' [...] uma espécie de 'ponto de vista do cosmos em si mesmo', que é [...] um resíduo do conceito de Deus, precisamente na sua concepção mística de um 'Deus oculto'",[21] não fez mais do que subscrever a *"gherminella"* polêmica a que Croce recorreu na sua intervenção.

A primeira referência ao discurso de Oxford encontra-se no Caderno 6 (novembro-dezembro de 1930), no qual Gramsci demarca uma virada radical na posição filosófica crociana, que repercute na sua atitude em face do marxismo. Em Croce, filosofia e "'ideologia' finalmente se identificam, a filosofia mostra-se também [...] como um 'instrumento prático' de organização e de ação", pelo que o discurso de Oxford se revela "um manifesto político, de uma união internacional dos grandes intelectuais de todas as nações, especialmente da Europa; e não se pode negar que este possa se tornar um partido importante, que pode ter uma função em nada pequena".[22]

Significativamente, testemunhado pelas palavras de Croce, estas linhas são seguidas pela célebre passagem em que Gramsci compara a separação do "espiritual" do "temporal" ao que ocorreu na Idade Média, mas com efeitos mais catastróficos.

"Os intelectuais tradicionais, separando-se do grupo social ao qual haviam dado até agora [...] a mais ampla e perfeita consciência do Estado moderno [...] assinalam e confirmam a crise do Estado em sua forma decisiva".[23] A "mobilização" da filosofia, o apelo à politização explícita dos grandes intelectuais, que chega a evocar um possível partido "supranacional", são sintomas evidentes da dissolução das distinções de tarefas e de cargos que garantiam o desenrolar ordenado da vida do Estado moderno, não só do Estado liberal representativo, mas da forma do Estado-nação. O Discurso de Oxford – juntamente com a *Storia d'Europa* – põe fim à distinção entre teoria e política, filosofia e ideologia, fazendo do filósofo um organizador político.

Gramsci observa que estão surgindo diferentes formas de fazer frente à crise do Estado: a via crociana, que convoca as inteligências guardiãs do pensamento/liberdade, mobilizando-as para além das fronteiras nacionais, numa espécie de partido europeu empenhado em manter "uma distinção entre sociedade civil e sociedade política, entre hegemonia e ditadura",[24] contra as duas forças que a ameaçam: o fascismo e o comunismo (como dirá claramente em *Storia d'Europa*); e o atualismo de Gentile, para o qual a história "é toda ela história do Estado".[25] A renúncia à dialética de Estado e sociedade civil sancionou também a crise irreversível do Estado moderno, nascido e modelado nessa dialética. Gramsci, sem dúvida, capta na declaração crociana de "fé" no liberalismo o aspeto político mais imediato de crítica ao fascismo (tal como a crítica de Einaudi a Ugo Spirito, no plano econômico) e de alimento para a instabilidade do regime,[26] mas é sobretudo a mudança de foco do seu pensamento filosófico, como a politização da teoria e a sua projeção para além do Estado, que atrai o seu interesse.

Numa estreita passagem de notas (§ 107 do Caderno 6, março-agosto de 1931), Gramsci destaca o ponto fraco, a contradição que mina a convocação para a mobilização da civilização contra a "barbárie",[27] a falta de compreensão do fenômeno que caracteriza a época e que, no que diz respeito à Itália, determinou a ascensão do fascismo: a entrada das grandes massas populares na vida política. Gramsci coloca o dedo no ponto de fragilidade da ambição crociana: a relação entre os intelectuais e o povo. Croce gostaria de, perante a crise do Estado liberal e o avanço da "anti-história" (fascismo e comunismo), fazer do liberalismo "uma religião da liberdade", misturando à pureza da ideia a densidade passional da participação popular. O traço religioso remete precisamente a esse encontro, mas revela, a esse nível, a incapacidade congênita do liberalismo crociano de ser popular, de dirigir e organizar as massas. Pelo contrário, ao se posicionar, ao tomar partido contra os "bárbaros", Croce recua no próprio entendimento do valor histórico do marxismo, manifestando um espírito "erasmiano", em nítido contraste com os tempos.[28]

Os *Apontamentos de filosofia II* (Caderno 7), também de novembro de 1930 (que talvez preceda o Caderno 6), iniciam-se com uma longa nota sobre Croce e o materialismo histórico. Por razões políticas, o filósofo napolitano considera que não seja mais o momento de continuar a obra revisionista que o tinha levado a absorver partes vitais do marxismo, influenciando tantos jovens e não tão jovens seguidores. O nascimento de um Estado comunista e a luta hegemônica que se abriu em nível mundial levam-no agora a combatê-los. Assim, na sua replica a Lounacharsky, derrapando em seu "desprendimento" como estudioso, recorre a uma "*gherminella*" polêmica, atribuindo à teoria marxista aspectos que são próprios de "uma corrente deteriorada" de tipo popular, primitiva, a fim de reduzir drasticamente o pensamento de Marx a uma variante da filosofia "pré-kantiana" e "pré-cartesiana",[29] com a qual nem sequer se aceita comparação.

Na carta de 1º de dezembro de 1930 (na parte dirigida a Sraffa), Gramsci escreve:

> Que muitos dos chamados teóricos do materialismo histórico tenham caído numa posição filosófica semelhante à do teologismo medieval e tenham

feito da "estrutura econômica" uma espécie de "deus oculto" talvez seja demonstrável; mas o que significaria isso? Seria como se se quisesse julgar a religião do Papa e dos jesuítas e se falasse das superstições dos camponeses bergamascos. A posição de Croce em relação ao materialismo histórico parece-me semelhante à dos homens do Renascimento em relação à Reforma Luterana [...]. Se Giulia puder, deveria me informar se a polêmica Croce--Lounatcharsky dará lugar a manifestações intelectuais de alguma importância.[30]

Croce, trocando intencionalmente a parte pelo todo, como se pretendesse combater a teologia católica atacando as superstições populares, suprime os reconhecimentos e o apreço outrora atribuídos ao marxismo, subtraindo legitimidade filosófica ao materialismo histórico. Com o desprezo e a incompreensão em relação ao elemento popular, "bárbaro", mostra, aos olhos de Gramsci, toda fraqueza e inconsistência do seu propósito "político".

A crítica a Croce, que aplica ao materialismo histórico o mesmo tratamento que Erasmo deu a Lutero, está voltada à falta de percepção da necessária popularização de uma doutrina, da "rudeza" indispensável para envolver as massas populares. Tanto mais que o próprio Croce, também na *Storia d'Europa*, falará da "religião da liberdade", do liberalismo transformado em fé, da união de razão e sentimento, dos intelectuais e do povo. Mas essa exigência de "concretização" guarda limites intransponíveis que impedem a efetiva "ida ao povo", pois induz o filósofo napolitano a recorrer à religião confessional para as necessidades espirituais das classes incultas e a não buscar formas de exercício da hegemonia que arquivem o modelo da dupla moral, uma para o povo e outra para a elite. A crociana história ético-política é somente a história dos grupos dirigentes que não conseguem se conectar política e "sentimentalmente" com o povo na era da presença ativa das massas na vida política.[31]

Criticando Croce, Gramsci enfatiza o caráter estruturalmente teórico--prático da filosofia da práxis, que, dado seu enraizamento popular orgânico, arrasta consigo e veicula traços "grosseiros", o seu lado "Reforma". Mas, por isso mesmo, torna essencial a crítica paralela a Bukharin e ao seu *Ensaio*: a consciência do recurso indispensável a modos de exposição que tornem o pensamento marxista compreensível para as grandes massas não significa, de fato, que as elites devam assumir para si essas tendências, como acontece no relatório do russo ao Congresso londrino de cientistas.[32] A intervenção em Londres, "mesmo depois da grande discussão, em virtude da qual ele parece ter repudiado seu livro",[33] repete o mesmo esquema do *Ensaio* nos seus nós conceituais fundamentais. O tratamento grosseiro do idealismo e do subjetivismo, a ênfase na realidade do mundo exterior, a redução do marxismo a um método científico de análise dos fatos históricos confirmam, para Gramsci, que "apesar das referências verbais à práxis humana, Bukharin permanece imerso numa concepção dualista do real de matriz positivista".[34]

É evidente que a pedra de toque da crítica de Gramsci está na concepção radicalmente diferente da relação filosofia-ciência e do próprio conceito de ciência. Precisamente para realizar em profundidade a comparação, Gramsci, no Caderno 11, traça em linhas gerais o perfil da ciência segundo os princípios da filosofia da práxis.[35]

Para responder à "questão mais importante", isto é, "se a ciência pode dar, e de que modo, a 'certeza' da existência objetiva da assim chamada realidade externa",[36] recorre aos recursos filosóficos das *Teses sobre Feuerbach*, que lhe permitem uma demarcação tripla: do senso comum, da desvalorização neoidealista do conhecimento científico e do objetivismo cientificista que paradoxalmente une o teórico comunista e o tomista Agostino Gemelli. Seguindo uma distinção presente na Tese I entre "objeto" e "objetivação",[37] Gramsci afirma que o carácter "objetivo" do conhecimento científico é obtido por meios "experimentais", com base "naquilo que é comum a todos os homens, naquilo que todos os homens podem controlar [...] desde que tenham observado igualmente as condições técnicas de avaliação";[38] a "verdade" das formulações científicas não é nem o reflexo das leis objetivas da realidade (ou do pensamento de Deus) nem a expressão de puro subjetivismo ou de convencionalismo utilitarista (os pseudoconceitos), mas a construção "prático-crítica" da realidade (Tese II),[39] "apurada por todos os homens, que é independente de qualquer ponto de vista particular ou de grupo". E acrescenta: "Mas, no fundo, também esta é uma visão particular do mundo, é uma ideologia", pois mesmo as técnicas racionais não são absolutas, as verdades científicas não são definitivas, e a ciência é "uma categoria histórica", pois "é a união do fato objetivo com uma hipótese ou sistema de hipóteses que ultrapassam o mero fato objetivo";[40] e as hipóteses são construídas a partir de sugestões culturais historicamente condicionadas. "Todavia, esta concepção, no seu conjunto e pela direção que indica, pode ser aceita pela filosofia da práxis" porque põe em questão a sociabilidade humana, a definição de essência humana dada na VI Tese: "A essência humana não é algo abstrato que seja imanente ao indivíduo singular. Na sua realidade, é o conjunto das relações sociais". A natureza humana e o poder de conhecimento a ela associado não são remetidos à muda universalidade do indivíduo, mas realizam-se no desenrolar das relações, das relações sociais. E o "objetivo" que a ciência produz é, de acordo com a filosofia da práxis, a expressão exemplar da progressiva ampliação e aprofundamento do universalismo como algo adquirido pela sociabilidade intrínseca ao gênero humano.

> O homem conhece objetivamente na medida em que o conhecimento é real para todo o gênero humano *historicamente* unificado em um sistema cultural unitário; mas este processo de unificação histórica ocorre com o desaparecimento das contradições internas que dilaceram a sociedade humana [...]. Há, portanto, uma luta pela objetividade (para se libertar de ideologias parciais e falaciosas) e esta luta é a mesma luta pela unificação cultural do gênero humano. O que os idealistas chamam "espírito" não é um ponto de partida, mas de chegada, o conjunto de superestruturas em perspectiva para uma unificação concreta e objetivamente universal, e não um pressuposto unitário, etc.[41]

No conceito de ciência delineado por Gramsci, parece claro que é um ponto de vista da filosofia (da práxis) reconhecer das ciências sua dupla natureza de campos de conhecimento autônomos e "objetivos", bem como de formações ideológicas atravessadas por correntes culturais hegemônicas. Portanto, os cientistas também são parte da "questão política dos intelectuais".

Na perspectiva gramsciana, assim delineada, Bukharin parece, pelo contrário, ser o defensor de uma visão que faz da ciência "a concepção do mundo por excelência, aquela que limpa os olhos de todas as ilusões ideológicas, que coloca o homem diante da realidade tal como ela é",[42] enquanto a filosofia é reduzida a uma função crítico-formal, de controle epistemológico dos procedimentos científicos; é, como diz no *Ensaio*, a "ciência das ciências".[43]

A Croce – "líder da cultura mundial",[44] que num fórum internacional "ético-político" tinha feito troça de um expoente do Estado soviético –

foi necessário responder sustentando a filosofia dos "intelectuais", mostrando a sua mais elevada e profunda historicidade em relação à filosofia tradicional, porque fundada na unidade entre teoria e práxis, unidade indispensável para exercer a hegemonia na época de ativação política das massas e completamente ausente na filosofia e nos intelectuais tradicionais.

Na realidade, Bukharin, encontrando no materialismo filosófico e no determinismo econômico[45] o fundamento objetivo e estável onde ancorar a dialética histórica, atribui à ciência natural o primado gnoseológico e, consequentemente, subtrai da dinâmica histórica (e, portanto, da contradição e da negatividade) uma precisa dimensão tanto cognitiva quanto social. A ciência natural adquire o estatuto de conhecimento objetivo *par excellence*, não poluído por deformações subjetivas, enquanto os cientistas se revestem de um papel social proeminente de figuras ideologicamente neutras.

De modo especulativo, Croce subtrai as categorias filosóficas da determinação histórica, reconduzindo as ideias ao "céu" do pensamento puro – de onde Hegel as tinha retirado ao rebaixá-las na dialética histórica –, para que os filósofos apareçam legitimados a se colocar *au-dessus de la mêlée* em defesa da pureza da razão. Essas "des-historizações" ou despolitizações opostas (materialista e idealista) não são, portanto, sem efeito na questão que Gramsci sabe ser vital para o destino do novo sujeito histórico: a questão dos intelectuais. Se uma esfera é "eternizada" ou "positivisada", os intelectuais que a governam adquirem o privilégio de subtrair a politicidade, subtrair o próprio saber à imanência integral.

O confronto/embate entre positivismo e idealismo tinha se desenrolado (e continuava a se desenrolar sob outras formas) precisamente sobre quem exerce a hegemonia: os cientistas, detentores da "objetividade" do conhecimento ou os filósofos, guardiões da liberdade como valor eterno do espírito. E é claro que esse embate interferiu (e continuou a interferir) no estatuto epistêmico do marxismo: Marx é um cientista ou um filósofo? A resposta de Gramsci é que a doutrina marxiana é, de fato, uma filosofia, porque se situa no terreno da liberdade, mas é "crítica" e integralmente não especulativa, na medida em que se historiciza a si mesma ao não enjaular a dinâmica histórica numa determinada figura da liberdade. A *XI Tese sobre Feuerbach* é relida por Gramsci numa chave de autoaplicação do critério da historicidade: o marxismo é filosofia da práxis em vez de materialismo histórico.[46] A história é verdadeiramente "a história da liberdade" quando é um processo de libertação integral da exploração e da dominação, um processo sem pressupostos e aberto à perspectiva de uma real unificação da humanidade. E, para os intelectuais, vale o princípio dos educadores que devem ser educados.[47] A nota 43 (texto B), com a rubrica "Reforma e Renascimento", é exemplar nesse sentido. Gramsci polemiza com Boris Souvarine pela maneira como ele critica a degeneração "burocrática" do marxismo e da vida política em geral na URSS,[48] e escreve:

> É evidente que não se compreende o processo molecular de afirmação de uma nova civilização, que se desenvolve no mundo contemporâneo, sem ter compreendido o nexo histórico Reforma-Renascimento [...]. Liefscitz não compreende nada destas questões [...] trata-se, é verdade, de trabalhar para a elaboração de uma elite, mas este trabalho não pode ser separado do trabalho de educação das grandes massas, as duas atividades, aliás, são na verdade, uma só atividade e é precisamente isso o que torna o problema difícil [...] trata-se, em suma, de ter uma Reforma e um Renascimento ao mesmo tempo [...]. Um "intelectual", como Liefscitz acredita ser, tem um modo de abordar e resolver o problema: trabalhando concretamente para criar as obras científicas cuja ausência lamenta amargamente, e não se limitar a exigir que outros (quem?) trabalhem.[49]

Ter Reforma e Renascimento ao mesmo tempo: é este o objetivo na luta pela hegemonia em curso e que tem no desafio lançado por Croce o seu ponto culminante. O *Ensaio Popular* não responde a essa exigência a partir do momento em que não consegue conciliar, de maneira conjunta, a elaboração teórica com a necessidade de popularização e de educação das massas. E cada intelectual, a começar por ele mesmo, é chamado a enfrentar o problema.[50]

A Gramsci não resta senão enfrentar, sem mais hesitações, as questões filosóficas, isto é, fundacionais, já abordadas nos Cadernos 7 e 8, extraindo da crítica a Croce e Bukharin as chaves para uma declinação completa do marxismo em termos de filosofia da práxis, isto é, de uma concepção do mundo totalmente historicista e totalmente imanente, desenvolvida por uma intelectualidade coletiva hegemônica "em escala mundial".

Portanto, historicismo integral, é este o traço distintivo, a nova elaboração da filosofia marxista, rompendo com as pretensões de certos circuitos intelectuais de subtrair a historicidade.

Mas a historicidade integral, que equivale à unidade da filosofia, da política e da história, não pode significar para Gramsci a perda, como no presentismo, das distinções do processo histórico. A chave epistemológica que lhe permite manter reunidas unidade e distinção é o conceito de tradutibilidade das linguagens.

4.2 – Tradutibilidade das linguagens

Economia, política, filosofia pertencem à mesmíssima temporalidade histórica, traduzem-se umas nas outras: não há nenhum âmbito que, ao abrigo da dialética histórica, determine os outros sem ser determinado por eles. A historicidade os abarca igualmente, forma e empiria estão envolvidas e, em conjunto, unificadas pela dialética histórica.[51]

Sem entrar na complexa gênese e nos múltiplos usos do conceito de tradutibilidade das linguagens nos *Cadernos*,[52] o que importa aqui é sublinhar o poder de dissolver a hipoteca determinista e mecanicista embutida na metáfora arquitetônica estrutura/superestrutura, permitindo uma leitura unitária do processo histórico. A implicação recíproca de *lógico* e *histórico* é preservada (contra a a-historicidade das categorias crocianas), mas ao mesmo tempo se rejeita a curvatura especulativa da filosofia hegeliana da história, dando uma sólida sustentação à tese da realidade das ideologias.[53]

O núcleo teórico do conceito de tradutibilidade pode ser rastreado em algumas notas do Caderno 11, que passo a citar na sequência: "Duas estruturas fundamentalmente similares têm superestruturas 'equivalentes' e reciprocamente tradutíveis, qualquer que seja a linguagem particular nacional".[54]

A tradutibilidade pressupõe que em uma dada fase do desenvolvimento civilizatório haja uma expressão cultural "fundamentalmente" idêntica, mesmo que a linguagem seja historicamente diferente, determinada pela tradição particular de cada cultura nacional e de cada sistema filosófico, pelo predomínio de uma atividade intelectual ou prática etc.[55]

> Filosofia-política-economia. Se estas três atividades são os elementos constitutivos necessários de uma mesma visão do mundo, deve haver necessariamente, em seus princípios teóricos, convertibilidade de uma na

outra, tradução recíproca na linguagem específica própria de cada elemento constitutivo: um está implícito no outro e todos, em conjunto, formam um círculo homogêneo.[56]

Como o próprio Gramsci reconhece, as sugestões provêm sobretudo dos seus estudos linguísticos com Bartoli e do conhecimento de obras filosóficas e epistemológicas que vão de Peano a Vailati, Pareto e os pragmáticos. Sem descurar, como fonte de inspiração, a sua conturbada experiência no movimento comunista internacional, cujo objetivo era traduzir nas respectivas realidades nacionais os ensinamentos da revolução russa.[57] Mas é de um texto como a *Sagrada Família* que Gramsci retira o modelo da conversão recíproca das linguagens: trata-se da famosa tese marxiana da tradutibilidade das fórmulas da Revolução Francesa nos conceitos da filosofia clássica alemã.[58] Nessa obra, Marx expõe uma concepção unitária, mas não economicista, do processo histórico:

> Se o Sr. Edgar compara, por um momento, a igualdade francesa com a autoconsciência alemã, encontrará que o segundo princípio expressa em alemão, isto é, no pensamento abstrato, aquilo que o primeiro diz em francês, isto é, na língua da política e do pensamento intuitivo. A autoconsciência é a igualdade do homem consigo mesmo no pensamento puro. A igualdade é a consciência que o homem tem de si próprio no elemento da práxis [...]. A igualdade é o modo francês de exprimir a unidade essencial dos homens, a consciência genérica e o comportamento genérico do homem.[59]

A questão que Gramsci se coloca é a de saber se a "tradutibilidade" pertence apenas à filosofia da práxis ou se é um traço "crítico" comum a toda concepção do mundo, até porque, na origem, a relação entre a política francesa e a especulação alemã havia sido desenvolvida por Hegel.

> Resta resolver o problema: se a traduzibilidade recíproca das várias linguagens filosóficas e científicas é um elemento "crítico" próprio a toda a concepção do mundo ou próprio somente à filosofia da práxis [...]. Parece que se pode dizer que só na filosofia da práxis a "tradução" é orgânica e profunda, enquanto de outros pontos de vista é frequentemente um simples jogo de "esquematismos" genéricos.[60]

A sua resposta é bastante clara por uma razão essencial: à diferença de todas as filosofias anteriores, só a filosofia da práxis aplica a si própria o critério da historicidade. Como escrevem Romain Descendre e Jean-Claude Zancarini:

> A filosofia da práxis *politiza* todas as filosofias e, sobretudo neste sentido, as *traduz*. Ela sabe que todas as filosofias, incluindo ela própria, são políticas, tornando-se uma linguagem, uma ideologia que opera na vida social, constituindo um elemento fundamental da hegemonia. Mas, à diferença de todas as outras, a filosofia da práxis não só sabe disso e não apenas sabe como também se certifica de se tornar plenamente hegemônica: ela pretende unificar em uma só cultura política a alta cultura filosófica e a cultura popular. Temos aqui um estreito imbricamento entre a questão teórica da tradutibilidade das linguagens, a questão da ideologia e a questão política da hegemonia.[61]

A nova filosofia caracteriza-se, assim, pelo exercício da atividade *crítica*, ou melhor, "prático-crítica", segundo a formulação marxiana da *I Tese sobre Feuerbach*, por um olhar permanentemente aberto à compreensão e à solução dos problemas que o processo histórico vai pondo a descoberto e pelo controle crítico para evitar que se caia em combinação com os sistemas filosóficos do passado: "o primeiro destes problemas que é preciso colocar e compreender é este: que a nova filosofia não pode coincidir com nenhum sistema do passado, seja lá como se chame. Identidade de termos não significa identidade de conceitos".[62]

4.3 – A FILOSOFIA DA PRÁXIS E OS INTELECTUAIS

Onde reside então a originalidade e a independência da doutrina marxista? "A parte essencial do marxismo está na superação das velhas filosofias e também no modo de conceber a filosofia e é isso que precisa ser demonstrado e desenvolvido sistematicamente".[63]

Sempre recorrendo ao laboratório marxiano, Gramsci desenvolve um instrumental de conceitos destinado a fundar a unidade de economia, política e filosofia, o coração da filosofia da práxis, e a rejeitar as críticas de reducionismo economicista que minam a teoria das superestruturas.

Os textos fundamentais a que se refere são, sobretudo, as *Teses sobre Feuerbach*, que, como acabamos de ver,[64] são decisivas para a definição da *praxis*, para a concepção da objetividade do conhecimento e para o desenvolvimento de uma lógica dialética adequada a um processo histórico intrinsecamente contraditório e não previsível *a priori*. As tentativas de reforma da dialética hegeliana acabaram por "domesticá-la", apagando "escandalosamente" a marca da forma historicizada, de modo que "no processo dialético se pressupõe 'mecanicamente' que a tese deva ser 'conservada' pela antítese para não destruir o próprio processo [...]. Na realidade, trata-se de um dos tantos modos de 'enquadrar o mundo' [...]. A concepção hegeliana, mesmo na sua forma especulativa, não permite essa domesticação".[65]

Bem diferente é a relação crítica que a filosofia da práxis estabelece com o pensamento hegeliano. Levando o princípio do lógico-histórico à sua consequência extrema, ela liberta a dialética da curvatura especulativa que conduz ao fechamento do conceito em si mesmo, ao abandono da temporalidade à empiria e à celebração da absolutização e eternização da ideia. A superação do especulativo abre obviamente um modo diverso, "revolucionário", de conceber a filosofia (*XI Tese*), que não se apresenta mais como aquela dimensão da razão que, subtraída a variabilidade temporal, permite compreender a história. É filosofia da práxis, compreensão e ação juntas, é unidade de história e filosofia.

> Num certo sentido, portanto, a filosofia da práxis é uma reforma e um desenvolvimento do hegelismo, é uma filosofia liberada (ou que busca liberar-se) de qualquer elemento ideológico unilateral e fanático, é a consciência plena das contradições, na qual o próprio filósofo, entendido individualmente ou entendido como um grupo social integral, não só compreende as contradições, mas coloca a si mesmo como elemento da contradição, eleva esse elemento a princípio de conhecimento e, portanto, de ação.[66]

A filosofia da práxis, como consciência plena das contradições, aplica a si mesma esse princípio e transforma "o romance filosófico" hegeliano em uma dialética efetivamente histórica,[67] que Gramsci coloca como fundamento dos conceitos de "bloco histórico", de "relações de forças" e, sobretudo, da fórmula do "valor gnoseológico das ideologias".

O conceito de "bloco histórico" é inicialmente usado para indicar a consistência "real" (histórica) das ideologias na sua unidade/distinção com as forças materiais e para estabelecer um nexo de reciprocidade na relação entre estrutura e superestrutura.[68] Os homens tomam consciência das relações entre eles e com o mundo no terreno das ideologias, pelo que as formas de consciência não são meras ilusões ou reflexo mecânico da estrutura, têm antes – escreve Gramsci, citando livremente Marx – "a mesma energia de uma força material".[69] Elas, no entanto, não têm a fixidez e a eternidade que o pensamento especulativo gostaria de lhes atribuir, em oposição ao fluir da história, reduzindo-as à empiria; ao contrário, são formas de pensamento historicamente determinadas que fazem "bloco" com as forças materiais.[70] Polemizando com Croce, no Caderno 7, Gramsci afirma que a própria estrutura é concebida, no bloco histórico, como "realidade em movimento", uma vez que para Marx a estrutura são as "relações sociais de produção", tal como ele define o próprio capital; e acrescenta, no esclarecimento da natureza específica da dialética: "o que quer dizer M. nas *Teses sobre Feuerbach* quando fala da 'educação do educador' senão que a superestrutura reage dialeticamente sobre a estrutura e a modifica [...] introduzir no 'bloco histórico' uma atividade dialética e um processo de distinção não significa negar sua unidade real".[71]

O aspeto problemático, para Gramsci, diz respeito sobretudo ao limite da "variabilidade" dessas forças, ou seja, como se apresenta a relação entre "estrutura" e "mudança". No famoso § 17 do Caderno 13 sobre a "Análise das situações: relações de força", recorrendo ao "Prefácio" de *Para a crítica da economia política*, ele enfrenta precisamente a questão da distinção no "bloco histórico" entre os movimentos que têm o caráter de organicidade e os que são "ocasionais".

> É o problema da relação entre estrutura e superestrutura que precisa ser posto com exatidão e resolvido para se chegar a uma análise correta das forças que atuam na história de um determinado período e determinar a relação entre elas. É necessário mover-se no âmbito de dois princípios: 1) o de que nenhuma sociedade se põe tarefas para cuja solução não existam as condições necessárias e suficientes, ou elas não estejam, pelo menos, em vias de aparecer e de se desenvolver; 2) e o de que nenhuma sociedade se dissolve e pode ser substituída se antes não tiver desenvolvido todas as formas de vida que estão implícitas nas suas relações.[72]

A linha de desenvolvimento do seu pensamento, à medida que abandona a fundamentação da metáfora arquitetônica de estrutura e superestrutura, orienta-se no sentido de mais e melhor chamar a atenção para a mobilidade e a interconexão dialética de realidade, bloco histórico, relações de forças, até o conceito de tradutibilidade das linguagens, que considera o mais adequado para sustentar, no plano teórico, a novidade da filosofia da práxis e da processualidade que caracteriza o novo sujeito histórico e suas instituições, a começar pela teoria do partido e dos intelectuais orgânicos.

Essa novidade tem algo de "escandaloso" porque não só afirma a historicidade integral de toda a filosofia como aplica essa "verdade" à própria filosofia da práxis, que, a despeito disso, não deixa de ser filosofia.

> Pensar uma afirmação filosófica como verdadeira num determinado período histórico, isto é, como expressão necessária e indissociável de uma determinada ação histórica, de uma determinada práxis, mas superada e "anulada" em um período posterior, sem porém cair no ceticismo e no relativismo moral e ideológico, ou seja, conceber a filosofia como historicidade, é uma operação mental um pouco árdua e difícil.[73]

Mas o aspecto ainda mais duro de aceitar é a aplicação de tal princípio a si mesmo:

> Como filosofia, o materialismo histórico afirma teoricamente que toda 'verdade' tida como eterna e absoluta tem origens práticas e representou ou representa um valor provisório. Mas o difícil é tornar compreensível 'praticamente' esta interpretação no que toca ao próprio materialismo histórico.[74]

Conceitualizar uma total imanência comporta a crítica de qualquer pressuposto espiritual ou material que se supõe transcender a historicidade, ou seja, as contradições, os conflitos e as divisões que marcam a existência histórica dos homens.[75] E esse princípio filosófico, constitutivo do novo pensamento, deve também ser aplicado à doutrina enunciada por Marx.

Por outro lado, Gramsci está também bastante ciente da acusação, formulada em particular pelos católicos, de "relativismo e ceticismo moral" contra os fundamentos historicistas do "neo-humanismo"[76] e oferece uma resposta em termos de crítica da ideologia e de um critério de objetividade e universalismo verificado sobre uma base histórica e através do "mesmo choque de opiniões discordantes".[77]

O problema a ser posto é outro: esta dada concepção moral tem em si as características de uma certa duração? Ou é mutável todos os dias ou dá origem, no mesmo grupo, à formulação da teoria da dupla verdade? Mais do que isso: com base nela se pode constituir uma elite que guie as multidões, as eduque e seja capaz de ser "exemplar"?[78]

Emerge aqui um conceito de hegemonia que não é só político, mas devido ao princípio da tradutibilidade das linguagens, é também filosófico, no sentido de que, em nível cognitivo, o compara ao grau de universalidade de uma determinada concepção de mundo; e também econômico, pois o mede sob o plano da quantidade, do maior número.

Se os homens tomam consciência de si mesmos e do mundo no terreno das ideologias, segue-se que nenhum âmbito está isento de condicionamentos ideológicos e que não existe uma consciência depositária da verdade. A dilatação da ideologia provocada pela filosofia da práxis exige, para evitar uma dramática queda no relativismo sem princípios, ser contrabalançada pela ancoragem em uma certa objetividade. Qual? O único critério identificado por Gramsci é o princípio da universalização, que é o seu modo de traduzir e implementar a indicação contida na II *Tese sobre Feuerbach*: "Na práxis, o homem deve experimentar a verdade, isto é, a realidade e o poder, o caráter imanente do seu pensamento". Assumir o critério da universalização pressupõe que se tenha como princípio e como finalidade a ideia da progressiva unificação da humanidade.[79] Para ser algo mais do que um apelo retórico ou hipócrita, o humanismo imanentista, tal como formulado por Gramsci, postula um fundamento diverso para a política diante de toda tradição ocidental (e não só): exige que seja a paz a fundá-la, e não a guerra.

A filosofia da práxis aparece, assim, como a via mestra para abordar a questão, para ele fundamental: como formar intelectuais orgânicos, isto é, intelectuais (organizadores, técnicos, políticos) permanentemente ligados à "vida" dos subalternos, ao mundo da produção e da reprodução, do trabalho nas suas diversas formas? Uma filosofia, portanto, que não reduza a política a uma esfera separada, como uma profissão particular ao lado de outras (as distinções crocianas ou o politeísmo de valores weberiano), mas que a entenda como organicamente conectada ao ciclo reprodutivo. É no círculo filosofia-política-história que se encontra o único antídoto contra a burocratização dos tempos normais (Sorel) e contra a "traição" dos dirigentes (a passagem em massa para o outro lado) nos períodos de crise. Só o enraizamento da função intelectual e especializada na paixão e nos interesses lhe assegura a orgânica e estável continuidade.

O marxismo, sucedendo a Marx, traiu a essência da doutrina que consiste em pensar a "unidade dialética" de intelectuais e massas, de espírito e matéria, de economia, política e filosofia, e dissolveu essa unidade nos seus componentes, de modo que a doutrina perdeu sua autonomia teórica. No plano prático, com a perda de autonomia, resulta que no Ocidente "os grandes intelectuais que se formam em seu terreno não são selecionados pelas classes populares, mas pelas classes tradicionais, aos quais retornam nas 'viradas' históricas ou permanecem com elas, o que impede seu desenvolvimento autônomo".[80] Enquanto no "Oriente" o recuo econômico-corporativo da revolução se manifesta na subalternidade do materialismo histórico em relação a uma concepção positivista da "ciência", como o *Ensaio* de Bukharin:

> [...] este é só um dos muitos elementos do *Ensaio Popular* que demonstram a abordagem superficial do problema do materialismo histórico, o de não ter sabido dar a essa concepção sua autonomia científica e a posição que merece em relação às ciências naturais ou [pior, N. da A.] àquele vago conceito de "ciência" que geralmente é próprio da concepção vulgar do povo.[81]

Esta seria, para Gramsci, a novidade absoluta representada pela filosofia da práxis, e os "novos intelectuais", ou seja, nascidos da nova situação histórica, deveriam ser seus arautos.

> Se os "novos" intelectuais se colocam como continuação direta da *intelligentzia* precedente, não são verdadeiramente "novos" [...] mas são um rebotalho conservador e fossilizado do grupo social historicamente superado (o que é o mesmo que dizer que a nova situação histórica ainda não atingiu o grau de desenvolvimento necessário para ter a capacidade de criar novas superestruturas, mas vive ainda no invólucro carcomido da velha história).[82]

Esclarece-se precisamente a natureza dos "novos intelectuais": não são funcionários do Estado ético, nem guias ético-políticos *à la* Croce, nem organizadores do Estado totalitário, mas "organizadores da vontade coletiva".

4.4 – Filosofia e religião

À diferença dos filósofos idealistas, de Kant a Croce, que mantêm firmes a separação entre razão e sentimento-paixão, entre o verdadeiro e o bom, ou entre aqueles que sabem e aqueles que têm fé, Gramsci aspira à unificação de toda a sociedade por meio de uma reforma moral e intelectual de massa. Uma reforma que permita superar o contraste entre a racionalidade do conhecimento filosófico e a positividade da fé religiosa. E é a ideologia que oferece o terreno para a possível convergência entre filosofia e religião.

No que diz respeito à religião positiva, Gramsci tem uma posição integralmente laicista, mas não partilha o credo iluminista. Ele não pensa que a nova época inaugura para a humanidade um caminho progressista e exclusivamente guiado pela racionalidade. A razão, por si só, não é capaz de governar a complexa obra de construção dos vínculos éticos da sociedade moderna: a filosofia não consegue saturar os aspectos emocionais, o "sentir" das massas populares, e este é um dado permanente que não pode ser superado historicamente. Se não é possível colocar a hipótese de uma sociedade constituída por indivíduos plena e exclusivamente racionais, a tarefa que Gramsci se propõe é sobretudo a de ultrapassar o fosso entre o *ethos* dos intelectuais, laico e racional, e o *ethos* popular, atravessado pela transcendência e pela superstição, a partir da ideia de uma reforma intelectual e moral, entendida como uma convergência progressiva de fé e saber, de crença e razão. De fato, ele está convencido de que a vida moderna não é capaz de esgotar toda dimensão afetiva de onde emana o sentimento religioso, nem mesmo sua *secularização*, por um lado, e a permanência de uma atividade *mítica*, por outro.[83]

Coloca-se inevitavelmente a pergunta: em que consiste o religioso, qual é o seu estatuto autônomo se, como vimos, demonstra estar conectado a algo de permanente e não historicamente superável?

A definição que Gramsci dá à religião, tomando-a de Croce – "uma concepção do mundo com uma ética adequada" –, significa que a uma visão racional da realidade é inerente um comportamento moralmente condizente. Essa caraterística o induz a distingui-la do mito (que Croce, pelo contrário, agrupa) e a aproximá-la da filosofia/ideologia. "Há uma certa diferença entre 'Religião' e 'Mitologia' e seria bom manter a distinção entre as duas palavras. A religião se tornou no Japão uma simples 'mitologia', ou seja, um elemento puramente 'artístico' ou 'folclórico', ou tem ainda o valor de uma concepção do mundo que ainda se mantém viva e operante?"[84]

Mas, numa nota quase contemporânea,[85] reitera sua perplexidade por chamar de religião uma fé que não tem um culto a uma divindade qualquer. Essa afirmação deixa transparecer que a redução da religião à ideologia revela alguma fragilidade na medida em que elimina o elemento específico do religioso, dado pelo culto-ritual de uma divindade, isto é, a representação "sensível" da relação entre o divino e o humano que evoca a constituição finita/infinita do homem. O próprio culto jacobino do "Ser Supremo", recordado em uma nota do Caderno 6, embora com alguma ênfase crítica, parece ser atribuível não tanto a uma "concepção do mundo com uma ética adequada", mas sobretudo a uma forma teológico-política.

Entretanto, mesmo adotando a definição crociana, Gramsci mantém a identificação entre religião e ideologia[86] e, ao contrário de Croce, não diferencia a filosofia da religião em termos de verdade e erro,[87] mas de luta entre fés, uma vez que a própria filosofia é atraída para o campo das ideologias, não se diferenciando pela qualidade (verdadeiro contra verossímil ou falsa), mas pela quantidade (maior capacidade de universalização).

Na realidade, a complexa e instável definição e colocação da religião nos sistemas filosóficos do neoidealismo italiano, e dos seus seguidores heréticos, também afeta Gramsci.

O neoidealismo, deixando de lado a grande sistematização histórico--conceitual de Hegel (a filosofia hegeliana reconcilia-se com a religião cristã na medida em que aceita a sua mediação entre o divino e o humano – o Cristo – na dialética entre o finito e o infinito), mostra dificuldades teóricas em manter o sentido e o papel da religião, apesar de não ser capaz de desistir completamente, como acontece com Gentile.[88]

Enquanto Gramsci, no limite da instabilidade conceitual, chega finalmente a uma equivalência radical entre religião, ideologia e política: "Mas por que chamar esta unidade de fé (entre uma concepção do mundo e uma norma de conduta condizente) de 'religião' e não lhe chamar 'ideologia' ou mesmo 'política'?".[89]

Nos *Cadernos* esboçam-se os traços de uma crença secularizada que se alimenta das profundas raízes cristãs da cultura, certamente, popular, mas também das classes cultas. A religião/ideologia cristã-católica participa do senso comum popular com aspectos positivos e negativos: estes últimos devem ser expulsos ou radicalmente modificados, enquanto os primeiros podem fazer parte do perfil da "reforma intelectual e moral". O trabalho de ordenação, tendo em vista o tipo de humanidade a se promover, é orientado pelos traços distintivos da concepção moderna da vida, que em Gramsci emerge de uma série de oposições: imanência *versus* transcendência; atividade *versus* passividade; ação produtiva *versus* teoria/contemplação; subjetivismo *versus* "realidade do mundo exterior", idealismo *versus* realismo. Devem ser salvaguardadas, na transposição secularizada, as ideias de igualdade e de unidade do gênero humano proclamadas pelo cristianismo primitivo, a liberdade afirmada pelo luteranismo e o "ascetismo intramundano" próprio do calvinismo, quer dizer, os elementos capazes de suscitar movimentos de energia ativa.[90] Devem, ao contrário, ser combatidas e vencidas as ideias de uma natureza humana criada e, portanto, imutável, e de uma realidade do mundo exterior que penetre no senso comum materialista das massas ateias ou não crentes,[91] provocando a passividade e a subalternidade. Trata-se daqueles condicionamentos opiáceos que são característicos do catolicismo. Do ponto de vista da conduta prática, "a religião pode conduzir a duas atitudes totalmente opostas: a ativa e progressista do cristianismo primitivo ou do protestantismo, ou a passiva e conservadora do cristianismo jesuíta".[92]

Por conseguinte, a religião não é automaticamente o "ópio do povo"; pode se tornar só quando, vencida por uma concepção do mundo superior, passar a impedir qualquer evolução.

Gramsci, portanto, não adota as posições rigorosamente ateias ou, melhor, anticristãs de Maquiavel ou Nietzsche, que consideram o cristianismo uma fonte de fraqueza e uma perversão das virtudes humanas; ele se limita a empreender uma crítica corrosiva no embate com o catolicismo.

A concepção moderna da vida subjacente à "reforma intelectual e moral" põe em questão uma visão correspondente do homem e do mundo. E Gramsci enfrenta diretamente ambos os temas: o da natureza humana e o da pretensa realidade do mundo exterior, que já discutimos.

O conceito de natureza humana[93] tem, a seu ver, dois aspectos críticos. O primeiro, partilhado pelo cristianismo, mas também pelo idealismo (este último, no entanto, não tem impacto no senso comum do povo, mas sim na cultura dos intelectuais),[94] postula um conceito de homem em geral, ignorando a divisão da humanidade em classes, enquanto o outro postula a imutabilidade histórica.

Para Gramsci, na esteira de Marx, não existe uma única natureza humana, ela é um mito, uma ideologia, enquanto os homens permanecerem divididos entre os que têm e os que não têm, quem comanda e quem obedece, quem sabe e quem não sabe, e, além disso, implica a pressuposição de um indivíduo abstrato, isolado das relações sociais e ancorado no mudo e a-histórico gênero biológico:

> A "natureza" do homem é o conjunto de relações sociais, que determina uma consciência historicamente definida; só esta consciência pode indicar o que é "natural" ou "contra a natureza". Além isso: o conjunto das relações sociais é contraditório a cada momento e está em contínuo desenvolvimento, de modo que a "natureza" do homem não é algo homogêneo para todos os homens em todos os tempos.[95]

Como se obtém o reconhecimento da objetividade, da necessidade, da naturalidade de um *ethos* para um grupo social subalterno? De acordo com Gramsci,

> É preciso, para isso, referir-se às relações técnicas de produção, a um determinado tipo de civilização econômica que, para ser desenvolvido, requer um determinado modo de viver, determinadas regras de conduta, um certo costume [...] jamais existiu outra universalidade além desta necessidade objetiva da técnica civil.[96]

A problematicidade da posição de Gramsci diz respeito ao paradoxal "reducionismo economicista" com a qual enfrenta o desafio de uma nova moralidade de massas que una povo e elite, ignorando a autonomia da esfera da reprodução e a dimensão simbólica ligada às relações humanas.

Mesmo o historicismo integral, que fluidifica aquele *quid* chamado "natureza humana", tornando-o absolutamente maleável pela ação técnico--científica, abre sérias questões sobre a dialética entre permanência e mudança no campo antropológico.

Permanece, contudo, em suspensão a pergunta sobre a consistência efetiva da dimensão religiosa que "resiste" à sua total absorção na cadeia de equivalência filosofia-ideologia-política.

No curso do desenvolvimento que imprimiu ao novo modo de pensar inaugurado por Marx, Gramsci se convenceu de que o materialismo histórico é um termo que cada vez mais cria mal-entendidos, que "confunde" as mentes,[97] enquanto um nome que dá melhor a ideia da nova unidade do espírito e da matéria, não colocada metafisicamente, mas concretamente desdobrada na história e pela história determinada, é "filosofia do ato impuro, filosofia da práxis".[98] E, mais tarde escreverá:

> Pode-se dizer que o fator econômico (entendido no sentido imediato e judaico do economicismo histórico) é tão somente um dos muitos modos sob os quais se apresenta o processo histórico mais profundo (fator de raça, religião, etc.), mas é este processo mais profundo que a filosofia da práxis quer explicar e, precisamente por isso, é uma filosofia, uma "antropologia", e não um simples cânone de investigação histórica.[99]

Notas

[1] Q. 16, p. 1858.

[2] Gramsci & Schucht, 1997, p. 791.

[3] Nesse contexto, de acordo com Gramsci, apenas Antonio Labriola reafirmou o ponto essencial da autonomia filosófica do marxismo: "Labriola distingue-se de um e de outros pela sua afirmação (nem sempre segura, para dizer a verdade) de que a filosofia da práxis é uma filosofia independente e original que tem em si os elementos de um desenvolvimento posterior para passar de uma interpretação da história a filosofia geral". Q. 16, p. 1.855.

[4] Em Viena, no período de permanência de Gramsci, transferiu-se a central do *Comintern*; o escritório onde ele trabalha está localizado no mesmo edifício do *Internationale Presse Korrespondenz* (*Inprekor*) dirigido pelo húngaro Julius Alpàri, para o qual ele mesmo, sob o pseudônimo Masci, escreve artigos sobre o fascismo na Itália. Sobre a estadia vienense de Gramsci é rico em informações o já citado Giasi, *Vita di Gramsci* (ver nota 45 do capítulo1; N. da T.); ver também Paris, 1969, pp. 29-44, que enfoca a "tríplice condenação" que afetou, no mesmo ano, as obras de Lukács, Korsch e Graziadei.

[5] "A dialética [para Lukács] não é uma normatividade objetiva independente dos homens, mas uma normatividade subjetiva dos homens." Boella, 1977, p. 63.

6   "Em geral, tanto na ciência da natureza quanto na ciência marxista da sociedade, a causalidade (ou interação) é uma força natural ou social originalmente operante que instaura uma certa relação recíproca entre os fenômenos, relação que é dada na realidade, não é modificável [...], por exemplo, [...] a lei marxiana da dependência entre o processo produtivo e o processo político ou espiritual das sociedades". *Idem*, p. 79.

7   *Idem*, p. 138.

8   Q. 4, p. 422.

9   Em maio de 1930, quando se iniciam os "Apontamento de Filosofia I", Gramsci também inicia, no Q. 7, a tradução de textos de Marx presentes numa antologia que tinha à disposição desde março: *Lohnarbeit und Kapital. Zur Judenfrage und andere Schriften aus der Frühzeit*, ausgewählt und eingeleitet von E. Drahn, Phil. Reclam jun., Leipzig [s.d.: mas a Introdução é de 1º de julho de 1919]. A ordem das traduções não reflete a da antologia, mas sobretudo a "hierarquia de valor em ordem decrescente" estabelecida por Gramsci no trabalho que está realizando de repensar o marxismo; ver Cospito, 2007, p. 26. Não é casual que, em primeiro lugar, vem a tradução das *Teses sobre Feuerbach*, que ocupa uma função essencial na formulação da filosofia da práxis enquanto desce do primeiro para o último lugar a melodia da *Sagrada família* com base no materialismo filosófico francês.

10   Bukharin, 1977.

11   Maltese, 2018, especialmente pp. 38-46. Leonardo Paggi enfatiza a concordância Gramsci-Bukharin, deixando de relevar a crítica posterior nos *Cadernos*: "não se trata da abertura de uma nova frente teórica, mas da continuação e do desenvolvimento de posições anteriores. [...] Em outras palavras, a filosofia bukariana é, para Gramsci, uma expressão sintomática de um problema muito maior que diz respeito ao modo de conceber e praticar politicamente o nexo entre continuidade e rutura no período de transição"; Paggi, 1984, pp. 364-365. Mas é o próprio Leonardo Paggi que argumenta que a distância em relação a Bukharin surge na visão do partido e nas formas de desenvolvimento do processo político global pós-outubro, uma vez que foi decisão de Bukharin, como novo presidente da Internacional, não enviar ao destinatário a famosa carta de 1926.

12   "A 'sociologia marxista' [o *Ensaio popular*] deveria estar para o marxismo como o livro de Bernheim está para o historicismo: uma coleção sistemática de critérios práticos de investigação e interpretação." Q. 4, p. 425. Sobre a referência de Gramsci ao *Manuale del metodo storico di Bernheim* ver Frosini, 2010, pp. 125 ss.

13   Q. 7, p. 877.

14   Cospito, 2011, pp. 40-59.

15   Na sua apresentação, proferida em francês, Lounatcharsky, 1931, pp. 370-381, Lounatcharsky traça um rápido esboço da "ciência europeia da arte" para, em seguida, destacar, nesse contexto, "o perfil de uma teoria da arte puramente marxista, da arte como fenômeno social, como força social, e das leis que regem a sua evolução" (tradução da autora) que os teóricos russos estão elaborando (p. 370). Depois de recordar as três grandes concepções burguesas da arte (kantiana, schelliniana e hegeliana, dedicando a esta última grandes reconhecimentos que parecem ecoar juízos da crítica estética lucacsiana) que coincidem com a fase ascendente do desenvolvimento burguês, detém-se na sua crise expressa pelo positivismo e pelo formalismo (em que inscreve também Croce) até as tendências contemporâneas de submeter a arte à propaganda reacionária. Na parte propositiva, citando amplamente Plekhanov e o seu herdeiro mais inovador V. M. Fritche, Lounatcharsky sintetiza assim a tarefa de uma sociologia da arte: "fixar a reprodução de tipologias artísticas, gêneros, temas, estilos em correspondência com as mesmas condições sociais ou com condições sociais semelhantes" (p. 379). A essa apresentação, Croce reagiu com uma intervenção noticiada num relato anônimo do Congresso, publicado num fascículo da revista *Nuova Italia*, n. 8, 1930, pp. 431-432. Pertici, 198, pp. 187-206.

[16] Gramsci recebe o volume em 31 agosto, como registra na carta a Tania do mesmo dia: "Hoje mesmo chegou o livro inglês *Scienza al bivio*". Gramsci & Schucht, 1997, p. 781.

[17] "O que há de especificamente novo nesse Croce – o seu reposicionamento a nível nacional e internacional para a batalha hegemônica na nova situação, especificamente pós-liberal – ainda permaneceu em segundo plano em 1930, enquanto ele se tornou objeto de reflexão a partir das notícias que chegavam de Oxford". Frosini, 2014, p. 6. A situação pós-liberal que menciona Frosini não se refere apenas ao fenômeno do fascismo, mas à crise do Estado-nação de que o discurso de Croce é o sintoma mais clamoroso, uma vez que, segundo a leitura de Gramsci, anuncia a "secessão" dos intelectuais do Estado.

[18] Q. 11, p. 1.395. Gramsci está se referindo à impressão que teve ao ler o artigo de Dmitrij P. Mirskij, "The Philosophical Discussion in the C.P.S.U. in 1930-1931", publicado no número de outubro de 1931 da revista *Labour Monthly*. Neste artigo se reconstitui a grande virada filosófica levada a cabo pelos jovens "bolcheviques" da filosofia (Mitin, Judin etc.), entre dezembro de 1929 e janeiro de 1931, contra os filósofos "dialéticos" reunidos em torno de Deborin, em nome de uma ligação mais estreita entre filosofia e ciência, de uma unidade mais estreita entre teoria e prática. Sobre toda a questão e as conexões polêmicas interpretativas ver Frosini, 2003, pp. 111-122; também Maltese, 2018, pp. 87-99.

[19] Q. 8, p. 1.042. Gramsci sente reaparecer, com a urgência de um problema de relevância política iminente, o tema da relação entre "estrutura e superestrutura": na URSS foi tomada a decisão de transformar a estrutura, isto é, as relações sociais de produção, com um esforço titânico (está bem informado sobre o novo Plano Quinquenal que decretou o fim da NEP e que está ganhando apreço mesmo fora da URSS); os modos de pensar e de agir parecem se adequar à fase econômico-corporativa, com a prevalência das necessidades imediatas da esfera econômica, da prática no seu sentido mais diretamente utilitário, como tinha acontecido no desenvolvimento da sociedade burguesa-capitalista. Mas a história não se repete do mesmo modo: para Gramsci, há uma diferença fundamental entre a época da revolução burguesa e a atual fase histórica, uma diferença que altera a relação entre teoria e prática, determinando uma forma diferente de colocar a questão política para os intelectuais. "O individualismo econômico da época precedente é também ele um fenômeno de estrutura [...]. O intelectual imediato do capitalismo era o 'industrial', o organizador da produção. Na economia de massa, a seleção dos indivíduos tem lugar no campo intelectual e não no campo econômico; a atividade principal é a unificação da prática e da teoria". Q.8, p. 1.042. Se é verdade, como pensa Gramsci, que a seleção, na economia "americanizada", tem lugar no "campo intelectual" – quer dizer, se os "quadros" da nova sociedade em formação não nascem diretamente da "estrutura" (fábrica, classe) mas, vindos de diferentes esferas sociais, são unificados pela "ideologia", pelo partido – então a teoria é decisiva. A qualidade dos tempos exige que a dialética de Reforma e Renascimento (dialética intelectuais/classes), que na era da revolução burguesa se estendeu por um intervalo de quase dois séculos, de Lutero à filosofia clássica alemã, hoje se contrai a ponto de coincidir temporalmente.

[20] No Q. 8, § 215, discutindo criticamente o *Ensaio*, faz referência "à memória apresentada no Congresso de história da ciência de Londres" (março de 1932). Não me convence o juízo conclusivo que Fabio Frosini, cuja análise e interpretações também compartilho, retira deste bloco de notas: "Estamos aqui no limiar da virada de 1932, porque pareceu a Gramsci identificar no presente da URSS exatamente aquela combinação de Reforma e Renascimento que pode ser a premissa para uma eliminação do hiato entre o fanatismo (a referência a Weber está nesta linha de reflexões já iniciadas anteriormente) e o racionalismo abstrato. Abre-se o espaço para uma intervenção não anacrônica da 'filosofia da práxis'". Frosini, 2014, p. 17. Na minha opinião, o que empurra Gramsci para o caminho da reformulação do marxismo é precisamente a consciência do recuo econômico-corporativo da URSS, que se projeta na Internacional, implicando a sua renúncia em desafiar hegemonicamente o adversário.

[21] Q. 8, p. 1.080.
[22] Q. 6, p. 690. Um esclarecimento sobre o conceito de ideologia em Croce e Gramsci. Croce, nos seus textos teóricos, em particular na *Filosofia della pratica*, tinha equiparado o ideológico ao útil, por isso as ideologias são elaborações diretamente funcionais à atividade prática e não têm qualquer relação com a dimensão teórica, ou seja, não têm valor cognitivo. Para Gramsci, a ideologia mostra, pelo contrário, a estreita ligação entre prática e teoria, na medida em que as ideologias têm um carácter gnoseológico, porque "os homens tomam consciência no terreno das ideologias" e, ao mesmo tempo, têm as suas raízes nos interesses e nas paixões.
[23] *Idem*, pp. 690-691.
[24] *Idem*, p. 691.
[25] *Idem, ibidem*
[26] Frosini, 2016, pp. 18 ss.
[27] Croce havia afirmado: "Vivendo um de nós, amantes da verdade, no século V ou VI, no tempo dos Godos ou dos Lombardos, teria escolhido o seu lugar ao lado de um Totila e de um Alboin, ou antes não de um Boécio e de um Gregório? – A estes últimos, que continuaram a tradição romana, e não aos que roubaram e massacraram com os godos e os mais fiéis [*sic*] lombardos, devemos o fato de terem deixado gradualmente de ser bárbaros e de, dando e recebendo, terem contribuído para gerar os italianos das Comunas e os do Renascimento". Croce, 1930, p. 409.
[28] "O grande intelectual [...] deve democratizar-se [...] o homem do Renascimento não é mais possível no mundo moderno, quando participam da história, ativa e diretamente, massas humanas cada vez maiores." Q. 6, p. 689.
[29] Q. 7, p. 851.
[30] Gramsci & Schucht, 1997, pp. 615-616.
[31] Frosini faz uma leitura diferente da presença de Croce nos *Cadernos* depois de Oxford: "Na passagem desses meses, se consuma definitivamente a avaliação da atividade de Croce como 'dissolutiva' do Estado, mas também, contextualmente, o juízo da primeira metade de 1930 sobre o fascismo como 'regressão corporativa'. Ao contrário, objetivamente, como teorização da revolução passiva, a historiografia croceana apoia o fascismo como tentativa de sair da crise de hegemonia de um modo não catastrófico [...]. O fascismo é o equivalente da Restauração pós-napoleônica e, objetivamente Croce, teorizando a revolução passiva como estratégia política liberal, favorece uma aproximação orgânica, em escala europeia, entre o liberalismo em crise e os movimentos populistas crescem e se afirmam em diversos países europeus". Frosini, 2012, pp. 141-162.
[32] Q. 7, p. 875, e também p. 877.
[33] Q. 11, p. 1.425.
[34] Sclocco, 2018-2019, p. 118. Em uma carta de 18 de maio de 1931, Gramsci escreve: "O que tranquiliza um pouco é que Júlia, como a maioria dos russos contemporâneos, tem uma grande fé na ciência, e com isso quero indicar uma fé de caráter quase religioso, o que nós, ocidentais, tivemos no final do século passado e depois perdemos através da crítica da filosofia mais moderna e, especialmente, através do desastre da democracia política". Gramsci & Schucht, 1997, p. 711.
[35] Sobre a peculiaridade do Q. 11, "o 'especial' mais orgânico e estruturado", segundo Francioni, 1987, p. 26. Sobe o tema da ciência nos *Cadernos* ver Cospito, 2008, pp. 747-765; também Musitelli, 2008.
[36] Q. 11, p. 1.455.
[37] "O defeito principal de todo o materialismo até hoje [...] é que o objeto [*Gegenstand*], a realidade, a sensibilidade, são concebidos apenas na forma do *objeto* [*Objekt*] ou da *intuição*; mas não como *atividade humana sensível, práxis*; não subjetivamente". Marx, 1986, p. 51.
[38] Q. 11, p. 1.456.

39 "A questão se do pensamento humano se espera uma verdade objetiva não é uma questão teórica, mas sim prática. Na práxis, o homem deve provar a verdade, ou seja, a realidade e o poder, o caráter imanente do seu pensamento". Marx, 1986, p. 51.

40 Q. 11, p. 1.458. "Mas se as verdades científicas também não são definitivas e peremptórias, a ciência também é uma categoria histórica, é um movimento em constante desenvolvimento". *Idem*, p. 1.456; daí a exigência vital, contra o fetichismo cientificista, de a ciência ser acompanhada da história da ciência.

41 *Idem*, p. 1.416; também no Q. 8, pp. 1.048-1.049; ver também Mustè, 2018, pp. 206-209.

42 Q. 11, p. 1.457.

43 Bukharin, 1977, p. 194.

44 Carta de 18 de abril de 1932, Gramsci & Schucht, 1997, p. 975.

45 Sobre o materialismo ver Q. 11, pp. 1.408 ss.

46 Inicialmente Gramsci afirma, no Q. 11, p. 1.410, que identidade de termos não quer dizer identidade de conceitos, mas depois prefere substituir a expressão materialismo histórico por filosofia da práxis.

47 *Idem*, p. 1.505, sobre "saber compreender e sentir" e sobre relação intelectual-povo-nação pode-se aproximar da nota sobre o partido como "filologia viva".

48 Boris Souvarine é o pseudônimo de Boris Lifschitz, revolucionário ucraniano naturalizado francês, membro do Partido Comunista Francês e seu representante na Executiva da Internacional durante os anos em que Gramsci também esteve em Moscou. Expulso do PCF em 1924, tinha fundado uma revista, *La Critique Sociale*, com fortes conotações antistalinistas. A necessidade de "haver uma Reforma e um Renascimento simultaneamente", Frosini a traduz na necessidade de "conectar imediatamente o plano quinquenal a um relançamento do debate teórico". Frosini, 2014, p. 16. Gramsci anota, em fevereiro de 1932: "pelo fato de que as forças econômicas estão essencialmente em operação, de que se reorganiza e se desenvolve o aparelho de produção econômica, de que se inova a estrutura, não se deve extrair como consequência que os fatos da superestrutura são abandonados a si mesmos, ao desenvolvimento espontâneo, à germinação casual e esporádica". Q. 8, p. 978.

49 Q. 7, pp. 891-892.

50 Sobre a URSS e o nexo Reforma e Renascimento ver acima nota 19.

51 "O que significa [...] o termo monismo? Certamente nem o materialista nem o idealista, mas identidade dos contrários no ato histórico concreto, isto é, atividade humana (história-espírito) em concreto, indissoluvelmente ligada a uma certa 'matéria' organizada (historicizada) [...]. Filosofia do ato [...] mas não do ato 'puro', antes precisamente do ato 'impuro'". Q. 11, p. 1.492.

52 Sobre o tema ver Cospito, 2019, pp. 213-226, que reconstrui a gênese e o desenvolvimento da literatura mais significativa. Sobre a distinção entre tradutibilidade em sentido geral e em sentido restrito ver Boothman, 2004, pp. 61 ss.

53 "Na nota 1 do Q. 7 manifesta-se contra o ataque claríssimo feito por Croce no Congresso Filosófico de Oxford contra o materialismo histórico [...] na qual, ao contrário, Gramsci realça o 'princípio da tradutibilidade recíproca' a 'elemento 'crítico' inerente ao materialismo histórico'. A tradutibilidade recíproca dos conhecimentos e dos campos da realidade exprime justamente 'a unidade do processo do real', segundo os termos tomados diretamente de Croce e voltados contra ele na parte final da nota [...]. Pode-se então avançar a hipótese de que a tradução-tradutibilidade é, no coração do marxismo gramsciano, um dos principais instrumentos que permitem pegar no contrapé essa forma de esperanto filosófico que é o materialismo positivista e naturalista à la Bukharin"; Descendre & Zancarini, 2016, pp. 49-54 (tradução minha).

54 Q. 11, p. 1.473.

55 *Idem*, p. 1.468.

56 *Idem*, p. 1.492.

[57] "Em 1921: questões de organização. Vilici diz e escreve: 'não soubemos 'traduzir' em língua europeia nossa língua'", Q. 7, p. 854; mas ver também Q. 11, § 48.

[58] "Apresenta-se uma questão teórica fundamental, a esse respeito: a teoria moderna pode estar em oposição aos sentimentos 'espontâneos' das massas? [...] Não pode estar em oposição: há entre eles uma diferença 'quantitativa', de grau, não de qualidade [...] recordar a afirmação de Marx na *Sagrada Família* de que as fórmulas da política francesa da Revolução se reduzem aos princípios da filosofia clássica alemã". Q. 3, pp. 330-331.

[59] Marx & Engels, 1972, p. 47.

[60] Q. 11, p. 1.468.

[61] Descendre & Zancarini, 2016, p. 55.

[62] Q. 11, p. 1.410.

[63] Q. 4, p. 433. "A filosofia da práxis nasceu sob a forma de aforismos e de critérios práticos por mero acaso, porque o seu fundador dedicou as suas energias intelectuais a outros problemas, especialmente econômicos (de forma sistemática): mas nestes critérios práticos e aforismos está implícita toda uma concepção de mundo, uma filosofia". Q. 11, p. 1.432.

[64] Ver item 4.1.

[65] Q. 10, p. 1.221.

[66] Q. 11, p. 1.487.

[67] Q. 8, p. 1.079. "O que é relevante é que nasce um novo modo de conceber o mundo e o homem, e que tal concepção não é mais reservada aos grandes intelectuais, mas tende a se tornar popular, de massa, com um caráter concretamente mundial [...]. O imanentismo hegeliano se torna historicismo; mas é historicismo absoluto só com a filosofia da práxis, historicismo absoluto ou humanismo absoluto". Q. 15, pp. 1.826-1.827. Mustè comenta a superação do especulativo nesses termos: "a expressão 'forma especulativa', contraposta a 'interpretação histórica', indica a separação do pensamento do ser, da ideia da realidade, da forma do conteúdo, num processo inverso em relação àquele projetado pela dialética hegeliana". Mustè, 2018, p. 203. O especulativo, tal como o ditatorial, não me parece comportar a separação de pensamento e ser, de forma e conteúdo, tanto quanto, sobretudo, a absolutização do conceito.

[68] "Entre estrutura e superestrutura há um nexo necessário e vital, assim como no corpo humano entre pele e esqueleto". Q. 4, p. 437. Sobre o uso do conceito de "bloco histórico", ao lado ou em substituição da metáfora estrutura/superestrutura, e sua evolução ver Cospito, 2011, pp. 218 ss. A virada ocorre durante 1932, ano em que "se assistirá, antes da 'explosão' do emprego de *bloco histórico* [...] portanto, o seu definitivo abandono, ao menos no que se refere ao seu uso 'teórico'". *Idem*, pp. 221-222.

[69] Q. 7, p. 869.

[70] Contra o bizantinismo das "Teses de Roma" de Bordiga, que o levaram a ser comparado a Croce, escreve: "Em suma, sempre deve vigorar o princípio de que as ideias não nascem de outras ideias, que as filosofias não são parteiras de outras filosofias, mas que são a expressão sempre renovada de um desenvolvimento histórico real". Q. 9, pp. 1.133-1.134.

[71] Q. 7, p. 854.

[72] Q. 13, pp. 1.578-1.579.

[73] Q. 11, p. 1.402.

[74] Q. 4, p. 465.

[75] "Não se pode falar de 'Espírito' quando a sociedade se compõe de grupos, sem concluir necessariamente que se trata do 'espírito' de um grupo particular (coisa implicitamente reconhecida quando, como faz Gentile – [...] se diz [...] que a religião é a filosofia da multidão enquanto a filosofia é a religião dos eleitos – isto é, dos grandes intelectuais)". *Idem*, pp. 465-466.

[76] "Recordar que, precisamente, na *Sagrada Família*, a expressão 'humanismo' é empregada no mesmo sentido que em Gioberti – como não de transcendência – e que 'neo-humanismo' era o que o autor queria chamar a sua filosofia". Q. 17, p. 1.922.

[77] Q. 16, p. 1.879.
[78] *Idem*, p. 1.877.
[79] "É certo que toda a forma de pensamento deve considerar a si mesma como 'exata' e 'verdadeira' e combater as outras formas de pensamento; mas isto 'criticamente' […]. A filosofia da práxis, reduzindo a 'especulatividade' aos seus justos limites (isto é, negando que a 'especulatividade', como a entendem inclusive os historicistas do idealismo, seja o caráter essencial da filosofia), parece ser a metodologia histórica mais aderente à realidade e à verdade". Q. 11, p. 1.467.
[80] Q. 4, p. 425. "Pode-se observar […] que as correntes que tentaram combinações da filosofia da práxis com as tendências idealistas são, numa parte muito grande, de intelectuais 'puros', ao passo que aquela que constituiu a ortodoxia era de personalidades intelectuais mais acentuadamente dedicadas à atividade prática e, portanto, mais ligadas (com laços mais ou menos extrínsecos) às grandes massas populares (o que, de resto, não impediu a maioria de fazer piruetas históricas e políticas de não pouca monta)". Q. 16, p. 1.855. A referência a Mussolini parece-me transparente, bem como a passagem maciça de dirigentes do movimento operário para o fascismo.
[81] Q. 4, p. 444.
[82] Q. 11, p. 1.407. Uma das mais límpidas afirmações de que a URSS está ainda na fase econômico-corporativa e não é capaz de enfrentar e resolver a contradição da época de forma expansiva, como os Estados Unidos, que não elaboraram superestruturas adequadas ao americanismo (para que isso aconteça, ainda que de forma limitada, será necessário esperar pela intervenção da cultura europeia, que virá com a chegada maciça de intelectuais judeus fugidos do nazifascismo).
[83] No sentido da transposição de valores religiosos para a esfera secular, Gramsci tende a compartilhar a abordagem de Durkheim do processo de secularização, e não a de Weber para nos referirmos às duas grandes correntes interpretativas da relação entre religião e modernização ou racionalização. Quanto ao *mito*, remeto para o Capítulo 6 deste livro.
[84] Q. 5, pp. 579-580.
[85] Mencionando essa definição de religião, ou seja, "um conjunto de escrúpulos (tabus) que obstaculizam o livre exercício das nossas faculdades", Gramsci comenta: "Esta definição é excessivamente ampla e pode englobar não só as religiões, mas também qualquer ideologia social que tenda a tornar possível a convivência […]. Seria também necessário ver se uma fé pode ser chamada de 'religião' se não tiver como objeto um deus pessoal, mas só forças impessoais e indeterminadas. No mundo moderno, abusa-se das palavras 'religião' e 'religioso', atribuindo-as a sentimentos que nada têm a ver com religiões positivas. Também o puro 'teísmo' não deve ser considerado como uma religião; falta-lhe o culto, isto é, uma relação determinada entre o homem e a divindade". Q. 6, pp. 715-716.
[86] Portelli, 1976.
[87] "Uma vez que, portanto, a religião é idêntica ao mito, e o mito não se distingue da filosofia por nenhum caráter positivo, mas somente como uma filosofia falaciosa se distingue da verdadeira […], deve-se afirmar que a filosofia é a verdadeira religião […]. Quando a religião não se dissolve na filosofia, e quer persistir ao lado dela ou tomar o seu lugar, revela-se como um erro efetivo […]. Mas é próprio de toda a forma de erro a impossibilidade de perdurar perante a luz da verdade". Croce, 1958, pp. 286-287.
[88] "Deus e o pensamento são, portanto, representados como os dois polos opostos da vida, igualmente necessários, igualmente essenciais, mas opostos e contraditórios". Gentile, 1928, p. 157. "Quando o homem sente que tem diante de si tudo e em si nada […] ele vive religiosamente […]. Discernimento, escolha, oposição ao erro, afirmação ou apropriação, no qual o sujeito se põe como fundamento da própria verdade". *Idem*, pp. 152 e 155.
[89] Q. 11, p. 1.378.
[90] Q. 16, p. 1.859.

91 O maior exemplo é o Manual de Bukharin.
92 Portelli, 1976, p. 42.
93 Sobre a sua ideia de natureza humana é importante ter presente a sua leitura (com tradução) da VI "Tese sobre Feuerbach": "Feuerbach resolve a essência religiosa na essência humana. Mas a realidade humana não é uma abstração imanente no indivíduo. Na sua realidade está o conjunto das relações sociais. F., que não aceita a crítica desta natureza real, é portanto forçado: a) fazer abstração do curso da história, a estabelecer para si um sentimento religioso, a pressupor um indivíduo abstrato e isolado; b) nele, portanto, a natureza humana somente pode ser concebida como uma 'espécie', como uma generalidade interna, muda, que une apenas naturalmente a multiplicidade dos indivíduos". Gramsci, 2007, p. 744.
94 Q. 10, p. 1.250.
95 Q. 16, p. 1.874.
96 Idem, pp. 1.875-1.876.
97 "Eu creio que, na ciência, quando se encontra alguma coisa verdadeiramente nova, é necessário atribuir-lhe um vocábulo inteiramente novo, a fim de que a ideia se mantenha precisa e distinta. Se derem um novo significado a um velho vocábulo, ainda que professem que a antiga ideia ligada àquela palavra nada tem em comum com a nova ideia que lhe é atribuída, as mentes humanas jamais podem deixar de supor que não existam semelhanças e conexões entre a antiga e a nova ideia; isto confunde a ciência e produz depois disputas inúteis". Q. 4, pp. 452-453.
98 Idem, p. 455.
99 Q. 17, p. 1.917.

5

Maquiavel e César – do Estado-nação ao cosmopolitismo de novo tipo

5.1 – O CASO ITALIANO

À medida que as notas avançam, Gramsci vai compondo a imagem do sujeito da modernidade, o Estado-nação, na sua dimensão "ampliada", hegemônica. O seu interesse não se dirige à instituição soberana que detém o monopólio da força militar, política e jurídica – a máquina de dominação de classe, cuja crítica ocupou grande parte da literatura marxista, a começar pelos seus fundadores. O que merece ser investigado e compreendido, a seu ver, por sua novidade em relação a todas as outras formas de poder político, é a capacidade de criar consensos, incorporando e articulando funções intelectuais na sociedade civil, da escola ao mercado, dos partidos às igrejas, aos órgãos de opinião pública. Gramsci ilustra e tipifica essas esferas, tomadas individualmente, através dos âmbitos específicos de conhecimento que as informam: a política jurídico--institucional de perfil franco-napoleônica (Constituições e códigos), a economia política inglesa e a filosofia idealista alemã. No seu conjunto, compõem, por definição, a mesmíssima temporalidade, a mesmíssima formação econômico-social: a sociedade (civil e política) burguesa, que se impôs, com a Revolução Francesa a toda a Europa continental, segundo ritmos e modos diferentes.[1] Nos *Cadernos*, Gramsci passa em revista as várias experiências nacionais – detendo-se em particular na italiana – por meio das quais a relação França-Europa se desenvolveu durante o século XIX, fazendo nascer uma história concretamente mundial.

143

A dialética Reforma-Renascimento, como já vimos, presente na reflexão sobre a URSS, foi originalmente modelada na história de longa duração da nação italiana estudada por Gramsci, a fim de elucidar as características distintivas dos seus intelectuais.[2]

As comunas tinham sido os primeiros centros a gerar o esplêndido florescimento da civilização moderna e delas haviam partido as mais extraordinárias manifestações das ciências e das artes europeias. Mas o pleno amadurecimento cultural e cívico que teve lugar durante o Renascimento foi acompanhado pela decadência política, pela perda de liberdade e pela subordinação da península às novas potências estatais que estavam se formando na Europa.

Seguindo em parte o diagnóstico de De Sanctis sobre o divórcio então produzido entre ciência, arte e vida, sobre o bloqueio da dialética Renascimento-Reforma, Gramsci atribui a decadência italiana à malograda "ida ao povo" por parte dos intelectuais, à ausência de uma reforma não só religiosa, mas também econômico-social. Substancialmente, culpa as classes cultas por terem se "retirado", deixando à Igreja Católica o monopólio da sociedade civil.

É o ritmo Reforma-Renascimento que assegura que o processo de nacionalização dos intelectuais e das massas se traduza na formação do moderno Estado nacional, que, por sua vez, é a garantia do pleno florescimento da nova cultura.[3]

A trajetória italiana caracteriza-se, na visão de Gramsci, pela persistente incapacidade das classes urbanas de estabelecerem uma relação hegemônica com o campo, de "nacionalizarem" os camponeses por meio da comunhão da língua, da religião (as igrejas nacionais) e do mercado, que é precisamente a tarefa empreendida pelas burguesias nacionais em formação.

Já salientamos como Gramsci, para compreender a paradoxalidade da história italiana, tomada como esplendor e decadência, segue a trilha da história singular de seus intelectuais, que se mantiveram cosmopolitas enquanto as nações europeias se estruturavam. Ele lê na permanência desse traço pré-moderno a influente presença e a ação do Papado, cujo universalismo católico impede ou retarda uma deriva em chave nacional para sua cultura. No entanto, Gramsci está consciente de que a influência da Igreja não é suficiente para explicar a profundidade e a duração dessa questão e recua no tempo para descobrir as suas raízes na história de Roma. Foi a escolha "imperial" de César que atribuiu à península Itálica um destino de desnacionalização, cosmopolita, cooptando os seus melhores filhos para os circuitos da burocracia imperial, desenraizando-os das questões da sua própria terra, privando assim o território itálico das mediações necessárias para dotá-lo de uma perspectiva "nacional".[4]

Na retícula de imagens e categorias que atravessam as notas, César assume assim a figuração simbólica desse traço morfológico da história italiana e dos seus intelectuais, enquanto Maquiavel encarna seu potente antagonista. Da sua meditação sobre a história de longa duração da Itália, Gramsci extraiu duas figuras-conceito: César, expressão do cosmopolitismo, e Maquiavel, teórico do Estado moderno. O primeiro permanece em segundo plano durante muito tempo, apontando o paradoxal atraso da nação italiana na época dos Estados nacionais, para depois retomar consistência histórica em algumas passagens brilhantes, abertas ao futuro, nas últimas notas dos *Cadernos*. O outro é, ao contrário, presença fortíssima e difusa, abre uma via que Gramsci explora em profundidade, iluminando a grandiosa empresa da burguesia que cristalizou sua hegemonia no Estado-nação.

No percurso que se deslinda entre as comunas italianas até o Estado liberal do século XIX e sua crise, acompanhado por Maquiavel, pelos jacobinos, por Ricardo, Hegel, Croce, ele toma cada vez mais consciência do enorme reservatório civil, cultural e político condensado na forma do Estado moderno e, por análise diferencial, das taras de longa data que afligem o Estado-nação italiano surgido no Risorgimento.[5]

> O Estado é, de fato, concebido como um organismo próprio de um grupo, destinado a criar as condições favoráveis à expansão máxima desse grupo, mas este desenvolvimento e esta expansão são concebidos e apresentados como a força motriz de uma expansão universal, de um desenvolvimento de todas as energias "nacionais", isto é, o grupo dominante é coordenado concretamente com os interesses gerais dos grupos subordinados e a vida do Estado é concebida como uma contínua formação e superação de equilíbrios instáveis.[6]

E a partir de uma compreensão cada vez mais lúcida, que adquiriu da dinâmica hegemônica própria do Estado "ampliado", Gramsci se torna ainda mais consciente das fragilidades e insuficiências do movimento operário, cuja constituição política e teórica não lhe parecia corresponder às necessidades da época: dar uma saída progressista à crise do Estado que explodiu com a guerra.

5.2 – A CRISE ORGÂNICA

Reagindo às análises da queda da bolsa de 1929 que se acumulavam nos jornais e revistas, Gramsci começou a delinear sua visão da "crise orgânica".[7]

O americanismo, de um lado, e o bolchevismo, de outro, já tinham modificado o terreno de disputa da hegemonia, que não era mais territorial, mas econômico-financeiro para o primeiro e "planificador" para o segundo. Também a tentativa de resposta fascista e nacionalista é seguida por Gramsci com grande atenção, embora ele a considere anacrônica, produto de uma *revanche* colonialista absolutamente fora do tempo.[8] Para Gramsci, foi ficando cada vez mais claro que nem mesmo essas experiências – cada uma, de maneira diferente, mais avançada do que a Europa nacional-liberal e fascista – eram capazes de fechar a lacuna conflitual que se abrira entre uma economia que se estendia numa rede transnacional e uma política que recuava cada vez mais para uma dimensão nacional ou mesmo agressivamente nacionalista.

Nos *Cadernos*, portanto, a reconstrução da gênese e do desenvolvimento do Estado moderno se entrelaça com a análise do bloqueio da sua expansividade como manifestação de uma crise de natureza "orgânica", iniciada na "era do imperialismo" e que explodiu com a Primeira Guerra Mundial.

A definição de "orgânica" aplicada à crise assinala a emergência de mudanças sistêmicas profundas, mas não necessariamente catastróficas. À diferença da concepção terceiro-internacionalista, segundo a qual a crise orgânica se distingue da crise conjuntural porque ativa a tendência "catastrófica" do desenvolvimento capitalista, Gramsci considera que, com a guerra, se tornou manifesta a assimetria entre política e economia. Produziu-se uma crise de hegemonia que afetou a capacidade dos Estados de mediar e governar a lógica de desenvolvimento do mercado capitalista mundial, ao mesmo tempo que desencadeou tentativas de "reforma" do paradigma liberal dominante.

A sustentar a formulação não catastrofista da análise está sua visão da especificidade da política moderna, fundada na conexão "democrática" de razão e vida,[9] a mesma visão que o leva a elaborar o conceito de "revolução passiva" em vez de recorrer à alternativa "socialismo ou barbárie".[10]

A tendência inteiramente moderna de conectar econômico-passional e racionalidade é tão potente, na avaliação de Gramsci, que está na origem das permanentes conquistas do imanentismo, do pensamento crítico e do espírito científico,[11] o que impediu a implosão catastrófica da civilização moderna, abrindo caminho para o desenvolvimento da democracia para além da forma estatal.

A concepção de democracia desenvolvida nos *Cadernos* depende, então, do núcleo histórico-realista expresso pelo conceito de hegemonia, como se afirma numa nota do Caderno 8:

> Entre os muitos significados de democracia, parece-me que o mais realista e concreto se possa deduzir em conexão com o conceito de hegemonia. No sistema hegemônico, existe democracia entre o grupo dirigente e os grupos dirigidos, na medida em que [o desenvolvimento da economia e, portanto,] a legislação [que exprime esse desenvolvimento] favorecem a passagem [molecular] dos grupos dirigidos para o grupo dirigente.[12]

O itinerário histórico-morfológico percorrido por Gramsci desenrola-se, assim, em um duplo nível: do desenvolvimento da hegemonia estatal-nacional, em conjunto com sua crise, e do que se pode fixar emblematicamente na transição da *territorialidade nacional para o industrialismo de projeção mundial*. Para dizê-lo de maneira menos elíptica, Gramsci acompanha a análise histórico-crítica das conquistas do Estado moderno – que tem na dimensão territorial o seu elemento distintivo – com a diagnose da sua deformação. As linhas de fratura são determinadas no conflito cada vez mais agudo entre os intensos processos de nacionalização das massas (que comportam o alargamento das bases do Estado com a consequente politização massiva de novos estratos sociais) e a dinâmica globalista do capital (entendido como relação histórico-social) que se desenrola para além das fronteiras nacionais. A primeira linha, classificada sob o nome de "fenômeno sindical", é investigada, após a derrota da revolução no Ocidente, nas formas da revolução passiva do americanismo e do fascismo, mas também através da experiência da Rússia soviética. A segunda passa pela relação entre política e economia e, embora esteja indubitavelmente ligada à primeira, diverge dela na sua dinâmica. Trata-se do conflito entre o nacionalismo político e o cosmopolitismo econômico, que não esmaga só a específica forma liberal do Estado (afetada também pelo fenômeno sindical), mas a dimensão territorial-nacional da política, ou seja, o Estado-nação como tal.[13]

5.3 – Fenômeno sindical e revolução passiva

> A guerra de 14-18 representa uma fratura histórica, no sentido de que toda uma série de questões que se acumulavam molecularmente antes de 1914 se "amontoaram" de fato, modificando a estrutura geral do processo anterior: basta pensar na importância que assumiu o fenômeno sindical, termo geral em que se combinam vários problemas e processos de desenvolvimento de importância e significado diferentes (parlamentarismo, organização industrial, democracia, liberalismo, etc.), mas que, objetivamente, reflete o fato de que uma nova força social se constituiu, tem um peso não desprezível, etc., etc.[14]

Como ilustra o excerto que acabamos de citar, a Primeira Guerra Mundial se reveste, nos *Cadernos*, de um valor periodizante no plano histórico, mas tem também um estatuto "conceitual", pois constitui uma espécie de equivalente da França revolucionária e napoleônica no desencadear de processos de revolução passiva ou de Revolução/Restauração como os que na primeira metade do século XIX atravessaram o continente europeu.

> Parece, em vez disso, que o aspecto mais importante a ser estudado seja este que se chamou de 'revolução passiva', problema que não aparece nitidamente porque falta um paralelismo exterior à França de 1789-1815. E, no entanto, todos reconhecem que a guerra de 1914-1918 representa uma fratura histórica.[15]

A guerra é o acontecimento "revolucionário" que abre uma fase de "crise orgânica", de guerras de movimento, de guerras de posição e de "revoluções passivas",[16] que não se sabe a duração, por meio das quais as classes dominantes tradicionais se dão conta de que "uma força se constituiu, tem um peso não desprezível, etc. etc.", mas que não se revelou capaz de conduzir o processo de fundação de uma nova civilização. Ao fazer da Primeira Guerra Mundial o equivalente anômalo da Revolução Francesa e da expansão napoleônica pela Europa, Gramsci retira do *Outubro* seu caráter de periodização, enquanto o inclui entre os processos moleculares que se "acumularam" com a guerra, e, ao mesmo tempo, interpreta os fenômenos histórico-políticos que se afirmaram durante e depois do conflito em termos de revolução passiva, como o americanismo e o fascismo.

Com a guerra se chega, portanto, à plena maturação de uma série de processos que, originados do aparecimento de um novo ator político--social – o movimento operário organizado em sindicatos e partidos –, levaram à deformação e à crise do Estado de direito liberal. Sob a designação de "fenômenos sindicais", Gramsci sintetiza o grande número de transformações que, de 1870 em diante, alteraram profundamente, nas sociedades europeias, a economia, a política e as relações entre elas, a ponto de colocar em questão os traços constitutivos do próprio Estado. O ano de 1870 foi um divisor de águas, pois sanciona, com a guerra franco-prussiana, a crise do sistema de equilíbrio entre os Estados europeus e, com a Comuna de Paris, o nascimento de um novo sujeito político. A novidade mais evidente que representa isso é o fato de que o território deixou de ser a base exclusiva da sua existência social (como o era para o campesinato). Por isso Gramsci define "nova força" a "um grupo social não apenas francês ou alemão, mas europeu e mundial".[17] Esse grupo, dada a sua vocação para estabelecer "uma economia segundo um plano mundial", está em busca de formas inéditas de democracia e de representação que tenham "na organização industrial", na vida produtiva, sua ancoragem.

Formas e instituições novas entram assim em rota de colisão com a estrutura liberal do Estado que separa claramente economia e política, que se apoia na exclusiva representação individual e que contempla apenas partidos parlamentares de notáveis e não partidos de massas organizados em torno de programas. A combinação desses processos e de muitíssimas sedimentações sobrepostas por dois séculos, e que se "acumularam"[18] durante a guerra, encontra no pós-guerra um desbloqueio nas transformações induzidas pelas revoluções passivas, embora, como escreve Charles Maier, as classes dominantes pensassem estar restaurando a velha ordem.[19]

Portanto, a análise da crise, dos seus desenvolvimentos e efeitos, é conduzida por Gramsci com a sinalização do conceito de "revolução passiva", que aparece em todo o seu significado teórico e histórico na nota 59 do Caderno 15 (junho-julho de 1933) já citado, embora ele tenha o cuidado de esclarecer que

> [...] a concepção permanece dialética, isto é, pressupõe, ou melhor, postula como necessária, uma antítese vigorosa e que ponha intransigentemente em campo todas as suas possibilidades de explicitação. Portanto, não teoria da "revolução passiva" como programa [...] mas como critério de interpretação na ausência de outros elementos ativos de modo dominante [...]. Parece que a teoria da revolução passiva é um corolário crítico necessário da *Introdução à Crítica da Economia Política*.[20]

Para confirmar o caráter nada mecânico ou fatalista da sua concepção, Gramsci evoca Marx e os princípios fundamentais da ciência política extraídos da *Introdução*: "1) que nenhuma formação social desaparece enquanto as forças produtivas que nela se desenvolveram ainda encontrarem lugar para um novo movimento progressivo; 2) que a sociedade não se põe tarefas para cuja solução já não tenham germinado as condições necessárias, etc.".[21]

E é nesse contexto metodológico que estão colocadas as notas sobre o americanismo e o fordismo, assim como aquelas que dizem respeito ao fascismo. O americanismo e o fascismo manifestam diferentes modalidades de "movimento ulterior" das forças produtivas existentes, cujo caráter "progressivo" Gramsci avaliará, no caso do fascismo, com grande cautela. Ambos expressam o fato de que, na ausência de "elementos ativos dominantes", as transformações necessárias ocorrem de qualquer modo, embora guiadas pela velha lógica proprietária. O pedido político de Gramsci vai na direção de não as sofrer passivamente, mas a tomar nota delas, assumindo uma posição de "antítese vigorosa", destacando assim os fenômenos que estão modificando a própria base do exercício da hegemonia. Na América, para fazer frente à queda tendencial da taxa de lucro,[22] estão em curso processos de racionalização, impostos pela subordinação-absorção das rendas fundiárias e financeiras pelo capital produtivo e pela combinação entre tecnologia científica e a grande empresa capitalista.[23] Na URSS, está se desenvolvendo uma tentativa tosca, ainda econômico-corporativa, de uma economia regulada por meio dos Sovietes, enquanto na Itália o fascismo se debate com a experiência da organização corporativa. Todos esses fenômenos assinalam a passagem epocal do "território", lugar da relação entre classes urbanas e classes rurais, entre cidade e campo, e de instalação do Estado moderno, para a "fábrica", um termo que alude a um lugar aberto às relações e às trocas do mercado mundial.

> Pode-se dizer, genericamente, que o americanismo e o fordismo resultam da necessidade imanente de chegar à organização de uma economia programática [...]. Que uma tentativa progressista seja iniciada por uma ou outra força social não é algo sem consequências fundamentais: as forças subalternas, que deveriam ser "manipuladas" e racionalizadas, de acordo com as novas metas, necessariamente resistem. Mas resistem também alguns setores das forças dominantes.[24]

Para uma progressiva focalização da contradição da época, são úteis algumas leituras presentes nos "Cadernos miscelâneos" 1, 2 e 3, importantes também para o delineamento das características do americanismo. Em muitas dessas notas, escritas entre maio e novembro de 1930, ele retoma artigos principalmente da *Nuova Antologia*, acompanhando-os com os seus próprios comentários. Chama-lhe particularmente a atenção um artigo de Giuseppe Paratore que ilustra as contradições do pós-guerra[25] e um de Lodovico Luccioli sobre a política aduaneira dos Estados Unidos.[26]

A racionalização que exerce a hegemonia a partir da "fábrica", de marca americana, coloca em questão o nexo entre o territorial e o nacional, base na qual o poder hegemônico do Estado europeu havia crescido e estabelece um novo terreno de luta pela hegemonia, tanto no interior dos Estados como na arena mundial.[27]

Ao analisar o fenômeno do americanismo, Gramsci exalta repetidamente a sua força "racionalizadora", que, reconduzida ao seu núcleo essencial, consiste na simplificação de todo o complexo de superestruturas. "O fenômeno das 'massas' [...] não é mais do que a forma desse tipo de sociedade racionalizada, na qual a "estrutura" domina mais imediatamente as superestruturas e estas são "racionalizadas" (simplificadas e reduzidas em número)".[28]

Do americanismo, sublinha positivamente a nova base a partir da qual a hegemonia pode se desenvolver, eliminando os elementos arcaicos, parasitários, ligados à renda fundiária, à terra-território,[29] simplificando inteiramente o sistema de superestruturas.

Um novo tipo de homem,[30] a questão sexual,[31] os altos salários, que recordam a força marcante do mercado e do consumo, são os vários aspectos do americanismo que pretendem impor regras e ordenamentos mais complexos às formas coletivas de vida.[32] No plano interno, trata-se de estar à altura dessa verdadeira "mutação antropológica" produzida pelos novos métodos de produção e de consumo que Gramsci, à diferença de tantos protagonistas da cultura da crise do entreguerras, não demoniza, mas considera como pressuposto de uma reforma intelectual e moral.

O "industrialismo" provoca um processo de tomada de consciência, de disciplina e de regulação pela via "privada", e envolve sujeitos e esferas de vida que a longa história político-estatal havia programaticamente excluído, a começar pela esfera doméstico-familiar e pelas mulheres, que são os seus sujeitos.

A meu ver, se explica, desse modo, a presença insistente no Caderno 22 de reflexões sobre a chamada "questão sexual". Não se trata apenas, como geralmente se tende a interpretar, de uma tendência gramsciana para o "produtivismo ascético", mas da constatação crítica de que no industrialismo se rompe uma certa ordem entre os sexos (patriarcado), de que a dimensão "privada", familiar, começa a ter importância econômico--social e a cena histórica é povoada por novas figuras e novos problemas. A conclusão que fundamentalmente se pode tirar é que a difusão do americanismo abre um fosso, tendencialmente conflitivo, entre o "territorial" e o "industrial", assinalando assim a crise de identidade do político e do estatal.

Mesmo do ponto de vista das relações internacionais, o americanismo marca o fim do desenvolvimento militar e colonial do capitalismo; de fato, não é mais a ocupação militar de territórios e sua exploração colonial que asseguram a supremacia mundial, mas a potencialidade produtiva e a força do mercado.[33]

A expansividade do modelo de industrialismo dos Estados Unidos, não mais ancorado em limitações territoriais, encontra na dimensão supranacional o seu desbloqueio fisiológico, impulsionando a conquista da hegemonia política e civil do continente americano sobre a Europa dos nacionalismos e do militarismo, concretizando o predomínio das sociedades fundadas na valorização do fator humano sobre as ainda vinculadas à conquista militar. "As condições de uma expansão militar no presente e no futuro não existem e não parecem estar em processo de formação. A expansão moderna é de ordem financeiro-capitalista".[34]

O americanismo adquire, aos olhos de Gramsci, a proeminência de agente histórico que, modificando a relação entre economia e política e, por meio dela, o equilíbrio entre econômico-passional e racionalidade, faz explodir a identidade do político e do estatal numa direção progressista, isto é, democrática, e não autoritária e ditatorial, como está acontecendo na Europa dos fascismos e do stalinismo. Apesar de o americanismo apontar para a possibilidade de uma outra organização do político,[35] Gramsci não cai, entretanto, na ilusão de que esta é a resposta última à crise, de que a hegemonia, germinada diretamente da fábrica, assegure a sobrevivência e o desenvolvimento da civilização moderna. Muito pelo contrário. Desde as primeiras notas dos *Cadernos*, a atenção de Gramsci se volta também para os limites hegemônicos do americanismo: "Estudar a posição de Josiah Royce no quadro da concepção americana da vida. Qual importância e qual função teve o hegelianismo nesta concepção? Pode o pensamento moderno difundir-se na América, superando o empirismo-pragmatismo, sem uma fase hegeliana?"[36]

É este o reconhecimento inicial da ausência de um "florescimento superestrutural" nos Estados Unidos, da falta de intelectualidade orgânica – digamos, de tipo "nacional-popular" – adequadas à nova figura produtiva do americanismo. Isso quer dizer que a América não atingiu uma nova fase "estatal",[37] uma capacidade de mediação política correspondente à expansão global do mercado.

Uma vez que a fratura que se abriu entre a economia e a política deve ser recomposta no terreno político, o americanismo não chega a se constituir como a resposta a tal urgência.

> Ainda não se verificou (antes da crise de 1929), salvo talvez de modo esporádico, nenhum florescimento "superestrutural", ou seja, ainda não foi posta a questão fundamental da hegemonia [...]. A ausência da fase histórica europeia assinalada, também no campo econômico, pela Revolução Francesa, deixou as massas populares americanas em estado bruto: a isso cabe

acrescentar a ausência de homogeneidade nacional, a mistura de culturas-
-raças, a questão dos negros.[38]

O nexo América-Europa apresenta, nas notas do Caderno 22, um duplo movimento: se é da América que vem o impulso para a velha Europa racionalizar a sua composição demográfica e aceitar a democracia de mercado, é da Europa, e só dela, que pode nascer o germe de uma nova forma política. Na América não nasceu uma "nova civilização, uma nova cultura"; pelo contrário, "na América não se faz mais do que remoer a velha cultura europeia":[39] o fraco florescimento intelectual mantém os Estados Unidos ainda presos a uma fase econômico-corporativa.[40] Gramsci atribui essa situação a escolhas e comportamentos que pretendem desviar o desenvolvimento ético-político para trilhos religiosos.

> A história dos partidos e das correntes políticas não pode ser separada da história dos grupos e das tendências religiosas [...]. Deste ponto de vista, a história político-religiosa dos Estados Unidos da América pode ser comparada à da Rússia czarista [...]. Nos Estados Unidos da América, legalmente e de fato, não falta liberdade religiosa (dentro de certos limites, como atesta o processo contra o darwinismo), e, se legalmente (dentro de certos limites) não falta a liberdade política, esta efetivamente inexiste em razão da pressão econômica e também da violência privada aberta [...] o surgimento de novas seitas religiosas é quase sempre incitado e financiado por grupos econômicos, para canalizar os efeitos da compressão político-cultural.[41]

O aprofundamento do conceito de hegemonia o leva não só a modificar drasticamente as expectativas cultivadas nos embate da Terceira Internacional como também a calibrar melhor seu juízo sobre as capacidades "hegemônicas" do americanismo, além de enriquecer a análise da ideologia corporativa fascista.[42]

5.4 – Fascismo

Gramsci classifica as diversas reações nacionais à crise referindo-se, em primeiro lugar, ao fenômeno do americanismo, considerado como a tendência decisiva do capitalismo internacional, e, em segundo lugar, à "'economia programática'" e às novas formas de intervenção pública (a 'economia média') como direção político-econômica basicamente homogênea, pelo menos na escala europeia".[43] E, no quadro dessas formas de intervenção pública, que tendem para a "economia programática", ele insere as suas novas considerações sobre o fascismo.

Depois de oscilações que se vão acomodando no tempo e acompanhando a evolução institucional e organizativa do regime,[44] só no curso de 1932 Gramsci passa a considerá-lo um caso de "revolução passiva".[45] Em uma nota do Caderno 10, dedicada a uma intensa discussão das obras historiográficas de Croce, em particular a *Storia d'Italia* e a *Storia d'Europa* – consideradas modelos de uma historiografia de tipo "passivo" que expurga o momento da luta, da ruptura revolucionária, para exaltar os processos de "corrosão reformista" –, se pergunta se naquele momento não estaria acontecendo algo de análogo. A questão é saber se o fascismo não é a contrapartida do "liberalismo moderado e conservador" do século XIX, para depois acrescentar:

> A hipótese ideológica poderia ser apresentada nestes termos: ter-se-ia uma revolução passiva no fato de que, por intermédio da intervenção legislativa do Estado e por meio da organização corporativista, teriam sido introduzidas na estrutura econômica do país modificações mais ou menos profundas para acentuar o elemento "plano de produção", ou seja, teria sido acentuada a socialização e a cooperação da produção sem com isso tocar [...] a apropriação individual e grupal do lucro.[46]

Embora com ênfases ainda duvidosas, Gramsci começa a inscrever o regime, com o seu caráter totalitário de massas e não apenas de coerção estatal, no contexto mundial da reorganização modernizante das sociedades capitalistas, que ele lê em paralelo com a evolução dos planos quinquenais e do partido "totalitário" na União Soviética.[47] A atenção com que segue os desenvolvimentos "programáticos" do regime é concentrada no fenômeno do corporativismo. Em particular, é atraído pelo aceso debate entre os defensores do "corporativismo integral", reunidos em torno da revista *Nuovi Studi*, de Arnaldo Volpicelli e Ugo Spirito, e seus críticos "ortodoxos". Para além dos juízos muito pouco lisonjeiros que reservou à dupla de estudiosos,[48] Gramsci vislumbrou a possibilidade de uma evolução do instituto corporativo no sentido de uma modernização industrial e produtivista de cunho "americanista". Referindo-se à tese de Massimo Fovel,[49] escreve:

> O que [...] parece significativo é sua concepção da corporação como de um bloco industrial-produtivo autônomo, destinado a resolver, em sentido moderno e acentuadamente capitalista, o problema de um ulterior desenvolvimento do aparelho econômico italiano contra os elementos semifeudais e parasitários da sociedade.[50]

E chega, ainda seguindo o fio condutor oferecido pelas teorizações corporativistas, a avançar a hipótese de desenvolvimentos "progressivos" estabelecidos pelo Estado fascista.

> Se o Estado se propusesse a impor uma direção econômica por meio da qual a produção de poupança, de "função" de uma classe parasitária, passasse a ser função do próprio organismo produtivo, estes desenvolvimentos hipotéticos seriam progressistas, poderiam fazer parte de um vasto projeto de racionalização integral: para isso, seria necessário promover uma reforma agrária [...] e uma reforma industrial, que fizesse todas as rendas decorrerem de necessidades funcionais técnico-industriais e não mais serem consequências jurídicas do puro direito de propriedade.[51]

Por outro lado, tendências para substituir os interesses organizados por representação parlamentar são difundidas em todas as sociedades capitalistas europeias, "independentemente da natureza do regime político".[52] E é um fenômeno de época que Gramsci capta com lucidez.

> Teoricamente, o importante é mostrar que, entre o velho absolutismo derrubado pelos regimes constitucionais e o novo absolutismo, há uma diferença essencial, por isso não se pode falar de um regresso; e não só, mas também demonstrar que tal "parlamentarismo negro" está operando em função de necessidades históricas atuais [...] por isso também onde este "funciona" [o parlamentarismo tradicional, N. da A.] publicamente, o parlamentarismo efetivo é aquele "negro". Teoricamente me parece que se pode explicar o fenômeno no conceito de hegemonia, com um retorno ao "corporativismo" [...] no sentido moderno da palavra [...] hoje é corporativismo de "função social", sem restrições hereditárias ou de outro gênero.[53]

Mas, para evitar mal-entendidos, Gramsci esclarece imediatamente depois o seu ponto de vista sobre o fascismo: "deve-se excluir cuidadosamente qualquer aparência, [mesmo que só ela, N. da A.], de apoio a tendências 'absolutistas', e isso se pode obter insistindo no caráter 'transitório' (no sentido de que não marca época, não no sentido de 'curta duração') do fenômeno".[54]

O corporativismo é um fenômeno da revolução passiva na medida em que exprime uma mudança econômico-política complexa que, por um lado, rompe com a separação liberal entre economia e política e, por outro, expressa a crise do parlamentarismo clássico, que se baseia no indivíduo, e não nas funções produtivas. Introduzindo sistemas de representação coletiva, alimenta o "parlamentarismo negro". Essas formas parecem assim destinadas a marcar a própria "época", mais do que o absolutismo fascista, e devem também ser analisadas independentemente deste. Gramsci tende, por isso, a separar a "transitoriedade" do fascismo da "marca de época" do corporativismo, que lhe parece ter uma relação com "necessidades históricas atuais", superior à do fascismo.

Mesmo levando em conta essa distinção, fica claro que, para Gramsci, as soluções encaminhadas em chave de revolução passiva não resolvem o conflito da época, embora, tal como acontece com a agressividade do fascismo, o exacerbam, enquanto a URSS, por um lado, e a América, por outro, não conseguem dar respostas políticas.

É nesse horizonte que se definem os novos termos do choque de hegemonias e os novos propósitos impostos ao processo histórico para começar a fechar progressivamente o fosso entre o cosmopolitismo econômico e a territorialização da política. E, na visão de Gramsci, o sujeito histórico, não mais estatal-nacional, mas "cosmopolita", deve ser capaz de corresponder a essa mudança na estrutura do mundo.

Um caso exemplar de como mudam, a ponto de serem invertidos, os paradigmas de análise histórico-política dos *Cadernos* é oferecido pela trajetória da nação italiana, a partir do contato com a formação desse novo terreno de desenvolvimento da democracia.

5.5 – Dissolução do vínculo nacional-popular

Do discurso de Gramsci parece emergir uma contradição entre a ênfase nos vários aspectos assumidos pela crise orgânica do Estado e a denúncia da intensificação do "nacionalismo" da política. À primeira vista, a defesa das prerrogativas do Estado transmite a ideia de um reforço do seu poder soberano, e não do seu declínio. No entanto, o decisivo giro nacionalista dos Estados europeus durante a década de 1930 representa, para Gramsci, um sinal claro do declínio não só do Estado liberal do século XIX, mas do Estado-nação, ou seja, da forma de Estado assumida pela política na era moderna. E para dar conta disso, mais uma vez, o olhar crítico de Gramsci se volta para os intelectuais, captando a mudança de época na transformação da sua função política.

> Hoje já se verifica no mundo moderno um fenômeno semelhante àquele da separação entre "espiritual" e "temporal" na Idade Média: fenômeno muito mais complexo do que o de então, na medida em que se tornou mais complexa a vida moderna. Os grupos sociais regressivos e conservadores cada vez mais se reduzem à sua fase econômico-corporativa inicial, enquanto os agrupamentos progressistas e inovadores se encontram ainda na fase inicial, exatamente econômico-corporativa; os intelectuais tradicionais, separando-se do grupo social ao qual haviam dado até agora a forma mais alta e compreensiva e, portanto, a consciência mais ampla e perfeita do Estado moderno, na realidade efetuam um ato de incalculável alcance histórico: assinalam e confirmam a crise do Estado em sua forma decisiva [...]. Este processo de desintegração do Estado moderno é, portanto, muito mais catastrófico do que o processo histórico medieval.[55]

O cerne da crise do Estado-nação, na sua forma geral e não apenas na versão liberal, reside na dissolução do vínculo nacional-popular, construído pela mediação estatal e assegurado pelos intelectuais, tanto orgânicos como tradicionais.

O reconhecimento desse aspecto da crise é, para Gramsci, de uma acuidade singular, em consonância com a centralidade que atribuiu à questão política dos intelectuais: entre as duas guerras, os intelectuais, no sentido lato atribuído por Gramsci, "despem-se" da sua lealdade ao Estado e se "partidarizam". Assiste-se, dessa forma, na Europa, ao fenômeno das adesões em massa ao fascismo e ao nazismo e às ideologias nacionalistas e nacional-racistas a eles relacionadas, enquanto outros núcleos intelectuais, de forma especular, declaram sua lealdade à Rússia dos Sovietes, fazendo sua a ideologia comunista. Por outro lado, o americanismo – que, aparentemente, parece preservar a "neutralidade" do Estado liberal – não contempla a figura do Estado e prevê, assim, a funcionalização das competências intelectuais à lógica e aos imperativos da empresa e das tecnoestruturas que as sustentam, com a política numa posição acessória.[56] Aqueles aspectos da vida que não se enquadram nessa lógica são confiados ao cuidado ético dos indivíduos. Com efeito, as escolhas morais individuais constituem a única antítese aos imperativos do mercado quando estes entram em conflito com convicções religiosas ou humanistas.[57]

O "catastrófico", sublinhado por Gramsci na nota supracitada, ressalta a mudança radical que está ocorrendo sem que se possa captar o perfil de uma nova forma política de democracia.

O nacionalismo da política é um sintoma não de uma força recuperada do Estado-nação, mas da sua crise ulterior. O Estado-nação e a sua classe fundamental, a burguesia, tinham sido capazes, durante o século XIX, de mediar o desenvolvimento internacional dos mercados (de bens, capital, trabalho) com o enraizamento nacional, intensificando a adesão do "povo" à "pátria". A eclosão da Primeira Guerra Mundial revela que a prosperidade (a *belle époque*) e o patriotismo tinham bases frágeis e estavam em rota de colisão com a feroz concorrência internacional.

As classes dirigentes burguesas manifestam uma progressiva dificuldade em governar a contradição em que se encontram. A burguesia nasce e se desenvolve como uma classe politicamente nacional, mas, ao mesmo tempo, as relações sociais de produção capitalistas, a partir das quais é gerada, assumem cada vez mais uma dimensão supranacional.

O Estado-nação cumpre o seu último ato na guerra para depois assistir à progressiva secessão dos intelectuais, daqueles que asseguram à burguesia (no sentido econômico-corporativo) o exercício da hegemonia.[58]

A arte, a literatura e a filosofia da Europa do início do século XX são testemunhas eloquentes desse fato. Manifestam a crise de uma época que, investindo em todos os campos do saber e da expressão, rompe os quadros, incluindo os político-estatais, em torno dos quais uma razão orgânica e positiva havia se desenvolvido.

As vanguardas artísticas, assim como as filosofias de crise, congelando a tradição, explodem as formas de expressão e conhecimento nas quais a modernidade tinha se desenvolvido e se propõem a buscar fontes vitais a partir das quais se poderia recorrer para remodelar o mundo.

O afastamento dos intelectuais decreta efetivamente o fim da figura estatal da democracia moderna, e é por isso que Gramsci define como "orgânica" a crise que as revoluções passivas estão "governando", mas não resolvendo. Com as novas formas de regulação da relação economia-política, como o corporativismo, e com o nacionalismo, que partidariza a nação oriunda do século XIX, a contradição da época não se afrouxa, ao contrário, se intensifica.

Com base nessas aquisições teóricas e históricas,[59] ele retorna ao crescente dissenso entre uma economia e um mercado integrados internacionalmente e uma política cada vez mais relegada à dimensão nacional.

Em março de 1933, sob o título "Passado e presente", criticando duramente as análises e receitas dos economistas liberais de *Reforma Social*, Gramsci escreveu que toda crise

> [...] é "estrutural" e não de conjuntura e só pode ser superada construindo uma nova estrutura, que leve em conta as tendências inerentes à velha estrutura e as domine com novas premissas. A premissa maior, neste caso, é o nacionalismo, que não consiste só [...] no protecionismo tradicional, mas também na tentativa de fixar as principais correntes de comércio com determinados países.[60]

A tentativa de imprimir uma lógica política "nacionalista" aos mercados não faz senão intensificar e atolar a crise, enquanto a territorialização do comunismo soviético mostra que "o trabalho como um todo" não consegue ser o sujeito capaz de afrontá-la e resolvê-la: "o velho morre e o novo não pode nascer".[61]

Esse é o pano de fundo que determina em Gramsci o programa de reformulação radical da teoria com vistas a uma diferente constituição do novo sujeito histórico. Mais do que ao nexo produção-política, é à unidade de filosofia e política que o Gramsci dos *Cadernos* se entrega.[62] Como buscamos documentar nos capítulos anteriores, trata-se de uma construção centrada no conceito de hegemonia, que exige a intervenção de uma mediação intelectual e a construção de novas formas políticas. Uma tarefa histórica que, segundo ele, cabe ainda à Europa elaborar e, num aspecto em particular, à Itália.

5.6 – Cosmopolitismo de novo tipo[63]

Em uma nota fundamental do Caderno 15, datada de fevereiro de 1933 e inteiramente dedicada à análise da crise, Gramsci escreve:

> Todo pós-guerra é crise, com tentativas de remedia-la que às vezes têm sucesso neste ou naquele país, nada mais. Para alguns (e talvez não sem razão), a própria guerra é uma manifestação da crise, ou melhor, a primeira manifestação; a guerra foi precisamente a resposta política e organizativa dos responsáveis [...]. Uma das contradições fundamentais é esta: enquanto a vida econômica tem como premissa necessária o internacionalismo, ou melhor, o cosmopolitismo, a vida estatal se desenvolveu cada vez mais no sentido do "nacionalismo", da "autossuficiência", etc. Uma das características mais visíveis da "crise atual" é, tão somente, a exasperação do elemento nacionalista (estatal-nacionalista) na economia.[64]

Nesse excerto interessa sublinhar dois pontos. O primeiro diz respeito, como já foi dito, ao contraste entre uma "economia concretamente mundial" – tão interligada que demanda como condição o "internacionalismo ou antes o cosmopolitismo" como condição – e uma política cada vez mais fechada no "nacionalismo".[65] É a contradição da época, que nenhuma força parece capaz de enfrentar. Nem o americanismo porque, como vimos, carece daquele "florescimento superestrutural" necessário para organizar e projetar a hegemonia, nascida da fábrica, numa dimensão "cosmopolita",[66] nem a república dos Soviets, também ela desprovida do fôlego ético-político adequado ao novo "grupo social europeu e mundial". Menos ainda os fascismos e nacionalismos europeus, que simplesmente ambicionam a criação de uma nova ordem mundial.[67]

O segundo ponto diz respeito a uma questão apenas aparentemente terminológica. Nessa passagem, Gramsci usa o lema *internacionalismo* para depois corrigi-lo para *cosmopolitismo*. Não se trata de uma correção transitória, tampouco de uma correção menor. Trata-se, nada mais nada menos, de eliminar do próprio léxico o termo distintivo que marcou o nascimento do novo sujeito, a Internacional dos trabalhadores, e de substituí-lo por uma palavra que relembra, por um lado, a *République des lettres* de setecentista memória[68] e, por outro, evoca a histórica tradição dos intelectuais italianos que ele, como vimos, repetidamente estigmatizou.[69]

Que sentido tem essa substituição, dificilmente explicável pela cautela imposta por seu estatuto de prisioneiro?

Efetivamente, ainda em setembro-novembro de 1932, Gramsci anota que "o povo italiano é o mais interessado no internacionalismo",[70] enquanto entre fevereiro de 1934 e fevereiro de 1935 (quando os controles da censura já tinham sido bastante relaxados), ao retomar a passagem no Caderno Especial 19, a reescreve assim: "O povo italiano é o povo que 'nacionalmente' mais interessado está numa forma moderna de cosmopolitismo".[71]

Trata-se de uma mudança terminológica que lembra uma outra, amplamente estudada pela crítica: a mudança da expressão *materialismo histórico* para a expressão *filosofia da práxis*, na qual Gramsci havia citado uma frase de Napoleão em uma nota muito significativa intitulada "A propósito do nome 'materialismo histórico'", já lembrada noutro lugar.

> Se derem um novo significado a um velho vocábulo, ainda que professem que a antiga ideia ligada àquela palavra nada tem em comum com a nova ideia que lhe é atribuída, as mentes humanas jamais podem deixar de supor que não existam semelhanças e conexões entre a antiga e a nova ideia; isto confunde a ciência e produz depois disputas inúteis.[72]

Se o mesmo critério pode ser aplicado à substituição do termo "internacionalismo" por "cosmopolitismo", isso quer dizer que Gramsci está elaborando alguma coisa tão nova do ponto de vista conceitual que não sente mais razão para utilizar a palavra antiga, sob pena de causar uma "confusão" nas ideias. A meu ver, Gramsci substitui o termo "internacionalismo" movido pela mesma exigência que o levou a não utilizar mais a expressão "materialismo histórico". Pretende escapar do peso de uma concepção e de uma política mecanicista e de viés econômico-corporativo incapaz de produzir hegemonia, isto é, incapaz de criar aquele vínculo entre os intelectuais e "o trabalho como um todo", que constitui o verdadeiro desafio da democracia pós-estatal.

O termo "cosmopolitismo" é, em si mesmo, evocativo da dimensão intelectual e, sob essa forma, aparece repetidamente nos *Cadernos*.

> Esta observação [grau de modernidade dos movimentos revolucionários, N. da A.] pode ser estendida a muitas outras manifestações históricas, por exemplo, o grau de "cosmopolitismo" alcançado nos diversos períodos do desenvolvimento cultural internacional. No século XVIII, o cosmopolitismo dos intelectuais foi "máximo", mas que fração do conjunto social ele atingia?

E não se tratava, em grande parte, de uma manifestação hegemônica da cultura francesa e dos grandes intelectuais?[73]

Gramsci faz questão de sublinhar que a grande época do cosmopolitismo europeu do século XVIII manifestava um caráter não só restrito, mas tendencialmente "nacional", ou seja, era uma expressão da função hegemônica do Estado francês.

A função cosmopolita dos intelectuais franceses a partir do século XVIII é de caráter absolutamente diferente daquela exercida pelos italianos anteriormente. Os intelectuais franceses exprimem e representam explicitamente um compacto bloco nacional, do qual são os "embaixadores" culturais, etc.[74]

O cosmopolitismo dos italianos, como vimos, é de natureza diferente devido ao vínculo preservado com as instituições universalistas medievais do Império e do Papado que, na longa fase histórica marcada pelo domínio exclusivo da forma estatal, contribuíram para afastar o país para as margens do desenvolvimento moderno. Mas é precisamente essa tradição italiana impregnada de universalismo que lhe aparece agora em singular sintonia com a formação de uma nova estrutura mundial, uma vez que oferece uma espécie de modelo para uma "forma mais moderna e avançada" de cosmopolitismo.[75]

Na "frente moderna de luta para reorganizar o mundo", o povo italiano parece ocupar uma posição privilegiada como herdeiro de uma tradição especificamente cosmopolita.[76] Em polêmica direta com a retórica imperial e militarista do fascismo e com a política de "povoamento" colonial perseguida pelo regime, Gramsci reapropria-se de uma tradição, a conecta ao trabalho humano e a utiliza para outros fins.[77] Ele é bem consciente de estar manejando um material com contornos "míticos", amplamente explorado ideologicamente por várias correntes nacionais. O que, para ele, faz a diferença é a diversidade da situação histórica. Já Mazzini e Gioberti haviam buscado "enxertar o movimento nacional na tradição cosmopolita, criar o mito de uma missão da Itália renascida numa nova Cosmópolis europeia e mundial, mas se trata de um mito verbal e retórico, baseado no passado e não nas condições do presente".[78]

O que é que, aos olhos de Gramsci, resgata o apelo à tradição cosmopolita italiana do mito e do verbalismo, elevando-a a um modelo realista e atual? As "condições do presente" impõem a superação da dimensão nacional por uma via "pacífica", financeiro-capitalista e não mais militar-territorial, e as forças históricas que tendem para isso são essencialmente o capital e o trabalho.

> A expansão italiana só pode ser do "homem-trabalho" [...]. O cosmopolitismo tradicional italiano deveria se tornar um cosmopolitismo de tipo moderno, isto é, capaz de assegurar as melhores condições de desenvolvimento ao homem-trabalho italiano [...]. Não o cidadão do mundo como *civis romanus* ou como católico, mas como produtor de civilização.[79]

A "missão" da Itália, vislumbrada por Gramsci, parece consistir na criação – baseada no "homem-trabalho", ou seja, na força histórica caracterizada pela produção e não pela apropriação – de um novo vínculo entre os intelectuais e povo que conduza ao "florescimento cosmopolita".[80]

Depois de ter denunciado a função "desnacionalizante" de César em tantas notas, Gramsci o reabilita e, com ele, reabilita também o cosmopolitismo imperial e papal, colocando em xeque toda a temporalidade linear e progressiva. Uma tradição, incongruente em relação às correntes culturais e políticas modernas, revela-se cheia de futuro quando os sinais do tempo aludem a um mundo ordenado não mais de acordo com divisões territoriais, mas de acordo com o potencial e as qualidades dos homens.

> O povo italiano é o povo que "nacionalmente" mais interessado está numa forma moderna de cosmopolitismo [...]. Colaborar para reconstruir o mundo de modo unitário está na tradição do povo italiano, na história italiana [...] pode-se demonstrar que César está na origem desta tradição [...]. A "missão" do povo italiano consiste na recuperação do cosmopolitismo romano e medieval, mas na sua forma mais moderna e avançada.[81]

Mas como entender a expressão "cosmopolitismo na sua forma mais moderna e avançada"? Para tentar desvendar sua densidade alusiva, diria que a entendo como a fórmula correspondente ao nacional-popular adaptada ao novo sujeito e à nova estrutura mundial que, na visão gramsciana, tende para a unificação, e não para a fragmentação conflitiva.[82]

Como é evidente, o cosmopolitismo em questão não tem qualquer valor normativo de tipo kantiano-kelseniano, sobretudo não compartilha seu quadro individualista (indivíduos cidadãos do mundo). Ao contrário, aponta para a possibilidade de uma inédita conexão dos intelectuais (de especialidades e competências técnico-científicas e humanísticas), que estão se separando dos aparatos estatais-nacionais, com um grupo social de vocação internacional. E, nessa conexão, o grupo social é retirado do seu economicismo corporativo, enquanto as funções intelectuais se enraízam na dimensão econômico-passional, restabelecendo, para além do Estado, a relação e a mediação democráticas.

> É certo, todavia, que toda classe dominante (nacional) está mais próxima das outras classes dominantes, em termos de cultura e de costumes, do que das classes subalternas entre si, mesmo se estas (são) "cosmopolitas" por programa e destino histórico. Um grupo social pode ser "cosmopolita" por sua política e economia, e não ser pelos costumes e também pela cultura (real).[83]

Afirmar que a tendência da época seja a unificação do mundo não retira de Gramsci a consciência de que se trata de um processo complexo e de modo algum linear, no qual são múltiplas as interligações do nacional, regional, mundial, no qual, porém, o elemento cosmopolita deve ser a bússola de referência na orientação da teoria e da ação política.

> Uma classe de caráter internacional, que guia estratos sociais estritamente nacionais [...] deve se "nacionalizar" num certo sentido, sentido este que não é, aliás, muito estreito, porque antes de se formarem as condições de uma economia segundo um plano mundial, é necessário atravessar fases múltiplas em que as combinações regionais (de grupos de nações) podem ser variadas. Por outro lado, não se deve jamais esquecer que o desenvolvimento histórico segue as leis da necessidade até que a iniciativa passe nitidamente às forças que tendem à construção segundo um plano, de pacífica e solidária divisão do trabalho.[84]

Comparada com o cosmopolitismo medieval e com o cosmopolitismo iluminista, a ideia proposta por Gramsci apresenta um forte caráter democrático: do primeiro distingue-se pela entrada do "trabalho" no circuito da mobilidade mundial, de um trabalho não mais ligado à terra, "idiotizado", mas capaz, como os detentores do dinheiro e do saber, de circular; e, do segundo, pela manutenção, com base no processo, de um vínculo intelectual/povo-trabalho.

Na nova conjuntura histórica de crise e de superação do Estado-nação, as antigas fraquezas italianas podem ser transformadas em recursos: o antigo cosmopolitismo imperial e papal num cosmopolitismo que não corte, mas antes cultive e desenvolva as raízes nacionais e populares. O problema está em identificar a forma capaz de manter vinculadas essas duas polaridades que tendem antes a dividir-se. Gramsci acredita que essa forma pode ser o "moderno Príncipe".

Notas

[1] O modo de produção capitalista, na Europa, se fundiu com os Estados, assumindo um caráter particular: "O aspeto mais relevante desta transição [de um poder capitalista difuso a um concentrado], negligenciado pelos estudiosos, é a fusão singular de Estado e capital, que em nenhum outro lugar se realizou de forma tão favorável ao capitalismo como na Europa [...]. A concorrência entre Estados pelo capital móvel foi o complemento deste processo". Arrighi, 1996, p. 30.

[2] Ver capítulo 2.

[3] "Sem reforma não são possíveis nem o processo de nacionalização dos intelectuais e das massas nem, consequentemente, a formação do Estado-nação moderno. Sobre este ponto, que é central, Gramsci é claro. O ritmo ascendente de uma civilização é quebrado quando se rompe o nexo entre Reforma e Renascimento. Na verdade, não é possível que o Renascimento se desenvolva inteiramente se não conduzir à fundação de um Estado nacional. Mas, por sua vez, o nascimento deste Estado só é possível por meio de uma "ida ao povo", ou seja, de um movimento reformador". Ciliberto, 1991, p. 769.

[4] Ver capítulo 2.

[5] Q. 15, § 59. "Sobre a função do Piemonte no Risorgimento italiano e a fragilidade dos núcleos burgueses da península que, incapazes de 'dirigir' os camponeses, se apoiavam na força do Estado piemontês. Estes núcleos não queriam 'dirigir' ninguém, isto é, não queriam harmonizar os seus interesses e aspirações com os interesses e aspirações de outros grupos. Queriam 'dominar' e não 'dirigir' [...] queriam que uma nova força, independente de qualquer compromisso e condição, se tornasse o árbitro da nação: e essa força foi o Piemonte [...]. Este fato é da máxima importância para o conceito de 'revolução passiva' [...] um Estado [ver a Sérvia nos Balcãs, tal como o Piemonte em Itália] substitui os grupos sociais locais ao dirigir uma luta pela renovação [...] ditadura sem hegemonia. A hegemonia será de uma parte do grupo social sobre todo o grupo, não deste sobre outras forças para fortalecer o movimento, radicalizá-lo, etc., segundo o modelo 'jacobino'". *Idem*, pp. 1.823-1.824.

[6] Q. 13, p. 1.584. Uma eficiente exemplificação histórica da distinção entre econômico-corporativo e hegemônico nos fornece Arrighi: "O poder da oligarquia capitalista no interior do Estado holandês era muito menos absoluto do que no interior do Estado veneziano. Mas, pela mesma razão, o grupo dirigente holandês desenvolveu mais capacidades para colocar e resolver problemas em torno dos quais se desenrolava ferozmente o conflito de poder europeu, muito superior ao que os governantes venezianos possuíam. Foi em virtude de serem menos capitalistas, e não mais capitalistas do que Veneza, que as Províncias Unidas se tornaram hegemônicas". Arrighi, 1996, p. 73.

[7] Q. 8, § 216 (março de 1932). "Einaudi reproduz passagens de economistas que escreveram há um século e não percebe que o 'mercado' se modificou, de que os 'pressupostos' não são

mais os mesmos. A produção internacional desenvolveu-se a uma tal escala e o mercado tornou-se tão complexo [...]. Mas Einaudi não leva em conta que a vida econômica se concentrou cada vez mais em uma série de produções em massa e que estas estão em crise: controlar esta crise é impossível, precisamente pela sua amplitude e profundidade, que atingiram tal grau que a quantidade se torna qualidade, isto é, uma crise *orgânica* e não mais de *conjuntura*". *Idem*, p. 1.077-1.078.

8 "O movimento nacional que conduz a unificação do Estado italiano deve necessariamente desembocar no nacionalismo e no imperialismo militar? Esta saída é anacrônica e anti-histórica; é realmente contra todas as tradições italianas, romanas primeiro, depois católicas. As tradições são cosmopolitas. O fato de o movimento nacional reagir contra as tradições e dar origem a um nacionalismo de intelectuais pode ser explicado, mas não é uma "reação orgânico-popular". Q. 9, novembro de 1932, p. 1.190.

9 Ver capítulo 2.

10 A fórmula foi usada, pela primeira vez, por Rosa Luxemburgo em um panfleto contra a guerra, de acordo com *La crisi della socialdemocrazia*, também conhecido como *Juniusbroschüre*, do pseudônimo Junius, usado por Rosa Luxemburgo.

11 Sobre essa temática são decisivos os Cadernos 10 e 11. Uma importante contribuição à compreensão dessas notas filosóficas está no livro de Kanoussi, 2000. A autora desenvolve uma sugestiva leitura da categoria de revolução passiva, transformando-a no eixo em torno do qual gira o princípio da tradutibilidade das linguagens filosóficas científicas, bem como os "cânones" de interpretação da história.

12 Q. 8, p. 1.056.

13 Como escreve Charles Maier: "Dois conflitos fundamentais iriam ameaçar e enfraquecer o equilíbrio alcançado na década de 1920. O próprio corporativismo, que torna possível a estabilidade política, comportava ao mesmo tempo dilemas difíceis de resolver: por um lado, a dificuldade de conciliar as exigências contraditórias da economia internacional e das realidades nacionais, por outro, o destino dos prejudicados pela reestruturação corporativa da sociedade [...] o novo equilíbrio permaneceu prisioneiro do conflito entre as exigências de uma economia internacional e as pressões internas no sentido da busca de um compromisso entre os grupos sociais". Maier, 1979, p. 611. Enquanto Franco De Felice esclarece a conflitualidade que se desenvolve no plano internacional: "A uma realidade mundial altamente integrada, poluída pela questão das reparações alemãs e das dívidas de guerra entre os Aliados, corresponde, por parte de cada país, uma política fortemente inspirada em interesses particulares, que acentua e acelera a conflitualidade: o fortalecimento do particularismo decorre do esgotamento do papel estabilizador da Grã-Bretanha, sem que os Estados Unidos possam, ou queiram, sucedê-la", e acrescenta a esse comentário uma observação indignada de 1932 do redator do *Bit Thomas*: "Passaram doze anos! Existe uma Liga das Nações, existe uma Organização Mundial do Trabalho. Elas são instituições internacionais chamadas pelos Estados para elaborar decisões comuns. Quando as decisões comuns são elaboradas por peritos, por técnicos e também por representantes dos governos, parece que a vida nacional se volta contra essas decisões, que os Estados se encolhem sobre si próprios e que se torna impossível fazer com que a decisão internacional tomada por eles e através de organismos por eles criados supere as fronteiras de cada Estado". De Felice, 2007, p. 6.

14 Q. 15, p. 1.824.

15 *Idem, ibidem*. No entanto, a presença do termo remonta a novembro de 1930. Ver sobre essa questão o segundo capítulo do livro de Vacca, 2016.

16 "Na época atual, a guerra de movimento ocorreu politicamente entre março de 1917 e março de 1921 [derrota da revolução na Alemanha, N. da A.], sendo seguida por uma guerra de posição cujo representante, além de prático (para Itália), ideológico (para Europa), é o fascismo". Q. 10, p. 1.229.

17 *Idem*, p. 1.233.

18 Durante o período de guerra, houve duas novidades: a primeira foi "a integração da classe operária organizada num sistema de contratação supervisionado pelo Estado"; a segunda foi a superação da "distinção entre setor público e setor privado"; ver Maier, 1979, pp. 31-32.
19 "Reconsolidar esta ordem social se torna o objetivo predominante do pensamento e da ação dos conservadores após 1918 [...] este esforço obteve um notável sucesso, embora a vitória tenha exigido grandes transformações institucionais. Não se tratou, efetivamente, de uma simples restauração. Enquanto procuravam estabilidade à imagem da Europa burguesa de antes da guerra, os europeus criaram novas disposições institucionais e uma nova distribuição do poder. O que começava a se desenvolver era uma nova economia política [...] 'corporativista' e que implicava a transferência de poder dos representantes eleitos ou das burocracias de carreira para as principais forças organizadas da sociedade e da economia europeias [...]. Em todo o caso, o 'corporativismo' significava o crescimento do poder privado e o declínio da soberania". *Idem*, p. 29.
20 Q. 15, p. 1.827.
21 *Idem*, p. 1.774.
22 "Toda a atividade industrial de Henry Ford pode ser estudada deste ponto de vista: uma luta contínua e incessante para fugir da lei da queda da taxa de lucro, mantendo uma posição de superioridade sobre seus concorrentes. Ford foi obrigado a sair do campo estritamente industrial da produção para organizar também os transportes e a distribuição da sua mercadoria". Q. 10, pp. 1.281-1.282.
23 Noble, 1987.
24 Q. 22, p. 2.139.
25 Q. 2, p. 262. "Artigo interessante, porém, muito rápido e muito conformista", comenta Gramsci, ao enumerar os vários elementos que impulsionam para um "espírito exacerbado de nacionalismo econômico" e para a instabilidade monetária.
26 Este artigo, "muito interessante e útil de consultar porque resume a história das tarifas nos Estados Unidos", suscita uma série de considerações muito distantes das escassas e desencantadas sustentadas no artigo: "Pensamos que a projetada federação econômica europeia deva ser relegada para o reino das ilusões, mas pensamos também que um entendimento limitado e contingente entre todos os Estados da Europa [...] poderia ajudar [...] a ultrapassar mais facilmente a dureza da política aduaneira americana [...]. Infelizmente, a tendência para acordos e moderação [...] vai se enfraquecendo continuamente". Luccioli, 1929, p. 521. Gramsci, por outro lado, partindo da premissa de que "uma nova tendência do nacionalismo econômico contemporâneo" consiste num controle equilibrado das importações e das exportações, vê uma possível evolução positiva na Europa em reação à política tarifária americana: "toda nação importante pode tender a dar um substrato econômico organizado à própria hegemonia política sobre as nações que lhe estão subordinadas [...]. Esta tendência política poderia ser a forma moderna do *Zollverein* [...] e poderia tornar-se a etapa intermédia da Pan-Europa de Briand, na medida em que corresponde a uma exigência das economias nacionais de sair dos quadros nacionais sem perderem o seu carácter nacional. O mercado mundial, de acordo com esta tendência, passaria a ser constituído por uma série de mercados não mais nacionais, mas internacionais [...]. Este sistema levaria mais em conta a política do que a economia, no sentido em que, no campo econômico, daria mais importância à indústria de bens finais do que à indústria pesada [...]. Mais simples, ao contrário, seria um acordo entre a França e os seus Estados vassalos no sentido de um mercado econômico organizado nos moldes do Império Britânico, o que poderia levar à derrocada a posição alemã e obrigá-la a entrar no sistema, mas sob hegemonia francesa. São todas hipóteses ainda muito vagas, mas que devem ser levadas em conta para estudar o desenvolvimento das tendências acima referidas". Q. 2, pp. 266-268. Gramsci parece atraído pela tendência à formação de grandes espaços econômico-políticos dominados por uma potência hegemônica, que permitiria a "quadratura do círculo" entre um mercado "não mais nacional" e a conservação do "carácter nacional".
27 A tecnologia moderna e a ascensão do capitalismo monopolista transformaram o capitalismo industrial:

"a primeira, proporcionando as condições necessárias para um desenvolvimento ilimitado da produção, com a introdução da ciência no processo produtivo, a segunda, atenuando as tendências destrutivas inerentes a uma economia de mercado competitiva, por meio da regulação da produção, da distribuição e dos preços". Noble, 1987, p. XIX, e, nessa perspectiva, fala de "mudança sem mudança", uma fórmula que evoca o conceito de revolução passiva.

28 Q. 22, p. 2.146. Sobre o fenômeno do americanismo, são muito apropriadas as anotações de Arrighi: "Tal como a variante alemã, a variante americana do capitalismo gerencial desenvolveu-se em resposta à intensificação, à escala global, das pressões competitivas desencadeadas pela plena expansão da economia de mercado mundial centrada no Reino Unido. Não é por acaso que ambas as variantes surgiram simultaneamente durante a Grande Depressão de 1873-96". Arrighi, 1996, p. 373. Mas, enquanto o capitalismo alemão se orientava para a formação dos *trusts*, isto é, concentrando-se horizontalmente, integrando as empresas rivais, o americano abandonou essa via, considerada ilegal depois do *Sherman Antitrust Act*, e "um grupo restrito de empresas se moveu no sentido da integração, dentro dos seus próprios espaços organizacionais, dos segmentos do processo de produção e de troca que ligavam a aquisição dos fatores de produção primários à distribuição dos produtos finais". *Idem*, p. 375. O capitalismo gerencial americano implementou um distanciamento muito mais eficaz e profundo em relação ao modelo britânico do que o capitalismo alemão. "Ambos os tipos de capitalismo gerencial se desenvolveram em resposta à concorrência 'excessiva' e à destruição que se seguiriam no desenrolar do processo de formação do mercado mundial articulado com base no Reino Unido. Mas enquanto a variante alemã se limitou a suspender o processo, a variante americana efetivamente o ultrapassou". *Idem, ibidem*.

29 Q. 22, pp. 2.176-2.177.

30 "Na América, a racionalização determinou a necessidade de elaborar um novo tipo humano, adequado ao novo tipo de trabalho e de processo produtivo [...] ainda não se verificou [...] talvez, nenhum florescimento 'superestrutural', ou seja, ainda não foi posta a questão fundamental da hegemonia". *Idem*, p. 2.146.

31 *Idem*, pp. 2.149-2.150.

32 *Idem*, pp. 2.160-2.161.

33 No que diz respeito à geopolítica, Gramsci lê e arquiva sistematicamente os artigos sobre o americanismo e os Estados Unidos publicados nas revistas do regime ou toleradas por ele. Enquanto estes tendem geralmente a sublinhar o carácter "imperialista" dos Estados Unidos em relação aos Estados do continente americano ou a sua ascensão ao poder político mundial, Gramsci sublinha a sua capacidade econômico-financeira.

34 Q. 19, p. 1.988. Mario Telò sublinhou, de maneira certeira, essa capacidade de "previsão" de Gramsci: "Apesar da Grande Crise e do nazismo, entre 1929 e 1935, Gramsci reforça a sua convicção de que entre os dois capitalismos, o autoritário e estatista representado pela Alemanha e Itália e o liberal-democrático e expansivo representado pelos EUA, é o segundo que representa o futuro do Ocidente". Telò, 1999, p. 56.

35 "Se a América, com o peso implacável de sua produção econômica (isto é, indiretamente), obrigará ou está obrigando a Europa a uma transformação radical da sua estrutura econômico-social demasiadamente antiquada". Q. 22, p. 2.178. Sobre a diferente organização americana das relações entre ciência, empresa capitalista, Estado e sociedade civil deve-se ver, além do texto fundamental já citado de Noble, o estudo de Zunz, 2002.

36 Q. 1, p. 97.

37 "É interessante notar que nesta concepção [de Spirito] se contém o 'americanismo', uma vez que a América ainda não superou a fase econômico-corporativa atravessada pelos europeus na Idade Média, ou seja, ainda não criou uma concepção do mundo e um grupo de grandes intelectuais que dirijam o povo no âmbito da sociedade civil: neste sentido, é verdade que a América está sob a influência europeia, da história europeia. (Esta questão da forma [fase] estatal dos Estados Unidos é muito complexa, mas o cerne da questão me parece justamente este)". Q. 6, p. 692.

[38] Q. 22, pp. 2.146-2.147.

[39] *Idem*, p. 2.178. Na realidade, a hegemonia que nasce da fábrica constrói os próprios intelectuais e o americanismo, nessa dimensão, é extremamente produtivo porque "inventa" a figura do engenheiro e do gerente científico, transformando radicalmente o sistema universitário e a formação técnica e científica. "A quase totalidade dos agentes humanos da revolução científica na indústria – especialmente os técnicos e engenheiros elétricos e químicos – dentre os empregados de tais empresas [...] acabam por identificar o progresso da tecnologia moderna com o progresso dos seus respectivos grupos. Para esses, a transformação científica e a transformação monopolista da América tinham-se tornado exatamente a mesma coisa". Noble, 1987, p. 22. "Com a estandartização científica e produtiva, com a reforma do sistema de patentes, com a rotinização da pesquisa, com a transformação da educação e a criação da moderna organização do trabalho, os engenheiros corporativos da indústria de base científica buscaram, simultaneamente, avançar e bloquear sua revolução [...] para ampliar o âmbito dos seus projetos, para cancelar a distinção – outrora tão rígida – entre ciências 'exatas' e 'especulativas'". *Idem*, pp. 357 e 359.

[40] Para confirmar esse fato, ver o que Arrighi escreve sobre a capacidade dos EUA, nos anos 1920-1930, para "governar o sistema monetário mundial", que "permanece muito inferior à capacidade residual da própria Grã-Bretanha [...]. Nova York permanece inteiramente subordinada a Londres, tanto em termos organizacionais como intelectuais". Arrighi, 1996, p. 356. Será preciso esperar a onda migratória intelectual e científica que da Europa se dirigiu aos Estados Unidos por conta da perseguição racial nazista e fascista para haver um salto notável no "florescimento superestrutural".

[41] Q. 14, pp. 1.666-1.667.

[42] Q. 10, pp. 1.228 -1.229.

[43] Gagliardi, 2016, p. 13.

[44] Sobre esses aspectos, comentados por Gramsci numa perspectiva comparativa com os desenvolvimentos contemporâneos na URSS, de acordo com Fabio Frosini, "a comparação entre a Itália e a URSS é funcional, nos *Cadernos*, para iluminar a marca ambivalente do fascismo: como regime de massas, e portanto 'popular' e 'democrático', que desenvolve uma estrutura 'burocrática' muito ampla, feita de organizações e funções intelectuais cada vez mais difundidas, destinadas a estabelecer um 'controle' sobre a população que antes era impensável. Mas, ao mesmo tempo, esta teia capilar e 'totalitária' de organizações faz com que a política se desloque para um novo terreno, redefinindo-a substancialmente"; Frosini, 2016, p.12. E ainda: "A peculiaridade do fascismo consiste, assim, na superação da clara dicotomia entre 'público' e 'privado' construída gradualmente durante o século XIX pelo constitucionalismo liberal, e na sua substituição por um espaço misto, no qual a sociedade é inteiramente politizada a fim de que uma despolitização profunda possa se estabelecer". *Idem*, pp. 13-14.

[45] "A aplicação do conceito de 'revolução passiva' ao fascismo vale, naturalmente, para os anos trinta, para o fascismo como regime, não como movimento", de acordo com Vacca, 2017, p. 127.

[46] Q. 10, p. 1.228.

[47] "O sistema totalitário fascista aparece para Gramsci não como uma versão moderna e aperfeiçoada da tirania, mas como um complexo entrelaçamento da fascistização da sociedade e, ao mesmo tempo, da socialização dos aparelhos institucionais e políticos. Um duplo processo que nasce com o objetivo de eliminar o conflito e forçar as classes subalternas a uma condição de integral subordinação e passividade, mas que acaba por trazer o conflito e a dialética social para o interior do Estado". Gagliardi, 2019, p. 254.

[48] A título de exemplo basta o que escreve no Q. 6, pp. 755-756: "Volpicelli e Spirito, diretores dos *Nuovi Studi*, os Bouvard e Pécuchet da filosofia, da política, da economia, do direito, da ciência, etc., etc. [...]. Por razões políticas, foi dito às massas: 'o que vocês esperavam [...] já

49 existe', ou seja, a sociedade regulada, a igualdade econômica, etc. [...]. Spirito e Volpicelli [...] ampliaram, 'especularam', 'filosofaram', 'sistematizaram a afirmação' e se batem como leões empalhados contra todo mundo".

49 Militante da fração maximalista do Partido Socialista, favorável então ao encontro entre democratas e socialistas em 1925, Fovel havia, por fim, aderido ao fascismo. Teórico do corporativismo produtivista, participou na Convenção de Estudos Corporativos de 1932, reconhecendo-se no corporativismo integral de Spirito. Dadas estas peripécias políticas e culturais, bem conhecidas de Gramsci, foi descrito nos *Cadernos* como um "aventureiro da política e da economia", no Q. 6, p. 754, e considerado "ligado a pequenos interesses obscuros" no Q. 22, p. 2.153.

50 *Idem*, p. 2.155. A corporação "é 'polícia econômica' – isto é, drástica redução dos salários e eliminação das liberdades sindicais – e, ao mesmo tempo, 'política econômica'. Nesta segunda acepção, pode se constituir na 'forma jurídica' para uma 'mudança técnico-econômica' radical e em grande escala, e, por conseguinte, se reconectar à possibilidade de introduzir na Itália as inovações do taylorismo e do fordismo e, de um modo mais geral, aquele conjunto de fenômenos incluídos na categoria do americanismo". Gagliardi, 2016, p. 13.

51 Q. 22, pp. 2.176-2.177.
52 Gagliardi, 2016, p. 14.
53 Q. 14, pp. 1.743-1.744.
54 *Idem*, p. 1.744.
55 Q. 6, pp. 690-691.
56 Noble escreve páginas esclarecedoras sobre como se desenvolve a pesquisa e o ensino universitário nos Estados Unidos entre o fim do século XIX e os anos de 1920, adequando as inteligências, não só técnico-científicas, às exigências das empresas; ver Noble, 1987, pp. 122-177.

57 A conquista da hegemonia no pós-guerra pelos Estados Unidos conduzirá à afirmação progressiva dessa versão do liberalismo, com o triunfo da sociologia, das ciências sociais e da ética de perfil analítico, que mina o liberalismo "neoidealista". Croce se torna uma relíquia e com ele o historicismo de marca liberal.

58 Esclarecedor o que escreve Lorenzo Mesini a propósito das origens do *ordoliberalismo*: "O *ordoliberalismo* nasce na Europa no mesmo contexto em que [...] toma forma o neoliberalismo do século XX. Tratava-se de um contexto marcado pela circulação das elites intelectuais europeias e anglo-americanas, no qual se realizou a possibilidade de desenvolver um conjunto de experiências [...] e a exigência de reconstruir o mercado mundial através de novas formas de integração econômica e política a nível internacional. Adoptando como ponto de referência factual e normativo o carácter global do capitalismo, o autêntico inimigo do neoliberalismo era representado pelo Estado-nação e pela difusão da soberania democrática na sequência da queda dos antigos impérios europeus e dos processos de descolonização. No centro dos projetos de ordem internacional delineados pelos neoliberais estava o 'destronamento' da política nacional como obra do direito e das instituições internacionais. O ideal promovido pelo neoliberalismo [...] era [...] o de um duplo nível de governo (segundo o modelo do Império dos Habsburgos): internacional para a economia e nacional para a organização das diversas identidades étnicas e culturais"; Mesini, 2019/2020, pp. 13-14. (O *ordoliberalismo* nasceu de economistas e sociólogos na Alemanha do pós-guerra e pode ser entendido sinteticamente como "Economia Social de Mercado", N. da T.)

59 Vale a pena, por exemplo, o relatório de A. Di Nola sobre a Conferência econômica de Genebra, de 4 a 26 de maio de 1927, publicado na *Nuova Antologia* (n. 1.326, 1927, p. 503) e seguramente lido por Gramsci, no qual se lê: "Acima de tudo, a Conferência teve o mérito de sublinhar claramente a interdependência econômica dos Estados entre si e a necessidade de cada um deles se abster, por interesse próprio antes mesmo que por interesse coletivo, de uma política tendente a instaurar uma autarquia econômica, que a experiência condena como uma quimera inatingível".

60 Q. 14, p. 1.716.
61 Q. 3, p. 311.
62 "Deve-se realizar, com a concepção filosófica de Croce, a mesma redução que os primeiros teóricos da filosofia da práxis realizaram com relação à concepção hegeliana. Esta é a única maneira historicamente de determinar uma adequada retomada da filosofia da práxis, de elevar esta concepção [...] à altura que ela deve atingir para poder solucionar as tarefas mais complexas que o desenvolvimento atual da luta propõe, isto é, a criação de uma nova cultura integral [...] que, retomando as palavras de Carducci, sintetize Maximilien Robespierre e Emanuel Kant, a política e a filosofia numa unidade dialética intrínseca a um grupo social não só francês ou alemão, mas europeu e mundial". Q. 10, p. 1.233.
63 Vale a pena recordar que, entre as décadas de 1920 e 1930, a ideia de cosmopolitismo foi ferozmente atacada por grande parte da cultura fascista e católica, em pé de igualdade com o pan-europeísmo, porque era produto da cultura liberal maçônica, judaica e democrática; ver Dei, 2013, pp. 327-359. Quanto a Gramsci, já em dezembro de 1918, no artigo "Os católicos italianos", pontuava que entre as razões da sua simpatia por Wilson estava o fato de que "a ideologia wilsoniana é anticatólica, é anti-hierarquica"; ver Gramsci, 1984, p. 459. Por último, importa recordar que o cosmopolitismo, desde suas origens gregas, transporta em si a ideia da igual dignidade de todos os seres humanos, para além das distinções de nascimento, classe, nacionalidade, etnia e gênero. Nessa acepção, pode assumir em Gramsci também o significado de rejeição da ideia de hierarquias de classes, de transferência das diferenças de classe para o plano ético-político.
64 Q. 15, pp. 1.755-1.756.
65 "O nacionalismo econômico e o 'racismo' [...] impedem a livre circulação não só das mercadorias e dos capitais, mas sobretudo do trabalho humano". Q. 19, p. 1.990.
66 Muito interessante como menção aos Estados Unidos (mas fazendo indiretamente referência também à URSS) uma nota do Q. 23 em que Gramsci, desenvolvendo uma inspiração do Q. 3, escreve: "Deve-se notar que, em certos períodos históricos, a atividade prática pode absorver as maiores inteligências criativas de uma nação: em certo sentido, em tais períodos, todas as melhores forças humanas são concentradas no trabalho estrutural, e ainda não se pode falar de superestruturas: de acordo com o que Cambon escreve no prefácio à edição francesa da autobiografia de Henri Ford, na América construiu-se uma teoria sociológica sobre essa base, para justificar a ausência, nos Estados Unidos, de um florescimento cultural humanista e artístico". Q. 23, p. 2.231.
67 "Será que o mundo já está tão unificado na sua estrutura econômico-social que um país, mesmo podendo ter 'cronologicamente' a iniciativa de uma inovação, não pode, porém, conservar o 'monopólio político' dela e, portanto, servir-se desse monopólio como base para a hegemonia? Então, que significado pode ter hoje o nacionalismo? Não será ele possível apenas como 'imperialismo' econômico-financeiro e não mais como 'primado' civil ou hegemonia político-intelectual?". Q. 13, p. 1.618.
68 "Pode-se dizer que a máxima de Kant ["Age de tal modo que a tua conduta se torne uma norma para todos os homens, em condições similares", N. da A.] está ligada à época, ao Iluminismo cosmopolita e à concepção crítica do autor, isto é, está ligada à filosofia dos intelectuais como camada cosmopolita". Q. 11, p. 1.484.
69 Talvez seja apenas uma notação marginal recordar que a primeira edição (temática) dos *Cadernos* saiu no meio da campanha orquestrada por Zhdanov e Suslov, a partir de 1948, contra o "cosmopolitismo" e o "desenraizamento" nacional. O principal alvo eram os judeus soviéticos (e os artistas) suspeitos de serem agentes sionistas, depois do nascimento do Estado de Israel, que, contrariamente às expectativas de Stalin, havia assumido orientações filoamericanas. Muitos judeus desapareceram na prisão ou foram mortos. Falar de cosmopolitismo, no âmbito do movimento comunista, foi durante muito tempo afetado por esse "banimento" sangrento.
70 Q. 9, p. 1.190.

[71] Q. 19, p. 1.988.
[72] Q. 4, pp. 452-453.
[73] Q. 6, p. 795.
[74] Q. 2, p. 255.
[75] Essa mudança de opinião não é percebida nem compreendida por muitos, incluindo Timothy Brennan, que, na esteira de Michael Löwy, argumenta: "Antonio Gramsci, certamente, explorou nos *Cadernos do Cárcere* o fenômeno do 'cosmopolitismo imperial' dos intelectuais italianos de maneira detalhada [...]. Tal como muitos intelectuais marxistas da sua geração, como Michael Löwy demonstrou, ele considerava o cosmopolitismo um desvio idealista do internacionalismo, cultivado por certas classes médias em contextos nacionais bem definidos". Brennan, 2003, p. 43 (tradução minha).
[76] Q. 19, p. 1.988.
[77] "O movimento político que conduziu à unificação nacional e à formação do Estado italiano deve necessariamente desembocar no nacionalismo e no imperialismo militarista? Pode-se sustentar que este desfecho é anacrônico e anti-histórico (isto é, artificial e de pouco fôlego); ele é realmente contra todas as tradições italianas, primeiro romanas, depois católicas". *Idem*, pp. 1.987-1.988.
[78] *Idem*, p. 1.988.
[79] *Idem, ibidem*.
[80] Mark McNally, em alguns dos seus escritos e em particular em McNally, 2019, pp. 633-649, tem enfatizado, em polêmica com as teorias neogramscianas da escola canadense de relações internacionais de R. W. Cox e S. Gill, a necessidade de uma revisão profunda delas, que comece "com um retorno ao sentido próprio dos escritos de Gramsci e, em particular, à sua conjugação da hegemonia com o conceito de 'nacional-popular'. Tal abordagem [...] captaria também o carácter peculiar da perspectiva internacional (*internationalism*) de Gramsci" (p. 643). Embora o apelo ao nacional-popular seja muito apropriado, parece-me, no entanto, que McNally o limita à função de uma modulação do internacionalismo de Gramsci "a fim de dar prioridade estratégica à luta nacional" (*idem*, p. 644), ou seja, sem compreender a complexa revisão gramsciana do sujeito nacional e supranacional expressa na proposta do novo tipo de cosmopolitismo.
[81] Q. 19, p. 1.988. Sobre a "missão" da Itália é preciso ter presente o que Gramsci escreve no Q. 14, p. 1.675, a propósito do "sectarismo particular que caracteriza a mentalidade italiana", difundida seja nas correntes democráticas, seja nas conservadoras, "ligada à ideia de uma 'missão' nacional, nebulosamente compreendida e misticamente intuída".
[82] "O homem conhece objetivamente na medida em que o conhecimento é real para todo o gênero humano *historicamente* unificado em um sistema cultural unitário; mas este processo de unificação histórica ocorre com o desaparecimento das contradições que dilaceram a sociedade humana, contradições que são a condição da formação dos grupos e do nascimento das ideologias não universal-concretas [...]. Há, portanto, uma luta pela objetividade (para libertar-se das ideologias parciais e falaciosas) e esta luta é a própria luta pela unificação cultural do gênero humano". Q. 11, p. 1.416.
[83] Q. 6, p. 795. Para esse propósito deve-se ter presente as notas nas quais se faz referência às linguagens não verbais tendentes ao cosmopolitismo, como a música, a pintura, a arquitetura; ver Q. 9, pp. 1.193-1.194 e Q. 23, pp. 2.193-2.195.
[84] Q. 14, p. 1.729. "A história contemporânea oferece um modelo para compreender o passado italiano: existe, hoje, uma consciência cultural europeia e existe uma série de manifestações de intelectuais e políticos que sustentam a necessidade de uma união europeia: até se pode dizer que o processo histórico tende para esta união e que existem muitas forças materiais que só com esta união poderão se desenvolver: se em x anos esta união se realizar, a palavra 'nacionalismo' terá o mesmo valor arqueológico da atual 'municipalismo'". Q. 6, p. 748.

6

O moderno Príncipe

6.1 – O Príncipe e o novo Príncipe

Marx e Maquiavel. Este tema pode dar origem a [...] um livro que extraísse das doutrinas marxistas um sistema ordenado de política efetiva, como o do *Príncipe*. O tema seria o partido político, nas suas relações com as classes e com o Estado: não o partido como categoria sociológica, mas o partido que quer fundar o Estado.[1]

Com essas palavras, Gramsci introduz o tema do partido nas suas notas de prisão ou, mais precisamente, alude a um projeto de livro, "tipo *Príncipe*", que deveria lidar com isso.
 Esclareça-se desde já que o novo Príncipe (na sequência, Príncipe moderno) é, antes de tudo, para Gramsci, o título de um livro-manifesto cujo conteúdo é a exposição do que é "o partido que pretende fundar o Estado", isto é, um partido-ação que projete dar vida a uma nova forma estatal,[2] baseando-se em dois princípios inéditos: uma soberania tendencialmente "cosmopolita de novo tipo" e a unidade entre cultos e comuns, entre dirigentes e dirigidos, entre o saber e o trabalho, visando a uma possível superação da separação entre governantes e governados.[3] Para Gramsci, consciente inteiramente da total interpenetração de estilo e conteúdo, a questão da forma "literária", da marca expositiva, parece, assim, crucial desde o início. Ele quer evitar a todo o custo o risco de um tratamento sociológico,[4] isto é, de reduzir "um método de ação" à soma de "investigações e pedantes classificações de princípios e critérios".

É preciso uma exposição formalmente "dramática", "viva", e aqui vem em socorro o *Príncipe* maquiaveliano, cujas características fazem dele um modelo de inspiração.

> O caráter fundamental do *Príncipe* é o de não ser um tratado sistemático, mas um livro "vivo", no qual a ideologia política e a ciência política fundem-se na forma dramática do "mito" [...] parece que todo o trabalho "lógico" não é mais do que uma autorreflexão do povo [...]. De raciocínio sobre si mesma, a paixão se transforma em "afeto", febre, fanatismo de ação [...]; o epílogo do *Príncipe* não é algo de extrínseco, [...] pelo contrário [é] como aquele elemento que reverbera sua verdadeira luz em toda a obra e faz dela um "manifesto político".[5]

O *Príncipe*, na leitura gramscina, é o exemplo perfeito de um "manifesto político", mais do que o próprio *Manifesto Comunista* ou *Que fazer?*, de Lenin, porque consegue fundir magistralmente ciência e ideologia, teoria e práxis, lógica e paixão, numa síntese que empurra para a ação seus destinatários. Na figura única do *condottiere*, do líder, Maquiavel condensa "miticamente" o complicado processo de formação de uma vontade coletiva em torno de um determinado fim político (a unidade da península), sem que se produzam divisões entre "os que sabem" e "os que não sabem", entre quem lidera e quem segue. "Pode-se, assim, supor que Maquiavel tenha em vista 'os que não sabem' [...] que pretenda persuadir estas forças da necessidade de ter um 'líder' que saiba o que quer e como obter o que quer, e de aceitá-lo com entusiasmo, ainda que as suas ações possam estar ou parecer estar em contraste com a ideologia difusa da época, a religião".[6]

É em relação à figura do *Príncipe* que Gramsci reexamina o tema da narrativa mítica, imprimindo um tom particular a uma inspiração que havia sido imposta de forma preponderante na reflexão e na práxis da época, confrontada com a irrupção das massas na cena política. No "mito" se cristaliza a necessidade de conectar a "espontaneidade" da paixão e da ação com a "racionalidade" da previsão, sem que uma anule a outra, e vice-versa. E a experiência mais próxima a que Gramsci havia prestado e continua a prestar atenção crítica é o sindicalismo sorelliano, com sua permanente advertência para não deixar morrer, sob a capa do saber burocratizado e opressivo, o "espírito de divisão" e a "espontaneidade" dos produtores. "O *Príncipe* de Maquiavel poderia ser estudado como uma exemplificação histórica do 'mito' sorelliano".[7]

Em suma, o moderno príncipe-livro deveria fornecer uma narrativa "viva", "dramática", "mítica" de como se forma uma vontade coletiva voltada para a fundação de um novo Estado, apoiando-se em uma primeira célula que já apareceu historicamente, o partido político. Uma vez que o modo de exposição se revela essencial para salvaguardar a peculiaridade do conteúdo, a referência ao *Príncipe* se constituia num formidável guia para delinear, entre analogias e diferenças, o perfil do novo sujeito político. Se a analogia é correta no plano formal, as diferenças emergem quando se passa ao conteúdo, ao Príncipe moderno, ao partido político em torno do qual se articulam as maiores inovações da investigação presente nos *Cadernos*: do papel político dos intelectuais à categoria da hegemonia, da conversão do marxismo em filosofia da práxis à análise do fascismo e do americanismo, passando pelo repensar de experiências políticas passadas que vão das "questões russas" à polêmica com Bordiga e à bolchevização.[8]

A primeira grande diferença reside na diversidade dos tempos históricos. *O Príncipe* foi composto para despertar as energias necessárias à fundação do Estado moderno, o Príncipe moderno deveria servir para criar as bases de uma nova soberania nacional-supranacional. A segunda diferença – igualmente relevante – é que enquanto o protagonista do *Príncipe* é um indivíduo, um líder que na sua pessoa encarna a vontade coletiva, o protagonista do drama histórico moderno é um sujeito coletivo que tem já uma história concreta.

6.2 – A forma partido

O moderno Príncipe é, portanto, um organismo, não uma pessoa; ele já existe, produto "do desenvolvimento histórico e é, o partido político, a forma moderna na qual se sintetizam as vontades coletivas parciais que tendem a se tornar universais e totais".[9] Por isso, a sua elaboração não tem o caráter utópico do precedente maquiaveliano, mas assenta a sua novidade no terreno já amplamente explorado do constitucionalismo moderno, do "Estado parlamentar com o seu regime de partidos".[10] Nos *Cadernos*, Gramsci está registrando, para depois imprimir-lhe desenvolvimentos totalmente originais, o fato de que, no decurso da dramática crise vivida pelo "parlamentarismo",[11] em muitas experiências europeias, entre os anos 1920 e 1930, havia ocorrido uma forte inovação na teoria do partido político. "Deve-se observar como, nos regimes que se estabelecem como totalitários, a função tradicional da coroa, como instituição, é, na realidade, absorvida por um determinado partido, que, aliás, é totalitário porque precisamente assume tal função".[12]

Ultrapassando os marcos do liberalismo do século XIX – no qual o partido político, devendo conciliar a tradição constitucional com o sistema liberal, exibia uma natureza ambígua e controversa –, foi-se afirmando uma visão que elevava o partido a uma "forma" política com dignidade e prerrogativas constitucionais. Foi o historiador das instituições políticas, Paolo Pombeni, que utilizou a expressão "forma partido" para captar o caráter e a função "institucional" que o partido político estava assumindo no contexto da crise da ordem estatal liberal:

> Com ela se busca identificar o significado "normativo" [...] de uma "instituição", como é o partido [...] uma "organização" na qual o significado original da adesão é fortemente diminuído frente à natureza da "pessoa" que a própria organização se autoatribui, gozando assim de uma identidade distinta da vontade dos aderentes e, portanto, [...] dotada de vontade e capacidade de agir que são constitucionalmente diferentes dos atos e volições das individualidades físicas que são, em termos concretos, o instrumento de expressão.[13]

No rescaldo da Grande Guerra, com o desenvolvimento dos partidos de massa, que se tornam os protagonistas indiscutíveis da cena político-parlamentar, a realidade do partido começou a ser considerada não apenas e não tanto um elemento da crise do parlamentarismo (veja a República de Weimar), mas um "potencial motor para a criação de um princípio de unidade". Esse princípio torna-se a condição indispensável para a difusão da nova ideia do partido como um "Estado em potencial": "o partido deixa de ser cúmplice do caos típico do Estado de partidos, para ser progressivamente reconhecido como potencial portador de unidade, precisamente porque é Estado *em construção*".[14] A tendência para assumir personalidade estatal confere ao partido um caráter totalitário, no esforço de superar conflitos e fraturas que se demonstravam tendencialmente catastróficas:

É neste sentido que o partido se orienta tendencialmente para os interesses gerais (verdadeiros ou presumidos, pouco importa): porque só eles geram obrigação política. É, entretanto, por este mecanismo que o partido tende inevitavelmente a ser totalitário, isto é, a englobar em si todos os aspectos da vida: porque só assim pode concentrar no seu interior o complexo de obrigações, evitando [...] perigosos conflitos de fidelidade.[15]

Tendo em conta essas mudanças inovadoras que emergem, entre as décadas de 1920 e 1930, no plano histórico-político e no plano teórico, o que importa relevar é a margem de variação que Gramsci introduz nelas com a teoria do moderno Príncipe.[16]

6.3 – Croce e Sorel – A paixão e o mito

Foi apenas no correr de 1932 que Gramsci tomou plena consciência do problema teórico que tinha diante de si e deu forma mais completa e original à sua concepção de partido na fórmula do moderno Príncipe. O distanciamento de Gramsci em relação à teoria política crociana foi beneficiado pela leitura do ensaio de Luigi Russo sobre Maquiavel, que, ao sugerir uma imagem mais comovente do Secretário, orienta sua atenção para a componente mítico-religiosa da política.[17]

As reflexões de Gramsci sobre o tema começaram em novembro-dezembro de 1930, quando, ao comentar um artigo de Azzalini sobre Maquiavel,[18] se depara com um feixe de problemas e decide "tentar desvendar os nós e ver se chego a conceitos claros e por minha conta".[19]

O seu interesse se concentra sobre a "intuição" na esfera política e sobre a "arte" política, isto é, sobre conceitos que, evocando o pertencimento da política a um âmbito que ultrapassa a pura racionalidade, põem em questão a sua relação com a multiformidade móvel da vida. Esta última, como havia sublinhado Bergson (por Gramsci, aqui amplamente citado), pode ser apreendida a partir de dentro, não pela inteligência, mas pela intuição do artista; no entanto, como reconhecia o próprio Bergson, "a intuição estética não apreende mais do que a individual", enquanto a intuição política, ao investir na dimensão coletiva, revela uma natureza diferente da intuição estética.

> A intuição política não se expressa no artista, mas no "líder", e, por "intuição" se deve entender não o "conhecimento das individualidades", mas a rapidez em ligar fatos aparentemente estranhos entre si [...] e suscitar as paixões dos homens e orientá-los para uma determinada ação [...]. Além disso, o "líder em política" pode ser um indivíduo, mas também um corpo político mais ou menos numeroso.[20]

Nessa linha de pensamento, que justapõe a política à arte, mas distinguindo-a da arte, Gramsci, num esforço para definir sua natureza, estabelece um paralelo entre o *Príncipe* maquiaveliano e o partido político moderno. E aqui, sem sombra de dúvida, ele tem em mente precisamente um partido historicamente existente, o partido bolchevique, "um elemento de equilíbrio dos diferentes interesses que lutam contra o interesse dominante". Diferentemente do que ocorre com o "chefe de Estado" no direito constitucional tradicional, esse partido "não reina nem governa, juridicamente", porque "sob esta realidade, que está em contínuo movimento, não se pode criar um direito constitucional de tipo tradicional, mas apenas um sistema de princípios que afirmam como finalidade do Estado o seu próprio fim, o seu próprio desaparecimento, isto é, a reabsorção da sociedade política na sociedade civil".[21]

Vale dizer, Gramsci tem em mente um tipo de partido que ultrapassa os cânones do direito estatal porque lhe atribui como objetivo, na linha da clássica lição marxiana, a extinção do Estado (certamente um dos componentes do "mito" do moderno Príncipe) e, portanto, sua "personalidade" não pode permanecer na esfera do convencionalismo e do artifício jurídico. Por isso, as questões sobre a sua natureza se fazem cada vez mais prementes. Nesse momento, avança apenas por aproximações negativas: não é *ciência* porque envolve a vida, com a sua imprevisível movimentação passional; mas não é tampouco *arte*, que se assenta na contingência e ocasionalidade do caráter do líder; não é também *técnica*, dado o envolvimento das massas na ação política. Na sua busca do que é específico da política, Gramsci escolhe medir-se com Croce e Sorel, com a política-paixão de Croce e a política-mito de Sorel: o resultado será a sua teoria do partido como moderno Príncipe.

"O elemento passional como origem do ato político, assim como foi teorizado por Croce, não pode ser aceito como tal".[22] Gramsci atribui ao filósofo napolitano a visão da política como resultado de impulsos imediatos, passionais, que, precisamente por serem assim, não suportam ser teorizados, explicados e muito menos organizados. A política é, portanto, sempre e apenas a ação de personalidades individuais que forjam instrumentos adequados para o triunfo da sua "paixão".[23] Nessa visão, os partidos não têm nenhuma consistência autônoma, mas são só instrumentos ocasionais a serviço dos chefes políticos. E, precisamente referindo-se a Croce, Gramsci menciona a "teoria dos mitos" de Sorel para argumentar, nessa nota de 1930, que ela "não é mais do que a 'teoria das paixões' com uma linguagem menos precisa e formalmente coerente".[24] Como Sorel não lhe mostra uma via mais convincente do que a crociana, e como a teoria da paixão não explica a permanência do partido político, chega à conclusão de que "a vontade política deve ter também outra fonte além da paixão".[25]

Daí em diante, começam a se acumular, no próprio Caderno 7 e no Caderno 8, uma série de notas escritas entre dezembro de 1931 e abril de 1932, animadas pela vontade de identificar o princípio da *concretude* da vida política para além dos limites da política-paixão e da política-mito.[26]

É na nota 61 do Caderno 8, sob o título *Maquiavel*, que Gramsci enfrenta diretamente a questão teórica do lugar que a política ocupa numa concepção sistemática e coerente do mundo, em uma filosofia da práxis. É uma nota "convulsa", em confronto contínuo com Croce, que tem o mérito, a seu ver, de ter reconhecido um valor autônomo à prática, embora a tenha isolado de uma forma distinta. Em torno do lugar ocupado pela atividade política no sistema das superestruturas,[27] Gramsci acumula questões e problemas, justapondo categorias crocianas e marxianas, que não serão resolvidos senão quando ele tiver afinado o seu aparelho conceitual, da tradutibilidade das linguagens à hegemonia.

Nas notas seguintes, dedicadas a esclarecer a figura de Maquiavel como filósofo da práxis, Gramsci chega a uma definição mais convincente do nexo teoria-política. Na nota 84, "Maquiavel. Ser e dever ser", começa por distinguir entre o cientista da política e o político em ação. O cientista deve mover-se apenas dentro da realidade efetiva, mas Maquiavel não é apenas um cientista, é um homem apaixonado, um político em ação e, portanto, um criador que se baseia na realidade efetiva, que é uma relação de forças em contínuo movimento. "O 'dever ser' entra em campo, não como pensamento abstrato e formal, mas como interpretação realista e historicista da realidade, como apenas história em ação ou política". Está aqui, na interpretação da realidade como "relação de forças em movimento", que Gramsci chega definitivamente a um acordo com Croce e a sua crítica à "previsão", superando o limite metafísico e especulativo da sua concepção da realidade, dos fatos históricos com a resolução da história na política. Maquiavel é, portanto, um realista, ao contrário de Savonarola, contudo, "não se pode esperar que um indivíduo ou um livro altere a realidade", mas apenas que indique as linhas de ação. E Maquiavel não se propunha a mudar a realidade, mas apenas mostrar concretamente como deveriam operar as forças históricas. E aqui muda o juízo sobre os limites de Maquiavel: não mais um utópico, mas "um indivíduo particular, um escritor e não um líder de um Estado ou de um exército, e não 'de um exército de palavras'".[28]

Na nota "Maquiavel. A paixão", Gramsci dá mais um passo, novamente para encontrar "outra mola" para a atividade política, ancorando a política na economia. Isso pode lhe permitir rejeitar a tese crociana de que, fundando a política apenas na paixão, considera impossíveis as formações políticas permanentes, uma vez que a paixão, organizada de maneira estável, invade a racionalidade, anulando-se como paixão. Em outras palavras, o partido político não é função das massas "apaixonadas", mas das elites ou de "líderes" que as dirigem. No Caderno 10, Gramsci identificará no interesse alimentado por Croce pela ação política das classes subalternas a razão que o leva a identificar a política com a paixão, isto é, como uma ação puramente "defensiva" daqueles que tentam escapar ao "sofrimento" real ou presumido e não se colocam acima dele. "Se se examina bem este conceito crociano de 'paixão' [...] se vê que ele, por sua vez, só pode ser justificado mediante o conceito de luta permanente [...]. Em suma, não pode existir 'paixão' sem antagonismo [...]. Pode-se dizer, portanto, que em Croce o termo 'paixão' é um pseudônimo de luta social".[29]

Na realidade, a experiência mostra que, mesmo na ação de pura "resistência" das massas, existe um núcleo permanente e construtivo que a política-paixão não dá conta. A solução a que Gramsci chega em 1932 reside na unidade/diferença entre política e economia. "A política é ação permanente [...] na medida em que se identifica com a economia. Mas também se distingue desta [...] fazendo entrar em jogo sentimentos e aspirações em cuja atmosfera incandescente o próprio cálculo da vida humana individual obedece a leis diversas daquelas do interesse individual".[30]

Política se identifica, portanto, com "economia + sentimentos e aspirações". A economia, vale dizer, as relações sociais de produção e reprodução, fornece a rede de estabilização e ancoragem da política a algo maior e diverso da exclusiva habilidade ou arte do "líder" ou da mutabilidade e ocasionalidade das "paixões". Sozinha, porém, não é suficiente; seria um cálculo racionalista inerte, distante das excitações emocionais que mobilizam os indivíduos para além do seu estrito "benefício".

Para ver mais aprofundadamente aquele complexo de "sentimentos e aspirações" que marcam a política e a distinguem da economia, Gramsci toma agora decisivamente o caminho do confronto com Sorel e sua "teoria do mito". Abandona a referência à política-paixão de Croce, como atesta uma variante do texto do Caderno 7, no qual, em vez da afirmação de que a "'teoria dos mitos' não é outra coisa senão a 'teoria das paixões' em linguagem menos precisa e formalmente coerente", escreve:

> [...] a teoria dos mitos é, para Sorel, o princípio científico da ciência política, é a "paixão" de Croce estudada de modo mais concreto, é o que Croce chama de "religião", isto é, uma conceção do mundo com uma ética adequada, é uma tentativa de reduzir em linguagem científica a concepção das ideologias da filosofia da práxis vista através das lentes do revisionismo crociano.[31]

Uma vez estabelecida a identificação da política com "economia + sentimentos e aspirações", é em direção ao "mito" que o interesse de Gramsci é mobilizado para dar conta daquele elemento mais afetivo, emocional e não racional que se adensa em torno do posicionamento econômico e que constitui a faísca que acende a vontade e o impulso para a ação, ligando teoria e práxis.

O mito, na acepção desenvolvida por Sorel, apresenta um caráter que se revela essencial aos olhos de Gramsci: a "fé" é vivida como ação, práxis transformadora.[32] E é precisamente esse poder de superação da passividade que é sublinhado por Ernst Cassirer, filósofo das formas simbólicas, quando realça o nexo indissolúvel que subsiste entre emoção-paixão e expressão simbólica-ação. Por meio da imagem mítica, a paixão emocional inicial se transforma em ação e em ação coletiva. "Todas aquelas teorias que mencionam exclusivamente o elemento emocional não conseguem ver um ponto essencial. O mito não pode ser descrito como emoção pura e simples, porque é a expressão da emoção. A expressão de um sentimento não é o sentimento em si: é a emoção transformada em uma imagem".[33]

No mito, a transformação das sensações "intuídas" em imagens não pertence à esfera do estético, do fato artístico, mas à práxis, à constituição do *simbólico* e da ação simbólica.

Entendida desse modo, a narrativa mítica fornece a Gramsci a chave para combater, no mesmo terreno da "fé", "a persuasão em um finalismo fatalista de caráter similar ao religioso" que o economicismo incute nas classes subalternas, isto é, "a convicção férrea de que, para o desenvolvimento histórico, existem leis objetivas do mesmo caráter das leis naturais".[34] O mito alimenta, por sua vez, uma fé politicamente ativa que contrasta com a passividade induzida pelo determinismo econômico, para o qual "as condições favoráveis terão fatalmente de surgir e irão determinar, de modo bastante misterioso, acontecimentos palingenéticos".[35] Gramsci agora mobiliza contra Croce a potência liberadora da energia evocada miticamente. A presença na filosofia da práxis, para além da racionalidade, do elemento de fé, mítico, lhe parece um componente necessário de uma política de massas que quer manter unidos dirigentes e dirigidos, governantes e governados. O "mito" contribui para a formação da vontade coletiva porque dá conta, de modo *concreto* e realista, do que move a vida real das classes subalternas, sem abrir uma fratura intransponível com as classes intelectuais. Iluminando esse ponto, se compreende o paralelo estabelecido por Gramsci entre o mito e "aquilo que Croce chama 'religião'".

A nota 84 do Caderno 7 (dezembro de 1931) testemunha um novo giro de pensamento que o leva a apreender a densidade concreta da vontade política, deslocando o seu eixo da paixão ao mito e à religião, e ao complexo de motivos que giram em torno desse deslocamento. Gramsci se detém no significado do termo francês *"mystique"*, "um estado de ânimo de exaltação política não racional ou não racionalizada, um fanatismo permanente que não se deixa coibir por demonstrações corrosivas, que, afinal, não é senão a 'paixão' de que fala Croce ou o 'mito' de Sorel".[36] Imediatamente, segue-se uma referência à escola mística fascista, na qual se "fala de mística para não usar os termos 'religiosidade' ou até mesmo 'religião'" e "o significado da mística francesa se aproxima daquele de 'religião', como é empregada por Croce em *Storia d'Europa*".[37]

Mas é só em janeiro-fevereiro de 1932, no Caderno 8, que se dá a verdadeira virada. Pela primeira vez comparece a expressão *O Moderno Príncipe*, que dá título a uma nova rubrica. Aqui Gramsci, retomando a sugestão do Caderno 4, apresenta o projeto de recolher "todos os apontamentos de ciência política que possam contribuir para a formação de um trabalho de ciência política que seja concebido e organizado segundo o modelo de *O Príncipe*, de Maquiavel".[38] E indica a caraterística fundamental de um livro "vivo", como a obra maquiaveliana: transformar a ideologia em mito, isto é, em "imagem" fantástica e artística. O mito-Príncipe é a representação plástica em um líder, em um símbolo vivo, do processo de formação da "vontade coletiva", isto é, da ativa unificação em um querer comum de vontades múltiplas e dispersas.

O "mito", à diferença da teoria das paixões de Croce, une teoria e práxis, constituindo a forma adequada para a definição da política como a soma de "economia + sentimentos e aspirações".

6.4 – Mito

Gramsci, portanto, define o "mito" como a transfiguração da ideologia política em "imagem" fantástica e artística, encarnada em uma pessoa concreta (se em um organismo complexo a diferença será essencial, como veremos), "símbolo" da vontade coletiva.

O "mito", para ser efetivamente tal, deve ter uma forma "concreta e eficaz", como ele próprio tenta explicar no Caderno 15, referindo-se ao mito histórico do Terceiro Reich, que é "imediatamente compreensível" para os alemães devido à continuidade histórica do Império Germânico. Enquanto o conceito da "terceira Itália" do Risorgimento permanece uma ideia abstrata e intelectualizada, não compreendida imediatamente pelo povo devido à ausência de continuidade entre a Roma antiga e a papal, e mesmo a fórmula mítica "Itália do povo", que teve maior sorte, Mazzini, no entanto, "não conseguiu enraizá-la".[39]

Mas em que sentido o "mito", assim entendido, intervém na teoria do moderno Príncipe? Através de um entrelaçamento, difícil de desvendar, entre a questão da exposição, ou seja, como se escreve o livro sobre o moderno Príncipe, e a questão do conteúdo, isto é, os fins e os meios do partido.

Meditando sobre o modo de exposição, Gramsci cruza, simultaneamente, a complexa problemática da construção e da vida do partido-moderno Príncipe.

O tema do projeto-livro é inicialmente abordado no Caderno 4 nos termos da composição de "um livro 'dramático', em um certo sentido, um drama histórico em ação"; neste período, Gramsci confia a qualidade 'dramática', não sociológica, do texto à narração histórica, seguindo os passos de Croce. Mas, no Caderno 8 e depois no Caderno 13, o discurso histórico, como vimos, não lhe parece mais suficiente, necessitando uma narrativa "mítica", isto é, um tipo de exposição, através da "fantasia", capaz de sintetizar a racionalidade com a fé, de reproduzir concretamente a unidade viva das vontades individuais.

É em relação a essa necessidade que define *O Príncipe* como "exemplificação histórica do mito soreliano", antepondo Maquiavel a Sorel,[40] porque o mito da greve geral é uma "atividade passiva", "ou seja, de caráter negativo e preliminar [...] uma atividade que não prevê uma fase própria 'ativa e construtiva'".[41]

O teórico da greve geral mantém viva a exigência de espontaneidade, de adesão permanente às correntes vindas "de baixo", com a crítica corrosiva de qualquer imposição de planos e previsões intelectualistas, mas cai no arbitrário e no irracional quanto aos fins.[42]

O Príncipe, pelo contrário, dá forma a um mito que tende a orientar a vontade coletiva para a construção do Estado moderno. Portanto, é o texto de Maquiavel que Gramsci assume como modelo literário para compor uma obra a ser intitulada *O Moderno Príncipe*. E, ao começar a traçar seus contornos, a comparação com os *Prolegomeni*, de Luigi Russo, por um lado, e com De Sanctis, por outro, revelou-se bastante fecunda.[43] As sugestões que daí retira lhe permitem confiar à faculdade dramática da "fantasia" o poder de criar a "concretude", a vivacidade da imagem mítica.[44]

Ao contrário de Croce, para quem evocar a fantasia a propósito do marxismo significava compará-lo ao "sonho", o Gramsci dos *Cadernos* a considera "a dimensão que confere concretude ao mito [...]. Em suma, a fantasia é a garantia da eficácia, do enraizamento do mito na vida real, não o sinal da sua extemporaneidade".[45]

O seu conceito de fantasia se enriquece na reelaboração de De Sanctis da distinção hegeliana entre imaginação e fantasia. Segundo De Sanctis, enquanto a imaginação vagueia à volta do objeto e o restitui nas suas formas visíveis e plásticas, a fantasia o anima a partir do interior, lhe confere vida real. Nesse sentido, a fantasia é uma faculdade não inferior, mas sim complementar da inteligência.[46] A mesma oposição entre fantasia e imaginação é também aplicada pelo crítico para caracterizar também a diferença de gênero na produção artística, atribuindo às mulheres a imaginação que conduz ao lirismo, e não à fantasia que produz o drama.[47]

Gramsci, que conhecia esses textos,[48] os compartilha a tal ponto que fez eco de passagens deles, quase literalmente, numa carta enviada à sua cunhada da prisão de San Vittore:

> Não se pode pedir a ninguém que imagine coisas novas; mas se pode exigir [...] o exercício da fantasia para completar, com base nos elementos conhecidos toda a realidade viva. Eis onde quero atingí-la e enfurecê-la. Você, como todas as mulheres em geral, tem muita imaginação e pouca fantasia; e mais, a imaginação em você (como nas mulheres em geral) age num só sentido, no sentido que eu chamaria (vejo-a dar um pulo) [...] protetor dos animais, vegetariano, próprio das enfermeiras: as mulheres são líricas (para usar um tom mais elevado) *mas não são dramáticas*. Imaginam a vida dos outros (mesmo a dos seus filhos) unicamente do ponto de vista da dor animal, mas não sabem recriar com a fantasia toda a vida de uma outra pessoa, em seu conjunto, em todos os seus aspectos.[49]

Gramsci acredita que Maquiavel dá uma prova altíssima de "capacidade dramática" criando uma figura que unifica em um símbolo vivo (mito) a "lógica" e a "paixão" em resposta a uma necessidade histórica.

Para além da concretude alcançada com a sua forma "mítica", o *Príncipe* não pode ser o ponto de referência imediato dos tempos modernos. A complexidade social, o crescimento do senso crítico, o próprio desenvolvimento do fenômeno da secularização, fazem com que não possa mais ser uma "pessoa real, um indivíduo concreto", mas somente um "organismo" ou mesmo uma instituição. Só o partido político pode criar uma vontade coletiva "endereçada para metas concretas e racionais, mas de uma concretude e racionalidade ainda não verificadas e criticadas por uma experiência histórica efetiva e universalmente conhecida".[50]

Então, o "mito" estará destinado a se eclipsar, como aconteceu com a "greve geral" de Sorel? Ou então a se racionalizar, num certo sentido? Ou a permanecer apenas como um tênue traço no título de um livro? A resposta de Gramsci se mantém em suspenso, pois se é verdade que a racionalidade institucional foi bem-sucedida, na Europa dos anos 1930 as massas estão tão poderosamente presentes na cena política e acumulam tanta experiência que torna menos arbitrário o mito político da sua unificação numa "vontade coletiva".

O problema do partido reside na junção entre o elemento racional, estável, e o elemento passional, volátil. Como vincular os dois aspectos? Como se passa do pensamento à mobilização da vontade? E vice-versa, da erupção súbita e momentânea das paixões-ações à estabilidade e permanência de uma vontade coletiva? Da lógica à vida e da vida à lógica? Croce está firmemente convencido de que não há passagem e, consequentemente, a filosofia não tem qualquer vínculo com a política, que se move no terreno da vontade, cuja relação com o pensamento é somente instrumental e, portanto, "ideológica", num sentido negativo. A vontade, por outro lado, é manifestação de uma individualidade única, de um chefe político, e nunca pode ser coletiva.

Fortalecido pelas aquisições alcançadas no campo da filosofia da práxis, Gramsci contesta o irracionalismo de Croce de que as paixões não podem ser organizadas e que a "previsão" dos fatos sociais não é possível.[51]

> Outro elemento que, na arte da política, conduz ao abalo dos velhos esquemas naturalistas é a substituição, na função dirigente, de indivíduos, líderes individuais (ou líderes carismáticos como diz Michels) dos organismos coletivos (os partidos). Com o crescimento dos partidos de massas e a sua adesão orgânica à vida mais íntima (econômico-produtiva) da própria massa, o processo de estandartização dos sentimentos populares, que era mecânico e casual [...] torna-se consciente e crítico. O conhecimento e o julgamento da importância de tais sentimentos jamais ocorrem, por parte dos chefes, através de intuições apoiadas na identificação de leis estatísticas, isto é, por meio de vias racionais e intelectuais, frequentemente muito falaciosas – que o chefe traduz em ideias-força, em palavras-força –, mas ocorre, por parte do organismo coletivo, através da "coparticipação ativa e consciente", da "copassionalidade", da vivência dos pormenores imediatos, de um sistema que se poderia chamar de "filologia viva".[52]

Importante aqui a ruptura histórica representada pela "XI Tese sobre Feuerbach", que certamente não sinaliza o fim da filosofia, longe disso.

Até agora, a filosofia observou, dominou, governou as paixões ou a massa dos que sentem, mas não sabem que está excluída por princípio do círculo filosófico, sendo mero objeto. Na Tese XI, a paixão, ou a massa dos que sentem, torna-se o sujeito e o problema filosófico muda radicalmente, estabelecendo novas mediações entre razão, vontade e paixão. A "previsão" perde, pela unidade da filosofia e da política que faz da realidade um campo de "relações de forças", o caráter de abstrata pretensão intelectualista, florece da relação gnoseológica sujeito-objeto para entrar no circuito da práxis histórica, podendo assim incorporar também elementos "míticos".[53]

A tradutibilidade recíproca de economia-política-filosofia motiva a existência racional do sujeito coletivo-partido, capaz de "conectar" razão e passionalidade, superando a barreira entre lógica racional e lógica mítico-simbólico-religiosa. Uma forma política que liga classes intelectuais e massas populares carregadas de crenças, de mitos, de sentimentos e escatologias religiosas, que age para "reformar" essas massas, mas deixando-se, ao mesmo tempo, atravessar pela dimensão não racional que as atravessa.[54]

6.5 – Vontade coletiva

É bom esclarecer, do princípio ao fim, que o partido, na visão gramsciana, não é o demiurgo criador da "vontade coletiva", certamente a organiza e a orienta, mas não a cria.

O conceito de vontade coletiva é um verdadeiro desafio teórico para ambos os termos que o compõem: a vontade e o seu ser coletivo; através dele Gramsci procura dar resposta, por um lado, ao problema da relação entre necessidade e liberdade, entre vínculo econômico-social e livre ação política e, por outro, à constituição "real" e não fictício-convencional de uma entidade supraindividual que dote as "massas" de personalidade política, fundamento da democracia. Nas suas mais diversas versões, o liberalismo coloca o indivíduo como princípio e fim; a teoria democrática, para se manter e funcionar, deve dar forma e expressão ao nexo concreto de relações em torno do qual o indivíduo vive e atua.

"A proposição de que 'a sociedade não se coloca problemas para cuja solução não existam já as premissas materiais'" é, segundo Gramsci, a chave para compreender como "se formam as vontades coletivas permanentes e como estas vontades propõem fins concretos imediatos e mediatos, ou seja, uma linha de ação coletiva". A definição de política como "economia + sentimentos e expectativas" ancora a formação da vontade coletiva em processos historicamente relevantes, ou seja, aqueles que moldam a temporalidade histórica. "É preciso que seja definida a vontade coletiva e a vontade política em geral no sentido moderno, a vontade como consciência operativa da necessidade histórica, como protagonista de um drama histórico real e efetivo".[55]

A vontade de que tratamos aqui é aquela de uma "consciência operativa da necessidade histórica" (economia), de uma consciência que age para transformar o estado de coisas existente, mas com base na "constituição material do presente", isto é, não arbitrária, utópica ou acéfala. Seguramente, não condicionada de maneira determinista, mas nascida das tendências que ordenam a sociedade. A sua formação é "um processo molecular, minucioso, de análise extrema, capilar",[56] que vai adquirindo, segundo Gramsci, uma dimensão "coletiva" que deve ser compreendida, desenvolvida, organizada e institucionalizada porque é o fundamento "real", não o resultado de um artifício jurídico, da democracia que se projeta para além dos institutos do Estado liberal e pós-liberal.

É bem conhecido o trabalho conceitual que tem animado as modernas teorias contratualistas na procura de argumentos para fundamentar a passagem da vontade individual para a vontade de um sujeito geral, seja ele o povo, a nação, seja o Estado. As doutrinas têm, na maioria das vezes, aprovado soluções convencionais ou procedimentais, e com esse desfecho fogem do contrato social de Rousseau que, através do conceito de vontade geral, procura unificar verdadeiramente as múltiplas vontades individuais numa vontade única. E parece ser efetivamente assim porque, uma vez que nasce do pacto recíproco de contratantes individuais, dissolve na sua vontade universal as vontades individuais a ponto de banir a própria ideia de uma possível existência de maiorias e minorias. Trata-se de uma concepção da vontade política democrática que foi considerada "totalitária" porque, ao se afirmar, cancelaria a liberdade individual.

Para compreender a profunda diferença em relação à vontade coletiva de Gramsci, é preciso dizer que, em Rousseau, a vontade geral se refere exclusivamente à soberania política, à existência política do cidadão abstraída da sua existência quotidiana na sociedade civil, em que os indivíduos continuam a viver a sua liberdade, os seus egoísmos, particularidades, conflitos.[57] Gramsci, na busca da concretude da política, identifica precisamente na *vontade coletiva* a mediação dialética entre singularidade e universalidade: os indivíduos não são apagados ou absorvidos no sujeito coletivo e, ao mesmo tempo, a dimensão coletiva os molda e organiza. A vontade coletiva nada tem de convencional ou contratual, pelo contrário, pretende dar concretude à unidade do individual e do universal, oferecendo uma base real à democracia. E, sobretudo, ela se forma e permanece no seio da sociedade civil, enquanto cabe ao partido, que, por sua vez, vive entre a sociedade civil e a sociedade política, ser o canal para a dimensão político-institucional.

A nota 12 do Caderno 7, "Homem-indivíduo e homem-massa", define as características básicas necessárias para se formar a vontade coletiva: a distinção entre multidão ocasional e assembleia bem organizada, entre individualismo e responsabilidade, juntamente com o desenvolvimento moderno da estandartização.

A multidão, que "se unifica na pior decisão coletiva", é constituída "de homens que não estão ligados por vínculos de responsabilidade em relação a outros homens ou grupos de homens ou em relação a uma realidade econômica concreta", ao passo que uma assembleia "bem organizada", mesmo que seja constituída por "elementos desordeiros e indisciplinados, unifica-se em torno de decisões coletivas superiores à média individual", sobretudo quando o seu "senso de responsabilidade social é despertado vigorosamente pelo sentido imediato do perigo comum e o futuro se delineia mais importante que o presente".[58]

O aspeto central do raciocínio é o juízo resultante da reflexão sobre fenômenos do americanismo, do fascismo e da Rússia soviética, basicamente convergentes, sobre a "estandartização do pensar e do agir" em escala nacional ou até mesmo continental.

Nos processos de massificação da época moderna, surge uma diferença profunda em relação ao passado: o homem coletivo, outrora, era fruto da ação carismática do "chefe", de um "herói", mas, precisamente porque agia de fora, a vontade coletiva não se solidificava, pelo contrário, "compunha-se e decompunha-se continuamente".

> O homem coletivo de hoje forma-se essencialmente de baixo para cima, com base na posição ocupada pela coletividade no mundo da produção: o homem representativo tem, também hoje, uma função na formação do

homem coletivo, mas muito inferior à do passado, tanto que ele pode desaparecer sem que o cimento coletivo se desfaça e a construção desabe.[59]

Trata-se do nascimento de um novo conformismo social, sobre o qual, no Caderno 14, Gramsci faz questão de precisar que "conformismo não significa outra coisa senão 'sociabilidade', mas gosto de empregar a palavra 'conformismo' precisamente para chocar os imbecis".[60] Na luta entre conformismos, entre hegemonias, gerada pela "crise de autoridade" que atravessa a sociedade civil contemporânea, "qual é o ponto de referência para o novo mundo em gestação? O mundo da produção, do trabalho".[61]

A ancoragem na "fábrica", no mundo do trabalho, é uma inspiração central e permanente nas análises gramscianas, desde a experiência dos Conselhos de Turim. Constitui, como aqui se diz claramente, uma bússola indispensável para orientar o "novo conformismo", que, no entanto, não deve deixar na sombra outras dimensões derivadas da tradução do marxismo em filosofia da práxis. Nessas passagens tem-se a impressão da existência de "desníveis" teóricos, devido à presença simultânea de conceituações diferentes. Por exemplo, nas últimas notas dos *Cadernos*, Gramsci tende a substituir o sujeito coletivo "classe" – que é um conceito econômico a ser tratado sociologicamente – pelo conceito de *classes e grupos subalternos*, que tem um caráter *político* e não apenas econômico, no sentido de que nasce do conjunto de relações de poder e de subordinação, não limitado apenas à "fábrica". Por outro lado, a vontade coletiva é uma categoria "filosófica", pois resulta de um processo econômico e ético-político complexo e não parece assimilável à de "classe", que, de categoria socioeconômica deveria "misticamente" passar a sujeito ético-político dotado de uma vontade unitária apenas graças à colocação comum dos indivíduos no processo produtivo.[62] Esses desenvolvimentos conceituais exigiriam uma articulação mais rica do novo conformismo social do que uma mera referência ao "mundo da produção".

Ainda uma nota a mais: nos *Cadernos* alternam-se duas expressões diferentes – *vontade coletiva* e *vontade coletiva nacional-popular* – sem que Gramsci tenha fixado e esclarecido a diferença semântica. Creio que isso depende de uma oscilação não expressa entre a ideia de uma vontade coletiva nacional-popular que preenche a lacuna histórica entre a Itália e os outros países europeus, *in primis* a França, que completaram a revolução burguesa, e uma vontade coletiva nacional-popular, sim, mas projetada na dimensão cosmopolita de novo tipo, isto é, na era da crise dos Estados.

6.6 – Partido

A inovação que Gramsci introduz na teoria do partido *pars totalis* com o seu moderno Príncipe consiste na tentativa de construção "real" da vontade coletiva. A forma partido, o partido-instituição que se desenvolveu nos anos 1930, veio a adquirir a personalidade jurídica de sujeito coletivo e, da mesma maneira, evidenciou a tendência "totalitária". A novidade do moderno Príncipe reside na sua relação com a vontade coletiva, o homem coletivo, e em assegurar a sua organização e desenvolvimento por meio de um vínculo orgânico (não burocrático) entre massas "estandartizadas" e intelectuais, numa dinâmica processual desvinculada do limite da verdade estabelecida por alguns.

Em contraste aberto com o que está acontecendo nos partidos totalitários que lhe são contemporâneos, Gramsci enfatiza a ausência de personalidade carismática do moderno Príncipe: a sua modernidade em relação ao Príncipe maquiaveliano deve-se precisamente ao fato de ser um organismo coletivo, e não o corpo inerte de um líder (Führer), um herói, um chefe (Duce) dotado de carisma.[63]

Além disso, as análises e as considerações que Gramsci desenvolve sobre o partido como "organização técnica" devem ser sempre tratadas de maneira proporcional ao fato de que o partido é, em si, o agente fundamental da formação da vontade coletiva, mas não a esgota. A esse respeito, é muito significativa a sua definição de "pensamento sectário": "é aquele que não consegue ver que o partido político não é apenas a organização técnica do próprio partido, mas todo o bloco social ativo de que o partido, por ser a expressão necessária, é o guia".[64]

Mas o modo como a "organização técnica" está estruturada e funciona é tema vital para a relação com o "bloco social ativo", porque é nessa junção que ocorre a seleção e a formação das elites dirigentes.[65] A estranheza de Gramsci a qualquer sugestão democratizadora, a qualquer vontade de utopismo igualitário é forte e antiga. A sua atenção constante à questão dos intelectuais tem essa raiz original: para ele, as elites existiram, existem e continuarão a existir, são um fato que a pesquisa histórica terá de apurar as origens e causas, mas, do ponto de vista da ciência política, o que importa é como e com que objetivos se processa a sua seleção.[66]

Realisticamente, dar como adquirida a existência de elites não significa aceitar a ideia da sua perpetuação; é, pois, indispensável a sua historicização.

> Na formação dos dirigentes, é fundamental a premissa: pretende-se que sempre existam governados e governantes ou pretende-se criar as condições nas quais a necessidade da existência dessa divisão desapareça? [...]. Acontece que é preciso ter claro que a divisão entre governados e governantes [...] existe, dadas as coisas como são, mesmo dentro do mesmo grupo, mesmo em grupos socialmente homogêneos; num certo sentido [...] é um fato técnico. Especula-se sobre esta coexistência de motivos todos os que vêem em tudo apenas "técnica", necessidade "técnica", etc., para não se colocarem o problema fundamental.[67]

Especialmente nas notas dos *Cadernos* 13 e 15, Gramsci identifica algumas condições para a formação de elites que não sejam nem burocráticas nem carismáticas, mas autenticamente "democráticas", vale dizer, formadas com base na ideia da sua função "transitória", e não na continuidade de classe. Entre estas parecem-me essenciais as que derivam das inovações conceituais alcançadas no terreno da filosofia da práxis e do conceito de hegemonia, em particular como se "conquista" a obediência (o problema do "cadornismo"), a aquisição do *espírito estatal*, a consciência de que os intelectuais-dirigentes, como organizadores da vontade coletiva, não são os depositários da *verdade*, mas os devotos da dimensão mítico-racional e não "científica" dos fins a se realizar. O perigo mais grave que paira sobre os dirigentes é, segundo Gramsci, o "cadornismo", ou seja, "a convicção de que uma coisa será feita porque o dirigente considera justo e racional que seja feita", com base na expectativa de que "a obediência deve ser automática [...] não só, mas também indiscutível [...]. Assim, é difícil erradicar o hábito criminoso de negligenciar os meios para se evitar sacrifícios inúteis".[68]

Trata-se de instaurar uma relação "persuasiva", não autoritária, entre comando e obediência, uma vez que a autoridade é fruto de hegemonia, e não de dominação. Tal como é essencial que o partido demonstre que a sua própria existência não é ocasional nem historicamente contingente. "Existe algo semelhante ao que se denomina 'espírito estatal' em todo movimento sério, isto é, que não seja a expressão arbitrária de individualismos, mais ou menos justificados?"[69]

Dado que a característica do *"espírito estatal"* é a de assegurar a continuidade – "tanto em relação ao passado, ou seja, à tradição, como em relação ao futuro, isto é, assume que cada ato é o momento de um processo complexo que já começou e que vai continuar" –, a sua tradução em partido passa pela aquisição de uma consciência historicamente concreta que alimenta o sentimento de solidariedade e de pertencimento a uma entidade que persiste no tempo.

> É evidente que esta consciência da "duração" deve ser concreta e não abstrata, ou seja, em certo sentido, não deve ultrapassar certos limites [...] sentimo-nos solidários com os homens que hoje são muito velhos e que representam para nós o "passado" que ainda vive entre nós, que deve ser conhecido, com o qual precisamos ajustar contas, que é um dos elementos do presente e das premissas do futuro. E com as crianças, com as gerações que nascem e crescem, pelas quais somos responsáveis.[70]

A demonstração de que o espírito de partido é o elemento fundamental para o desenvolvimento do espírito estatal é um dos pressupostos mais notáveis de se sustentar, assim como é igualmente importante afirmar que, inversamente, o "individualismo é um elemento animalesco".[71]

No que diz respeito à natureza do moderno Príncipe, a não coincidência entre partido e verdade é o efeito imediatamente mais relevante da tradução do marxismo em filosofia da práxis, cujo princípio fundamental, como já vimos, é o de que o critério da historicidade se aplica antes de tudo a ela mesma. O partido não é, portanto, o repositório de um saber verdadeiro, de uma ciência subtraída às provas da história, mas é um nó de saberes animados pela paixão "mítico-racional" dos fins a se realizar e submetido ao escrutínio da práxis, como afirma a "II Tese sobre Feuerbach" ("Na práxis, o homem deve provar a verdade, isto é, a realidade e o poder, o caráter imanente do seu pensamento"). O critério de universalização torna-se o discriminador (no lugar da verdade/eternidade das categorias) para avaliar a eticidade ou não de um "partido", para superar o risco de relativismo moral que mina o historicismo integral e para formular uma crítica não muito velada aos grupos dirigentes comunistas de falta de democracia e despotismo burocrático.[72] É o elemento mítico combinado com a racionalidade dos meios e dos fins que deve ser cultivado para ativar a dimensão simbólica que mobiliza paixões, desejos, vontade junto à sua inesgotável e impossível satisfação.

A função dos intelectuais-dirigentes não é, portanto, a de portadores da *verdadeira* teoria da história, mas, de forma mais laica, a de organizadores da vontade coletiva.

O tema da verdade e da sua redefinição testemunha a distância em relação às posições da Segunda e da Terceira Internacionais (Kautsky, Adler e o marx-leninismo) que davam base ao finalismo sobre a previsão certeira da crise de dissolução do capitalismo e a relação entre a classe operária e as classes intelectuais na verdade da doutrina. Ao reposicionar o marxismo no domínio das ideologias e da luta entre ideologias, Gramsci elimina esse traço "autoritário", que pode avançar até o ditatorial, na formação dos dirigentes.

> O chamado "centralismo orgânico" baseia-se no princípio de que um grupo político é selecionado por "cooptação" em torno de um "portador infalível da verdade", de um "iluminado pela razão" que encontrou as leis naturais infalíveis da evolução histórica, infalíveis mesmo que a longo prazo ou que os acontecimentos imediatos "pareçam" não lhe dar razão.[73]

Ao recordar as razões que motivaram o nascimento do "centralismo orgânico" da Terceira Internacional – para contrariar a dispersão, o localismo e a ausência de direção unitária da atividade efetiva dos partidos aderentes à Segunda Internacional –, escreve que as teorias do centralismo orgânico "eram precisamente uma crítica unilateral e intelectual daquela desordem e dispersão de forças" para a qual "o nome mais exato seria centralismo burocrático".

> A "organicidade" só pode ser a do centralismo democrático, que é um "centralismo" em movimento, [...] uma contínua adequação da organização ao movimento real [...]. O centralismo democrático oferece uma fórmula elástica [...] de modo que a organização e a conexão apareçam como uma necessidade prática e "indutiva", experimental, e não como o resultado de um processo racionalista, dedutivo e abstrato, isto é, próprio de intelectuais puros (ou de puros asnos).[74]

Além disso, em toda forma de "centralismo orgânico" ou "centralismo burocrático" é contornado o difícil problema de construir, a partir das vontades individuais, uma vontade coletiva, de como as singularidades se harmonizam elevando-se a um sujeito coletivo. Aquele tipo de centralismo

> [...] baseia-se no pressuposto, que só é verdadeiro em momentos excepcionais, de arrebatamento de paixões populares, de que a relação entre governantes e governados seja determinada pelo fato de que os governantes representam o interesse dos governados e, por conseguinte, "devem" ter o consentimento destes, isto é, deve-se verificar a identificação do indivíduo com o todo, e o todo (seja que organismo for) é representado pelos dirigentes [...]. Uma consciência coletiva, ou seja, um organismo vivo só se forma depois que a multiplicidade se unifica através do atrito dos indivíduos: nem se pode dizer que o "silêncio" não seja multiplicidade. Uma orquestra que ensaia [...] dá a impressão da mais horrível cacofonia; contudo, estes ensaios são a condição para que a orquestra viva como um só "instrumento".[75]

6.7 – Reforma moral e intelectual

Comentando a afirmação de Hitler, "a fundação ou destruição de uma religião é gesto incalculavelmente mais relevante do que a fundação ou destruição de um Estado: não digo de um partido", Gramsci escreve: "Superficial e acrítico: os três elementos: religião (ou concepção do mundo 'ativa'), Estado, partido, são indissociáveis e, no processo real do desenvolvimento histórico-político, se passa de um para o outro necessariamente".[76]

É dessa convicção que deriva a afirmação de que "o moderno Príncipe é a base de um laicismo moderno e de uma completa laicização de toda a vida e de todas as relações de costumes".[77]

Substancialmente, Gramsci considera que o *Príncipe* constitui uma peça da reforma intelectual e moral que deve acompanhar o nascimento da nova ordem política; essa reforma tem no seu centro a ideia de imanência e, em particular, a ideia de que a preservação da vida e da liberdade devem prosseguir por meios exclusivamente mundanos.[78] Se é assim, é preciso saber aceitar, adquirindo um hábito moral adequado, a contingência dos fins, o risco da sua falibilidade, que se paga muitas vezes à custa de enormes perdas humanas e de bloqueios ou retrocessos na via do progresso civilizacional de toda a humanidade.

O que torna a questão dos meios tão aberta e inquietante é a sua finitude, ou seja, o fato de que só a verificação histórica empírica pode determinar a sua justeza, a sua adequação ou não ao objetivo da unificação (reconhecimento recíproco do pertencimento ao gênero humano) e do avanço civilizacional da humanidade. Todos os meios são lícitos para atingir esse fim determinado, aplicando-se somente o princípio do juízo sobre sua adequação, mas só se torna dirimente se esse fim depois se demonstrar historicamente *vencedor*.

A Revolução Francesa e o Terror provocam um contraste ao nível do juízo ético-político, mas ninguém coloca em dúvida, nem no plano político nem no plano ético, o valor histórico dos princípios de 1789, a não ser que se trate de reacionários empedernidos que recusam a igualdade, a liberdade e a fraternidade. Mas, no que se refere à Revolução de Outubro, é o próprio fim que é colocado em discussão pela dissolução à força do que havia encarnado. Nesse caso, os meios empregados, a taxa de violência que foi aplicada, transforma tudo em negativo, são o mal. O juízo histórico converte-se num juízo integralmente moral, isto é, que toca a esfera das escolhas do indivíduo e avalia os meios com o metro dessa moral.

Mas se o fim é historicamente vitorioso[79] (como no caso de Maquiavel, cujo objetivo – a criação do Estado moderno – é avaliado por Gramsci como o maior feito da civilização burguesa-capitalista), então os meios predicados por Maquiavel são justos e santos. E aqueles que não sabem, se perseguem esse fim, devem aceitar um "líder" que quer e pode alcançá--lo, porque conhece os meios e tem a coragem de usá-los, e deve compartilhar a responsabilidade por esses meios, mesmo que em nível moral sinta repugnância. A história depois dirá algo sobre o seu andamento.

O partido, no lugar do Príncipe, um organismo no lugar de um homem, comporta um alargamento de possibilidades de adequação dos meios ao fim; para o objetivo do comunismo, os meios têm de ser mais democráticos, dada a existência de uma pluralidade de sujeitos e opções sobre os quais exercitar a hegemonia (não a dominação), ao contrário do que acontecia nos primórdios do capitalismo, quando se tratava exclusivamente da relação hegemônica da cidade sobre o campo.

O partido é o sujeito de uma época que se abre: um "líder coletivo" e democrático investido da tarefa de criar uma nova ética e uma nova moral.

No coração da nova filosofia da imanência está posta a aceitação plena pelo homem moderno de que o reino dos fins não tem quaisquer garantias transcendentes, nem de Deus, nem da natureza, nem da História com maiúscula, e que os homens são os únicos atores e autores responsáveis, mesmo que não tenham pleno controle da realidade (o conjunto dos acontecimentos e sua complexidade, que ultrapassa a capacidade de análise e de previsão dos indivíduos e dos grupos). Este é o ensinamento, que ainda não se tornou senso comum, derivado de Maquiavel.

A imanência total também se aplica à filosofia da práxis – se ela não se transformar numa "metafísica do fim". A ela se aplica, portanto, de acordo com Gramsci, o critério da historicidade. Segue-se que o objetivo do comunismo deve também ser submetido à verificação empírica da história, uma vez que nenhum finalismo externo pode garantir *a priori* bondade e correção à sua ação: posto à prova da história, pode não ter êxito.

Para que os homens aceitem esse núcleo desconcertante da revolução moderna é necessária uma reforma intelectual e moral centrada em um duplo processo: profunda introjeção nas elites do princípio de imanência e a aquisição dessa consciência pelas massas, sem divisão entre intelectuais e povo. Trata-se de derrotar a dupla moral, uma moral religiosa crente aos apelos da transcendência (de Deus, da raça, da classe) para muitos, e uma moral da perfeição e da responsabilidade para poucos.

O Maquiavel de Gramsci encontra o limite histórico e filosófico na concepção da natureza humana, naquele resíduo de transcendência que permanece ligado ao pensamento inteiramente mundano do florentino.

O postulado da imutabilidade da natureza humana faz com que efetivamente se estabeleça uma analogia entre história e natureza (também ela metafisicamente considerada imutável) e que os fins da política se inscrevam num desenho que os transcende, constituído pelos ciclos da história que regressam sempre de forma idêntica. Fazer como Roma, para Maquiavel, é possível porque existe uma natureza humana idêntica que constitui a constante na variação dos casos. Assim, história e natureza humana se ligam,[80] determinando um resíduo metafísico na estrutura do seu pensamento, uma dimensão transcendente, afastada da ação humana, que limita, para Gramsci, a força da sua filosofia da práxis. Enquanto:

A inovação fundamental introduzida pela filosofia da práxis na ciência da política e da história é a demonstração de que não existe uma "natureza humana" abstrata, fixa e imutável [...] mas que a natureza humana é o conjunto de relações sociais historicamente determinadas, ou seja, um fato histórico verificável, dentro de certos limites, com os métodos da filologia e da crítica. Portanto, a ciência política deve ser concebida em seu conteúdo concreto (e também na sua formulação lógica) como um organismo em desenvolvimento.[81]

A consequência decisiva que Gramsci tira da historicização da natureza humana é que fins e meios devem ser adequados às transformações dos homens, às relações sociais, e assim é bem possível que os meios pregados por Maquiavel, para o nascimento do Estado, não precisem ser os mesmos para o comunismo, muito pelo contrário.[82]

Por isso, não existe a ciência política como estudo do eterno útil, da violência como instância permanente do mundo e do homem. Em vez disso, a ciência política é o estudo das "relações de força", da realidade como relação de forças, destinada também ela a mudar. Assim, se até agora a ciência política tem consistido no estudo das relações entre dominantes e dominados, entre quem governa e quem é governado, não se pode dizer que estas não possam mudar e, portanto, mudar a razão de ser desse conhecimento. E, acrescentaria Gramsci – já se colocando na perspetiva de que essa relação não seja eterna –, introduz na realidade, no equilíbrio das relações de força, um novo elemento destinado a influenciar o próprio curso das coisas.

A consciência generalizada dessa finitude intrínseca, que liberta o político de toda a teologia política e de toda a filosofia da história, é interpretada e desenvolvida pelo moderno Príncipe, porém com base numa perspectiva mítico-racional.

6.8 – Partido e mito do cosmopolitismo de novo tipo

Na nota 1 do Caderno 13, a análise das características "gerais" do moderno Príncipe e da vontade coletiva, convergindo para o delineamento da "vontade coletiva nacional-popular", orienta o fio condutor da análise do partido para o contexto de um "país determinado", ou seja, a Itália, e para as questões não resolvidas na formação do Estado italiano. Esse tratamento fez com que o discurso de Gramsci fosse entendido em termos exclusivamente nacionais. Dois aspectos foram assim subestimados: a função "mundial" que Gramsci, renovando uma tradição consolidada (da qual a retórica fascista tenta reapropriar-se), atribui à Itália, isto é, a sua "missão" no processo de unificação mundial, no "comunismo"[83] e a conexão entre nacional-popular e supranacional, constitutiva do novo sujeito histórico.[84] Para avaliá-los adequadamente, convém recordar o fundamento do moderno Príncipe e o seu finalismo:[85] o partido não baseia sua legitimação na posse da ciência "marxista" que garante o inelutável desenrolar do processo histórico, mas em um "programa" econômico-político animado por um mito histórico.

O Príncipe dos novos tempos, que reconhece em César a sua figura-símbolo, e não mais em Maquiavel, tem o seu "mito" histórico em um cosmopolitismo de novo tipo, que alimenta uma relação inédita entre soberania nacional-popular e pós-estatal.

Gramsci transforma o nacional-popular italiano, mediante a "missão" do povo-trabalho, em experiência exemplar de propulsão do cosmopolitismo de novo tipo, como se deduz da passagem já citada anteriormente:

> O povo italiano é o povo que "nacionalmente" é o mais interessado numa moderna forma de cosmopolitismo [...]. Colaborar para reconstruir o mundo de forma unitária está na tradição do povo italiano, da história italiana [...] pode-se demonstrar que César está na origem desta tradição [...]. A "missão" do povo italiano consiste na recuperação do cosmopolitismo romano e medieval, mas na sua forma mais moderna e avançada.[86]

A "missão" da Itália a que alude Gramsci parece consistir na promoção – em relação ao homem-trabalho, isto é, à força histórica que, ao contrário do capital, não tem uma natureza apropriativa – de uma nova conexão intelectual, de um "florescimento cosmopolita", num momento em que os sinais dos tempos aludem a um mundo ordenado não mais segundo divisões territoriais, mas segundo as potencialidades e as qualidades dos homens.

Sugere-se assim a possibilidade de se estabelecer uma relação inédita entre intelectuais (detentores de conhecimentos especializados e de competências técnico-científicas e humanistas) que estão se separando dos aparelhos estatais-nacionais e um grupo social com vocação internacional. O partido, com as características "técnicas" que já salientamos, é precisamente o sujeito capaz de sustentar e alimentar a formação de uma vontade coletiva nacional-popular com vocação cosmopolita. "É preciso, portanto, estudar exatamente a combinação de forças nacionais que a classe internacional deverá dirigir e desenvolver de acordo com a perspetiva e as diretrizes internacionais. A classe dirigente só será dirigente se interpretar exatamente esta combinação".[87]

E, a respeito do centralismo democrático, para Gramsci o verdadeiro núcleo propulsor do partido político, pode-se ler nos *Cadernos*, "este esforço contínuo para distinguir o elemento 'internacional' e 'unitário' da realidade nacional e local é, na verdade, a ação política concreta, a única atividade que produz o progresso histórico. Ele requer uma unidade orgânica entre a teoria e a prática, entre camadas intelectuais e massas populares, entre governantes e governados".[88]

A tensão, a que aludimos no início, entre universalismo cosmopolita e democracia nacional-popular se traduz, no léxico gramsciano, na exigência de uma forma que construa e preserve um vínculo entre as funções intelectuais e as componentes ético-produtivas nacionais, já que as primeiras, separando-se do Estado, se "desnacionalizam" e tendem a se tecnocratizarem ou se burocratizarem em aparelhos autônomos.

Nos *Cadernos*, o moderno Príncipe é a figura designada para conter e expressar esse nexo democrático. Gramsci eleva o partido a "soberano" da nova época, ou seja, a sujeito capaz de conectar em uma *forma política* as funções produtivas, intelectuais e vitais com a tendência "cosmopolita" que florescem das malhas organizativas do Estado (do princípio de soberania territorial).

"Afirmou-se que o protagonista do Novo Príncipe não pode ser, na época moderna, um herói pessoal, mas o partido político, ou seja, [...] aquele determinado partido que pretende (e está racional e historicamente fundamentado para esse fim) fundar um novo tipo de Estado".[89] Um "novo tipo de Estado", ou seja, uma forma inédita de organização política, de "soberania".

Como a experiência do americanismo ensina, o mercado e as seitas (as igrejas) constituem os terrenos alternativos possíveis (e reais) de organização e mediação das especialidades intelectuais não mais articuladas no Estado; trata-se, porém, de formas que condensam, em termos contraditórios, não democráticos e não políticos, os polos do processo de unificação do mundo. A luta pela hegemonia, tal como Gramsci a entende, se dá em torno das formas como esta realiza tal unificação: ou é deixada à espontaneidade antagônica e tendencialmente destrutiva das forças de mercado ou é guiada pela consciência da política. O sujeito da política, numa época marcada pelo industrialismo e pelo cosmopolitismo, é o partido político, "a primeira célula em que os germes da vontade coletiva tendem a tornar-se universais e totais". Uma vontade coletiva, acrescenta Gramsci, "a ser criada *ex novo*, originalmente e a ser dirigida para objetivos concretos e racionais, mas de uma concretude e racionalidade ainda não verificadas e criticadas por uma experiência histórica real e universalmente conhecida",[90] no sentido em que a sua razão de ser e os seus critérios de seleção e unificação do "trabalho manual e intelectual" não são mais única e eminentemente determinados pela criação e conservação do Estado-nação.

Tal como o Príncipe maquiaveliano anunciava a formação do grande sujeito da política moderna, o Estado, também o moderno Príncipe anuncia um Estado que se desenvolve no terreno da democracia que não é mais exclusivamente territorial.

A teorização mais conhecida e decisiva da função soberana do partido político, precisamente a gramsciana, mostra-nos que ela surge no interior de uma perspectiva pós-estatal e que o partido é considerado a forma mais adequada para governar o alargamento supranacional da democracia, sobretudo para reatar os vínculos entre política e intelectuais/técnicos e inverter a tendência da sua incorporação em tecnoestruturas transnacionais ou em burocracias autonomizadas. São apenas pistas, as que se encontram nos *Cadernos*, mas constituem, no entanto, uma bússola de orientação para não confundir o passado com o futuro.

Notas

[1] Q. 4, "Apontamentos de filosofia I" de maio de 1930, p. 432. O partido político, no quadro do liberalismo do século XIX, teve uma gênese complicada, pois teve que responder simultaneamente às tradições constitucionais e liberais (política = arena dos livres e iguais). A definição de Burke, segundo a qual "um partido é um corpo de homens unidos para promover, graças ao esforço comum, o interesse nacional em torno de certos princípios particulares com os quais todos estão de acordo" testemunha essa duplicidade de individualismo e organicidade. Ver Pombeni, 2010, pp. 33-34. Além disso, o partido, metade no domínio

social e metade no domínio político, parece ser um meio eficaz de organização da democracia para evitar que esta caia na anarquia.

[2] Sobre o partido como Estado em construção, ver Gregorio, 2015, pp. 97-98, no qual sustenta que entre os anos 1920 e 1930, o partido deixa de ser percebido como elemento do caos parlamentar para adquirir, ao contrário, uma função de unidade e de coesão.

[3] No inflamado debate da segunda metade dos anos 1970, em torno da questão do partido em Gramsci, prevalece a tese de que a sua teoria repetia o modelo leninista e, portanto, não só resultasse em eventos totalitários como era intrinsecamente arcaica e inútil em sociedades altamente dinâmicas e diferenciadas. É muito significativo, por exemplo, o que escreveu Leonardo Paggi: "Em certa medida, o problema é já observável em Gramsci, se examinarmos seus últimos escritos com uma luz mais direta: as análises sobre o Estado contemporâneo parecem, de fato, muito mais avançadas do que as análises sobre o partido político. Não há dúvida de que, com a teoria dos intelectuais, Gramsci alarga e complica a visão leninista do partido político [...] mas a ideia do partido como lugar de origem de uma cisão, de um anti--Estado, não sai arranhada". Paggi, 1980, p. 47.

[4] A exemplo de Michels e Weber, sobre os quais se debruçou longamente no Q. 2, pp. 230-239.

[5] Q. 13, pp. 1.555-1.556.

[6] *Idem*, pp. 1.600-1.601.

[7] *Idem*, p. 1.555.

[8] L. Paggi, 1984, pp. 312-324; embora o autor acentue excessivamente, de um lado, a influência soreliana e, do outro, o "modelo militar" que substitui o industrial do período dos conselhos.

[9] Q. 8, p. 951.

[10] Q. 1, p. 56. Gramsci faz questão de sublinhar fortemente que o partido é uma entidade coletiva, em polêmica direta com Michels, cujas classificações remetem às várias formas e experiências de partido resultantes da personalidade e influência dos seus líderes, dando grande ênfase à teoria do líder carismático retomada por Max Weber; ver Q. 2, pp. 232-233.

[11] Q. 13, p. 1.639.

[12] *Idem*, p. 1.601. Na primeira redação se lê: "Na realidade, se observarmos bem, a função tradicional da instituição da coroa é, nos Estados ditatoriais, cumprida pelos partidos: representam uma classe e apenas uma classe, mas mantêm um equilíbrio com as outras classes". Q. 4, p. 432; também Q. 13, p. 1.602, sobre partido totalitário. Daqui advém o interesse de Gramsci por uma análise comparativa entre Itália e URSS, manifestado em diversas notas, dentre elas um texto de dezembro de 1931, em que se afirma que na Itália "a função da Coroa" está passando para o Grande Conselho, exatamente como na URSS ela passa para o PCUS; ver Q. 7, p. 922. Pombeni enfatiza que na URSS, diferentemente do que acontece da Itália fascista e na Alemanha nazista (onde há a tentativa de inserir na Constituição o princípio da "presença, da relevância pública e do poder de decisão do partido"), os poderes do partido não são "nem previstos, nem regulados, não existindo, a rigor, nenhuma reserva legal de poder pra esse organismo". Pombeni, 2010, pp. 411-412. Essas observações de Gramsci refletem, portanto, os debates que se travavam em torno da constitucionalização dos órgãos do fascismo, no qual o discurso de Mussolini na Câmera dos deputados, de 26 de maio de 1927, havia indicado a medida: "Este Estado se exprime numa democracia centralizada, organizada, unitária, numa democracia na qual o povo circula à sua vontade, porque, meus senhores, ou se traz o povo para dentro da cidadela do Estado, e ele a defenderá; ou ele estará fora, e irá assaltá-la". Muito apropriado o comentário de Frosini: "A sua observação [de Gramsci; N. da A.] sobre a nova função do partido totalitário é muito clara: o fato de esse partido, juntamente com as numerosas associações culturais, desportivas, educativas, de saúde, etc., que foram criadas, reunir uma grande parte, se não a totalidade, da população ativa, é uma indicação precisa de que a preocupação 'democrática' a que o fascismo quer responder é real e que, por essa razão, a multiplicidade de instâncias presentes na sociedade

italiana não foi anulada pelo Estado totalitário, mas foi mediada e elaborada de um novo modo". Frosini, 2014, p. 23.

[13] Pombeni, 2010, pp. 412-413.

[14] Gregorio, 2015, p. 97. "Na Europa, a partir dos anos 1930, começa a circular uma ideia que encontrou grande difusão: a ideia de que o partido, ao lado da sua natureza parcial, tem também uma segunda natureza, total; isto é, que é portador de uma visão de conjunto, com caráter de generalidade, porque naturalmente orientada para se estender e ser aplicada a toda a associação política". *Idem*, p. 98.

[15] Pombeni, 1985, p. 23. No que diz respeito à ascendência do partido político, há que ter em conta o *Partito d'Azione* de Mazzini: "Um partido, se tem fé no seu próprio futuro, deve se considerar como um pequeno Estado destinado a assimilar e a transformar o grande Estado existente: deve habituar-se a satisfazer [*sic*] todos os óbolos dos membros de um Estado: e entre estes está o imposto"; citado por Pombeni. *Idem*, p. 94. E, quanto à dimensão mítico-simbólica, Pombeni recorda mais uma vez as experiências da maçonaria, que tinha apresentado a gerações de europeus "o poder integrador da conexão hierarquicamente organizada entre homens diferentes, a importância do ritualismo e da tradução simbólica dos conceitos, a capacidade de transformação ligada a experiências totalizantes". *Idem, ibidem*. Por isso, não foram só os partidos socialistas que realizaram plenamente a forma de partido.

[16] As considerações de Pombeni e de Gregorio sobre o partido *pars totalis* creio que ajudam a identificar a marca inovadora que Gramsci introduz com a teoria do moderno Príncipe. O *partito* "produto histórico" é a forma partido, ou mesmo o partido como instituição ilustrado por Pombeni, que tende a adquirir a personalidade jurídica de sujeito coletivo e a posicionar-se como totalidade. A novidade que Gramsci tenta introduzir é a construção "real", não uma ficção convencional, da vontade coletiva que emerge de uma relação orgânica entre dirigentes intelectuais e aderentes, desvinculada da imposição da verdade de alguns poucos. Por outro lado, a teoria da hegemonia se constitui em um fundamento válido para a teoria do partido *pars totalis*.

[17] Como bem documenta Fabio Frosini em alguns ensaios: Frosini, 2013 e 2021, pp. 175-198.

[18] Ver capítulo 2, nota 75.

[19] Q. 5, p. 660.

[20] *Idem*, p. 661.

[21] *Idem*, p. 662.

[22] Q. 7, p. 888.

[23] Croce, 1996, pp. 227, 239, 356. A "paixão" política não é outra coisa senão a veleidade que venceu a multiplicidade das paixões e dos desejos, mas é sempre e apenas estritamente individual: "A vontade é homogênea com as paixões e não se opõe à natureza da paixão, que é sua própria natureza, mas à sua multiplicidade. E, como se diz, que só a paixão atua sobre as paixões". *Idem*, p. 158.

[24] Q. 7, p. 888.

[25] *Idem*, p. 889.

[26] Q. 7, p. 915 e Q. 8, notas 52, 56, 61, 132. O termo "concretude" em Gramsci tem o significado de unidade dialética do singular ou individual e universal, enquanto o seu oposto, o abstrato, consiste no isolamento desses termos.

[27] "Onde tudo é prática, em uma filosofia da práxis, a distinção [...] será entre estrutura e superestrutura" e nas distinções nas superestruturas "a atividade política [...] é o momento em que todas as superestruturas encontram-se na fase imediata de mera afirmação voluntária, indistinta e elementar". Q. 8, p. 977.

[28] Q. 8, p. 990-991.

[29] Q. 10, p. 1.349-1.350.

[30] Q. 8, p. 1.022.

[31] Q. 10, p. 1.308.

[32] "É necessário julgar os mitos como meios para atuar sobre o presente; toda discussão sobre o modo de lhe dar materialidade no curso da história não tem sentido. É o mito como um todo que conta; as suas partes não oferecem maior interesse a não ser pela proeminência que dão à ideia que está contida na sua construção". Sorel, 1963, p. 210. Frosini sublinha que em Sorel "o carácter 'religioso' do mito reside na sua irredutibilidade à crítica [...]. Essa caraterística profunda do mito é própria das crenças religiosas como das ideologias seculares: porém, é ela que as define, e não vice-versa. A fé, por uma caraterística intrínseca que lhe é própria, explica o mito e as ideologias não religiosas". Frosini, 2021, p. 188.

[33] Cassirer, 1971, p. 88. "O que era sentido de maneira passiva e confusa se torna 'um processo ativo'. O simbolismo mítico conduz a uma objetivação dos sentimentos. Nos seus ritos mágicos, nas suas cerimônias religiosas, o homem age sob a pressão de profundos desejos individuais e de violentos impulsos sociais [...]. Mas, se estes ritos são transformados em mitos, surge um novo elemento". *Idem*, p. 87.

[34] Q. 13, p. 1.612.

[35] *Idem, ibidem.*

[36] Q. 7, p. 915.

[37] *Idem*, p. 916.

[38] Q. 8, p. 951.

[39] Q. 15, pp. 1.808-1.809.

[40] "O que falta em Sorel é [...] a demonstração de como a ordem histórica pode efetivamente construir, formar um estado de coisas correspondente à transição morfológica prevista na ordem lógica, isto é, de como pode surgir 'a vontade como consciência operativa da necessidade histórica' [...]. A coisa não deve surpreender, uma vez que o 'mito' era, em última análise, o restabelecimento da integralidade das previsões lógicas de Marx, projetado no futuro". Badaloni, 1975, p. 150.

[41] Q. 13, p. 1.557.

[42] *Idem, ibidem*. Um julgamento que ecoa as avaliações gramscianas é o de Hans Blumenberg, que, a respeito do mito social soreliano ("um meio para atuar sobre o presente") argumenta: "No conceito de mito social que Sorel concebeu em 1906, atinge-se o mínimo daquilo a que ainda se pode chamar um mito. Não se conta mais uma história, mas apenas se toca um fundo de desejos, de rejeição, de vontade de poder. A 'greve geral', como diz Sorel, é a designação de um episódio avassalador de uma manifestação concentrada da vontade de *je ne sais quoi*. A força deste mito final está no seu poder de exclusão: ele é um cânone graças ao qual se pode sempre saber e querer o que não deve existir. Mas, com isto, o mito consegue também a sua surpreendente conversão com o dogma, que originalmente é o cânone com o qual se excluem as heresias". Blumenberg, 1991, p. 281.

[43] Como demonstrou Frosini, de maneira convincente, no já citado ensaio "Gramsci, Sorel, Croce", pp. 189 ss.

[44] Entretanto, poderíamos afirmar, *a posteriori*, que a moderna fórmula "mítica" do moderno Príncipe se revelou bastante "concreta e eficaz", de tal forma que entrou na linguagem comum como sinônimo do partido *pars totalis*.

[45] Frosini, 2021, p. 193.

[46] "Se observamos com os sentidos, temos o fato; se observamos com a inteligência, temos a ideia; se observamos com a fantasia, temos o fantasma; o objeto, tal como o poeta o representa, tem um nome distinto porque tem qualidades próprias. Quando o poeta tem diante de si um fantasma, isto não é a ideia pura, mas a ideia dotada por ele de sentimentos e forças, um corpo espiritualizado ou um espírito encarnado. A forma é a transformação da ideia, ou seja, do conceito em caráter poético: a criação do fantasma". De Sanctis, 1898, pp. 277-278; escritos de De Santis foram organizados e publicados em Croce, 1898, pp. 277-278. Nesse sentido ver também Croce, 1888, pp. 98-99.

47 "Sand não era uma mente profunda, não tinha uma vida interior forte, embora fosse voluntariamente taciturna e fechada em si mesma, absorta, como os seus contemporâneos a descrevem; mas absorta em sonhar, em tecer a teia da imaginação, como a mulher que era. E, como mulher, nunca concebeu que a arte devesse ser respeitada e manteve-a sempre quase como uma saída natural para a sua sensibilidade e intelectualidade; e, como mulher, trouxe para as coisas da arte um sentido prático de economia doméstica e sabedoria comercial, e sempre teve como objetivo fazer, em primeiro lugar, o que se chama de romance, o livro agradável, e fazer muitos deles, porque muitos eram muito rentáveis". De Sanctis, 1898, p. 193. Sua imaginação tendia, portanto, para o lirismo: "Este processo inteiramente prático de a imaginação que agrada a si mesma e também quer agradar foi erradamente confundido com a alma poética, [...] e o seu 'lirismo' é muito elogiado, e os seus romances foram chamados 'romances líricos'. Diz-se 'lirismo' com propriedade, pois não se trata de 'lírica', mas da retórica verbosa da paixão". *Idem*, p. 194.

48 Gramsci leu o volume de De Sanctis, *Scritti varii inediti o rari*, na prisão de Milão e muito provavelmente o recebeu mais tarde em Turi. O livro foi pedido a Tatiana na carta de 17 de dezembro de 1928, de acordo com Gramsci & Schucht, 1997, p. 289.

49 Carta a Tatiana de 25 de abril de 1927; *In*: Gramsci & Schucht, 1997, p. 97 (grifos nossos). "A analogia é óbvia: a criatividade (masculina) da fantasia, o lirismo da imaginação (feminina) como incapacidade de apreender sinteticamente o próprio objeto e, portanto, de compreendê--lo [...]. Fantasia, imaginação, lirismo são faculdades ou características que confrontam cada um com a necessidade de compreender 'a realidade viva' do outro, quando não se tem direta e plenamente a experiência [...]. Produzir fantasticamente, mas, ao mesmo tempo realisticamente, a realidade que ainda permanece desconhecida só é possível se se possuir o que aqui recebe o nome de capacidade *dramática*". Frosini, 2021, pp. 32-33.

50 Q. 13, p. 1.558.

51 *Idem*, p. 1.557.

52 Q. 11, p. 1.430.

53 "Realmente, se prevê, na medida em que se opera, em que se aplica um esforço voluntário e assim se contribui concretamente para criar o resultado 'previsto'. A previsão revela-se assim não como um ato científico de conhecimento, mas como a expressão abstrata do esforço que se faz, o modo prático de criar uma vontade coletiva". *Idem*, pp. 1.403-1.404.

54 Q. 11 sobre a religião: "a mais gigantesca utopia [...] pois é a mais grandiosa tentativa de conciliar em forma mitológica as contradições reais da vida histórica" (p. 1.488). Está aqui a motivação profunda do interesse de Gramsci pela instituição católica. Como disse explicitamente em muitas ocasiões, a Igreja sempre teve presente o problema de não produzir fraturas entre os intelectuais (teologia) e o povo de fiéis (fé), daí os movimentos religiosos desde baixo, um reformismo permanente.

55 Q. 13, p. 1.559.

56 Q. 8, p. 1.058.

57 Sobre as relações entre Gramsci e Rousseau ver o recentíssimo Azzolini, 2021, pp. 59-83, que, ao discutir as diversas contribuições sobre o tema, argumenta sobre a similaridade entre vontade geral e vontade coletiva: "Da mesma forma que a vontade geral rousseauniana pressupõe a soberania popular, a vontade coletiva gramsciana pressupõe a entrada das massas na cena política". [...] "Se vale a pena comparar Gramsci e Rousseau é porque – para além dos contextos que não são assimiláveis – ambos colocam o problema político da passagem do particular ao universal [...] neste ponto, a semelhança com o discurso gramsciano é verdadeiramente impressionante. Não só porque a ideia gramsciana também esteve no centro de ásperas controvérsias, mas sobretudo porque Gramsci, tal como Rousseau, considera que uma autêntica democracia, animada pela vontade coletiva, tornaria possível tanto um processo político de autonomia como um processo cognitivo de autocompreensão". *Idem*, pp. 80 e 83 (tradução minha).

58 Q. 7, p. 861.
59 *Idem*, p. 862. Sobre indivíduo e coletividade são notáveis as observações no Q. 14 sobre *Quem é o legislador?*: "nenhum legislador pode ser considerado um indivíduo, salvo abstratamente e por comodidade de linguagem, porque, na realidade, expressa uma determinada vontade coletiva disposta a tornar efetiva sua 'vontade', que só é vontade porque a comunidade está disposta a concretizá-la [...] todo o indivíduo que prescinda de uma vontade coletiva e não procure criá-la, suscitá-la, ampliá-la, reforçá-la, organizá-la, é simplesmente uma mosca de carruagem, um 'profeta desarmado', um fogo fátuo". Q. 14, p. 1.663.
60 *Idem*, p. 1.720; e continua: "Isto não elimina a possibilidade de formar uma personalidade e de ser original, mas a torna mais difícil. É demasiado fácil ser original fazendo o contrário do que todos fazem; é uma coisa mecânica [...]. Colocar ênfase na disciplina, na sociabilidade e, no entanto, pretender sinceridade, espontaneidade, originalidade, personalidade: está aí o que é realmente difícil e árduo [...]. Portanto, a sociabilidade é o resultado de uma luta cultural (e não só cultural), é um dado 'objetivo' ou universal, tal como não pode deixar de ser objetiva e universal a 'necessidade' sobre a qual se constrói o edifício da liberdade". *Idem, ibidem*.
61 Q. 7, p. 863. Também Q. 15, pp. 1.833-1.834.
62 "A ideia de uma classe que se torna partido e de um partido que se torna classe não pertence à reflexão contida nos *Cadernos*. Aqui, o partido não é mais concebido como nomenclatura da classe, mas como organismo que unifica competências e se estrutura de acordo com as funções necessárias ao desenvolvimento nacional". Montanari, 2001, p. 217.
63 Q. 13, p. 1.558, sobre o chefe carismático e sobre a ação imediata de tipo "ofensivo" e não construtora de "novos Estados e novas estruturas nacionais e sociais" do qual é portador, e a nota 75 do Q. 2, inteiramente dedicada à crítica a Michels e à sua teoria do *partito* carismático.
64 Q. 15, p. 1.818. Os partidos são "a função de massa que seleciona, desenvolve e multiplica os líderes necessários para que um grupo social determinado se articule e, a partir do caos tumultuoso, se torne um exército político". Q. 13, p. 1.628.
65 "Os partidos são, até agora, o modo mais adequado para elaborar os dirigentes e as capacidades de direção". Q. 15, p. 1.753.
66 "Primeiro elemento é que existam efetivamente governantes e governados, dirigentes e dirigidos. Toda a ciência e a arte da política baseiam-se neste fato primordial, irredutível (em certas condições gerais). As origens deste fato constituem um problema em si mesmo, que deverá ser estudado em si". *Idem*, p. 1.752.
67 *Idem, ibidem*.
68 *Idem*, p. 1.753.
69 *Idem*, p. 1.754.
70 *Idem, ibidem*.
71 *Idem, ibidem*.
72 "Uma associação comum concebe-se como uma aristocracia, uma elite, uma vanguarda, isto é, concebe-se como ligada por milhões de fios a um determinado agrupamento social e, através dele, a toda a humanidade [...]. Todas estas relações conferem um caráter universal [tendencialmente] à ética de grupo, que deve ser concebida como capaz de se tornar uma norma de conduta para toda a humanidade. A política é concebida como um processo que fluirá para a moral, ou seja, como tendendo a resultar numa forma de coexistência em que a política e, portanto, a moral serão ambas superadas". Q. 5, p. 750.
73 Q. 13, p. 1.650. Para avaliar o contraste com as teorizações comunistas da época ver Bertolt Brecht, que, na *La linea di condotta. Dramma didascalico* (composto em 1930), escreve os famosos versos: "Um homem só tem dois olhos [...] o partido é a vanguarda das massas e conduz a sua luta com os métodos clássicos produzidos pelo conhecimento da verdade". Brecht, 1956, p. 438.
74 Q. 13, pp. 1.634-1.635.
75 Q. 15, p. 1.771.

[76] Q. 17, p. 1.947.
[77] Q. 13, p. 1.561.
[78] "O homem moderno pode e deve viver sem religião, quer dizer, sem religião revelada ou positiva ou mitológica ou como comumente se queira chamar. Este ponto me parece ainda hoje a maior contribuição para a cultura mundial que demos os intelectuais modernos italianos, parece-me uma conquista civilizada que não deve ser perdida"; carta a Tania de 17 de agosto de 1931. Gramsci & Schucht, 1997, p. 764.
[79] Um fim é historicamente progressista se "resolve os problemas essenciais da época e estabelece uma ordem na qual seja possível mover-se, agir, trabalhar tranquilamente". Q. 13, p. 1.618.
[80] Maquiavel introduz, como escreve Eugenio Garin, "uma dramática antinomia entre o curso imutável da história e a exortação a utilizar o conhecimento das histórias antigas para imprimir um andamento razoável ao governo das repúblicas". Garin, 1992, p. 19. E ainda: "Fazer política significa estudar e compreender a história, e fazer uso dela. A verdade não é filha do tempo, não é o fruto conquistado de uma pesquisa trabalhosa: a realidade é sempre igual a si mesma, da qual foi arrancada a máscara do tempo". *Idem*, p. 5.
[81] Q. 13, pp. 1.598-1.599.
[82] Como já indicamos no capítulo 4, a historicização total da natureza humana feita por Gramsci pode, no entanto, encontrar objeções que tocam, por um lado, o paradoxal "reducionismo economicista" com que aborda o desafio de uma nova moralidade de massas, ignorando a autonomia da esfera da reprodução e a dimensão simbólica ligada às relações humanas, e, por outro, a relação entre permanência e mudança. Gramsci tende a fazer da "natureza humana" um produto integral da história e, portanto, disponível para a ação transformadora e para a vontade dos homens. Se essa posição fosse aceita em sua radicalidade, o pensamento gramsciano estaria paradoxalmente distante de Marx e próximo a abordagens "pós-modernistas" de Michel Foucault e Judith Butler, e abriria uma relevante questão antropológica. No que me diz respeito, faço minha uma anotação de Cesare Luporini, que afirmava nunca ter conseguido acreditar que a "natureza humana" fosse inteiramente histórica, isto é, que não existisse.
[83] Ver capítulo 5. Também Q. 11, p. 1.426, sobre "missão histórica" e teleologia.
[84] "Na realidade, até agora nos interessou a história europeia e chamamos de 'história mundial' a história europeia com seus dependentes não europeus. Porque a história nos interessa por razões 'políticas' e não por razões objetivas, no sentido de científicas. Hoje talvez estes interesses se tornem mais amplos com a filosofia da práxis, na medida em que nos convencemos de que só o conhecimento de todo um processo histórico pode dar conta do presente e dar uma certa verossimilhança de que as nossas previsões políticas são concretas. Mas não se deve ter ilusões nem mesmo sobre esse tema. Se na Rússia há muito interesse pelas questões orientais, esse interesse nasce da posição geopolítica da Rússia e não de influências culturais mais universais e científicas". Q. 14, p. 1.723.
[85] Contra Bernstein, escreve: "É possível manter vivo e eficiente um movimento sem a perspectiva de fins imediatos e mediatos? A afirmação de Bernstein de que o movimento é tudo e o objetivo final é nada [...] oculta uma concepção mecanicista da vida e do movimento histórico [...]. Trata-se tão-somente de uma teorização sofística da passividade, de um modo 'astuto' [...] pelo qual a 'tese' intervém para debilitar a 'antítese', porque precisamente a antítese [...] tem necessidade de se propor fins, imediatos e mediatos, para reforçar o seu movimento de superação. Sem a perspectiva de fins concretos, não pode de modo algum haver movimento". Q. 16, pp. 1.898-1.899.
[86] Q. 19, p. 1.988.
[87] Q. 14, p. 1.729.
[88] Q. 13, p. 1.635.
[89] Q. 13, p. 1.601.
[90] *Idem*, p. 1.558.

Bibliografia

AGOSTI, A. *La Terza Internazionale. Storia documentaria*. Roma, Editori Riuniti, 1974.

ANGELL, N. *La grande illusione. Studio sulla potenza militare in rapporto alla prosperità delle nazioni*. Bari, Humanitas, 1913.

ANTONINI, F. *Bonapartism and Caesarism in Gramsci: Hegemony and Crisis of Modernity*. Leiden, Brill, 2020.

ARCHIBUGI, D. *Cittadini del mondo. Verso una democrazia cosmopolitica*. Milano, Il Saggiatore, 2009.

ARRIGHI, G. *Il lungo xx secolo*. Milano, Il Saggiatore, 1996. [Há uma versão em português: ARRIGHI, G. *O longo século XX – dinheiro, poder e as origens de nosso tempo*. Rio de Janeiro/São Paulo, Contraponto/Ed. Unesp, 1996. N. da T.]

AZZOLINI, G. "Gramsci et Rousseau" *In*: DESCENDRE, R. & ZANCARINI, J. C. (a cura di). *La France d'Antonio Gramsci*. Lyon, ENS Éditions, 2021.

BADALONI, N. *Il marxismo di Gramsci*. Torino, Einaudi, 1975.

BALESTRACCI, D. *Medioevo e Risorgimento*. Bologna, Il Mulino, 2015.

BLUMENBERG, H. *L'elaborazione del mito*. Bologna, Il Mulino, 1991.

BODEI, R. *Sistema e epoca in Hegel*. Bologna, Il Mulino, 1975.

BOELLA, L. (a cura di). *L. Rudas, in E. Bloch, A. Deborin, J. Reval, L. Rudas, Intellettuali e coscienza di classe. Il dibattito su Lukács 1923-1924*. Milano, Feltrinelli, 1977.

BOLOCAN, M. "Un pensiero mobile tra le spazialità del mondo". *In*: FROSINI, F. & GIASI, F. (a cura di). *Egemonia e modernità*. Roma, Viella, 2019.

BONGIOVANNI, B. "Il mito giacobino". *In*: SALVADORI, M. L. & TRANFAGLIA, N. (a cura di). *Il modello politico giacobino e le rivoluzioni*. Roma, La Nuova Italia, 1983.

BOOTHMAN, D. *Traducibilità e processi traduttivi. Un caso: A. Gramsci linguista*. Perugia, Guerra Edizioni, 2004.

BORKENAU, F. *La transizione dall'immagine feudale all'immagine borghese del mondo*. Bologna, Il Mulino, 1984.

BRECHT, B. *Teatro*. Torino, Einaudi, 1956.

BRENNAN, T. "Cosmopolitanism and Internationalism". *In*: ARCHIBUGI, D. (a cura di). *Combating Cosmopolitics*. London, Verso, 2003.

BUKHARIN, N. *Teoria del materialismo storico. Manuale popolare di sociologia marxista*. Firenze, La Nuova Italia, 1977.

CARLUCCI, A. *Gramsci and Languages: Unification, Diversity, Hegemony*. Leiden--Boston, Brill 2013.

CASSIRER, E. *Il mito dello Stato*. Milano, Longanesi, 1971.

CILIBERTO, M. "Rinascimento e Riforma nei 'Quaderni' di Gramsci". *In*: CILIBERTO, M. & VASOLI, C. (a cura di). *Filosofia e cultura. Per Eugenio Garin*, vol. II. Roma, Riuniti, 1991.

____. "Gramsci e Guicciardini. Per una interpretazione 'figurale' dei Quaderni del cárcere". *Attualità del pensiero di Antonio Gramsci*. Roma, Bardi Edizioni, 2016 (Atti dei Convegni Lincei, Roma, 30-31 gennaio 2014).

COSPITO, G. "Introduzione". *In*: GRAMSCI, A. *Quaderni del carcere*, vol. 1, *Quaderni di traduzione (1929-1932)*. Roma, Istituto della Enciclopedia Italiana, 2007 (Edição nacional).

____. "Il marxismo sovietico ed Engels. Il problema della scienza nel Quaderno 11". *In*: GIASI. F. (a cura di). *Gramsci nel suo tempo*, vol. II, Roma, Carocci, 2008.

____. *Il ritmo del pensiero. Per una lettura diacronica dei "Quaderni del cárcere" di Gramsci*. Napoli, Bibliopolis, 2011.

____. "Le 'cautele' della scrittura carceraria di Gramsci". *International Gramsci Journal*, 1, 4, 2015, pp. 28-42.

____. "Sui concetti di traducibilità e filosofia della prassi". *In*: FROSINI, F. & GIASI, F. (a cura di). *Egemonia e modernità*. Roma, Viella, 2020.

COSPITO, G & FROSINI, F. "Introduzione". *In*: GRAMSCI, A. *Quaderni del carcere, 2, Quaderni miscellanei (1929-1935)*. Roma, Istituto della Enciclopedia Italiana, 2017, pp. XV-LXIV (Edição Nacional).

CROCE, B. *Saggi critici*. Napoli, Morano, 1888.

____. *Storia del Regno di Napoli*. Bari, Laterza, 1925.

____. "Antistoricismo". *La Critica*, n. 28, 1930.

____. *La Storia come pensiero e come azione*. Bari, Laterza, 1954.

____. "Machiavelli e Vico. La politica e l'etica". *Etica e politica*. Bari, Laterza, 1956.

____. *Logica come scienza del concetto puro*. Bari, Laterza, 1958.

____. "Etica e politica". *Filosofia della pratica*, vol. I. Napoli, Bibliopolis, 1996.

D'HONDT, J. *Hegel segreto*. Milano, Guerini & Associati, 1989.

DANIELE, C. (a cura di). *Gramsci a Roma, Togliatti a Mosca. Il carteggio del 1926*. Torino, Einaudi, 1999.

DE FELICE, F. *Serrati, Bordiga, Gramsci e il problema della rivoluzione in Italia (1919--1920)*. Bari, De Donato, 1971.

____. "Rivoluzione passiva, fascismo, americanismo in Gramsci". *Politica e storia in Gramsci*, vol. 1. Roma, Editori Riuniti/Istituto Gramsci, 1979 (Atas do Seminário Internacional organizado pelo Instituto Gramsci, em Firenze, de 9 a 11 de dezembro de 1977).

____. *Alle origini del Welfare contemporaneo. L'organizzazione mondiale del lavoro tra le due guerre 1919-1939*. Roma, Istituto della Enciclopedia Italiana, 2007.

DE GIOVANNI, B. *Hegel e il tempo storico della società borghese*. Bari, De Donato, 1970.

____. "Crisi organica e Stato in Gramsci". *Politica e storia in Gramsci*, vol.1. Roma, Editori Riuniti/Istituto Gramsci, 1979.

____. *Elogio della sovranità politica*. Napoli, Editoriale scientifica, 2015.

____. *Kelsen e Schmitt oltre il Novecento*. Napoli, Editoriale scientifica, 2018.

DE SANCTIS, F. *Scritti varii inediti o rari*, vol. 1. Napoli, Morano, 1898.

____. *Storia delle letteratura italiana*, vol. II. Bari, Laterza, 1962.

DEI, F. *Dopo la selva. Fascismo e antisemitismo nella cultura cattolica del "Frontespizio" (Firenze 1929-1940)*. Firenze, "Annali di Storia di Firenze", VIII, 2013.

DESCENDRE, J. R. & ZANCARINI, C. "De la traduction à la traductibilité: un outil d'émancipation théorique". *Laboratoire italien*, n. 18, 2016. Disponível em <http://laboratoireitalien.revues.org/1065>. Acesso em 1/2021.

____. *La France d'Antonio Gramsci*. Lyon, ENS Éditions, 2021.

DOUET, Yoham. *Saisir l'histoire. Conception de l'histoire et périodisation chez Antonio Gramsci*. Nanterre, Université Paris, 2018 (Tese de doutorado).

EINAUDI, L. "Le lettere politiche di Junius". *Lettere politiche*. Bari, Laterza, 1920.

FRANCESE, J. "Sul desiderio gramsciano di scrivere qualcosa für ewig". *Critica marxista*, 1, 2009, pp. 45-54.

FRANCIONI, G. *L'officina gramsciana. Ipotesi sulla struttura dei "Quaderni del cárcere"*. Napoli, Bibliopolis, 1984.

____. "Gramsci tra Croce e Bucharin: sulla struttura dei Quaderni 10 e 11". *Critica marxista*, n. 6, 1987.

FRANCIONI, G. & COSPITO, G. "Nota introdutiva". *In*: GRAMSCI, A. *Quaderni del carcere*. Edizione anastatica dei manoscritti, vol. 14. Cagliari, 2009 (Quaderno 12), Istituto della Enciclopedia Italiana-Biblioteca dell'identità "L'Unione Sarda".

FROSINI, F. *Gramsci e la filosofia*. Roma, Carocci, 2003.

———. *La religione dell'uomo moderno. Politica e verità nei Quaderni del carcere di Antonio Gramsci*. Roma, Carocci, 2010.

———. "Croce, fascismo e comunismo". *Il Cannocchiale*, n. 48, 2012.

———. "Luigi Russo e Georges Sorel: sulla genesi del moderno Principe nei Quaderni del carcere di Antonio Gramsci". *Studi storici*. Roma, julho-setembro de 2013.

———. "Quaderno 6 e Quaderno 7". International Gramsci Society (igs)-Italia (Seminário sobre a história do *Cadernos do Cárcere*, em 4 de julho de 2014).

———. *Il fascismo nei* "Quaderni del cárcere. Seminario da IGS-Italia, 22 gennaio 2016. Disponível em <https://www.igsitalia.org/seminari/altri-seminari-gramsciani/319-seminario-il-fascismo-nei-quaderni-del-carcere>. Acesso em 1/2021.

———. "Gramsci, Sorel, Croce: de la 'passion' au 'mythe'". *In*: DESCENDRE, R. & ZANCARINI, J. C. (a cura di *La France d'Antonio Gramsci*). Lyon, ENS Éditions, 2021, pp. 175-198.

GAGLIARDI, A. "Tra Rivoluzione e controrivoluzione. L'interpretazione gramsciana del fascismo". *Laboratoire italien*, n. 18, 2016. Disponível em <https://journals.openedition.org/laboratoireitalien/1062>. Acesso em 1/2021.

———. "Fascismo e 'politica totalitária'". *In*: FROSINI. F. & GIASI, F. (a cura di). *Egemonia e modernità*. Roma, Viella, 2020.

GARIN, E. *Tra due secoli. Socialismo e filosofia in Italia dopo l'Unità*. Bari, De Donato, 1983.

———. "Polibio e Machiavelli". *Machiavelli fra politica e storia*. Torino, Einaudi, 1992.

GENTILE, G. "Il problema religioso in Italia". *Fascismo e cultura*. Milano, Treves, 1928.

GERRATANA, V. & SANTUCCI, A. A. (a cura di). *L'Ordine nuovo (1919-1920)*. Torino, Einaudi, 1987.

GIASI, F. "Gramsci a Vienna. Annotazioni su quattro lettere inedite". *In*: GIASI, F.; GUALTIERI, R. & PONS, S. (a cura di). *Pensare la politica*. Roma, Carocci, 2009.

GIASI, F.; GUALTIERI, R. & PONS, S. (a cura di). *Pensare la politica*. Roma, Carocci, 2009.

GRAMSCI, A. *L'ordine nuovo 1921-1922*. Torino, Einaudi, 1966.

———. *La costruzione del partito comunista 1923-1924*. Torino, Einaudi, 1971

———. *Quaderni del carcere*. GERRATANA, V. (a cura di). Torino, Einaudi, 1975.

———. *La città futura (1917-1918)*. CAPRIOGLIO, S. (a cura di). Torino, Einaudi, 1982.

———. *Il nostro Marx (1918-1919)*. CAPRIOGLIO, S. (a cura di). Torino, Einaudi, 1984.

———. *Lettere 1908-1926*. Torino, Einaudi, 1992.

———. "Alcuni temi dela quistione meridionale". *Disgregazione sociale e rivoluzione. Scritti sul Mezzogiorno*. BISCIONE, F. (a cura di). Napoli, Liguori, 1995, pp. 153-185. [Há uma edição em português: GRAMSCI, A. "Alguns temas da questão meridional".

In: COUTINHO, Carlos Nelson (org.). *Antonio Gramsci – Escritos Políticos*. Civilização brasileira, 2004, pp. 405-435. (N. da T.)]

GRAMSCI, A. *Quaderni del carcere, 1, Quaderni di traduzione (1929-1932)*. Roma, Istituto della Enciclopedia Italiana, 2007 (Edição nacional).

____. *Quaderni del carcere, 2, Quaderni miscellanei (1929-1935)*. Roma, Istituto della Enciclopedia Italiana, 2017 (Edição nacional).

____. *Scritti (1910-1926)*, vol. 2, *1917*. RAPONE, L. (a cura di). Roma, Istituto della Enciclopedia italiana, 2015 (Edição nacional).

____. *Scritti (1910-1926)*, vol. 1, *1910-1916*. GUIDA, G. & RIGHI. M. L. (a cura di). Roma, Istituto dela Enciclopedia italiana, 2019.

____. *Lettere dal* cárcere. GIASI, F. (a cura di). Torino, Einaudi, 2020.

GRAMSCI, A. & SCHUCHT, T. *Lettere 1926-1935*. NATOLI, A. & DANIELE, C. (a cura di). Torino, Einaudi, 1997.

GREGORIO, M. "Il ruolo costituzionale del partito politico". *Filosofia politica*, n. 1, 2015.

GUZZONE, G. *Gramsci e la critica dell'economia politica. Dal dibattito sul liberismo al paradigma della "traducibilità"*. Roma, Viella, 2018.

HABERMAS, J. "L'inclusione dell'altro". *Studi di teoria politica*. Milano, Feltrinelli,, 1998.

____. *La costellazione postnazionale. Mercato globale, nazioni e democrazia*. Milano, Feltrinelli, 1999.

HORKHEIMER, M. *Anfänge der bürgerlichen Geschichtsphilosophie – Gli inizi della filosofia borghese della storia*. Torino, Einaudi, 1978.

ILTING, K. H. *Hegel diverso*. Roma/Bari, Laterza, 1977.

IZZO, F. *Democrazia e cosmopolitismo in Antonio Gramsci*. Roma, Carocci, 2009.

KANOUSSI, D. *Una introducción a los Cuadernos de la Cárcel de Antonio Gramsci*. México D.F., Plaza y Valdés Editiones, 2000.

____. "Comentarios sobre Gramsci y la maquiavelística contemporânea". *In*: GIASI, F; GUALTIERI, R. & PONS, S. (a cura di). *Pensare la politica*. Roma, Carrocci, 2009.

LA PORTA, L. "Il '*für ewig*' gramsciano: il senso di una ricerca 'disinteressata'". *Critica marxista online*, 1, 2013, pp. 59-65.

LABRIOLA, A. *Saggi sul materialismo storico*. GERRATANA, V. & A. GUERRA, A. (a cura di). Roma, Riuniti, 1964.

LUCCIOLI, L. "La politica doganale degli Stati Uniti d'America". *La Nuova Antologia*, 1929.

LUKÁCS, G. *Il giovane Hegel*. Torino, Einaudi, 1960.

LOUNATCHARSKY, A. "Les courants nouveaux de la théorie de l'art de l'Europe occidentale et le marxisme". *In*: RYLE, G. (a cura di). *Proceedings of the Seventh International Congress of Philosophy*. Oxford, Oxford University Press, 1931.

MACCABELLI, T. "La 'grande trasformazione': i rapporti tra Stato ed economia nei Quaderni del cárcere". *In*: GIASI, F. (a cura di). *Gramsci nel suo tempo*, vol. II. Roma, Carocci, 2008.

MACPHERSON, C. B. *Libertà e proprietà alle origini del pensiero borghese: la teoria dell'individualismo possessivo da Hobbes a Locke*. Milano, Mondadori, 1982.

MALTESE, P. *Gramsci dalla scuola di partito all'anti-Buharin*. Palermo, Istituto poligráfico europeo, 2018.

MARX, K. *Das Kapital. Kritik der politischen* Ökonomie. Lichterfelde/Berlin, Gemeinverständliche Ausgabe, besorgt von J. Borchardt, 1919.

———. "La miseria della filosofia". *In*: MARX, K. & ENGELS, F. *Opere complete*, vol. VI. Roma, Riuniti, 1973.

———. "Tesi su Feuerbach". *In*: MARX, K. & ENGELS, F. *La concezione materialistica della storia*. MERKER, N. (a cura di). Roma, Riuniti, 1986.

MARX, K. & ENGELS, F. *La sacra famiglia*. Roma, Riuniti, 1972.

MASTROIANNI, G. "Gramsci, il für ewig e la questione dei Quaderni". *Giornale di storia contemporanea*, 1, 2003, pp. 206-231.

MAZOWER, M. *Le ombre dell'Europa. Democrazie e totalitarismi nel xx secolo*. Milano, Garzanti, 2005.

MCNALLY. Mark "Egemonia e relazioni internazionali: il recupero del 'nazionale-popolare'". *In*: FROSINI, F. & GIASI, F. (a cura di). *Egemonia e modernità*. Roma, Viella, 2020.

MEDICI, R. "Giacobinismo". *In*: FROSINI, F. & LIGUORI, G. (a cura di). *Le parole di Gramsci. Per un lessico dei Quaderni del carcere*. Roma, Carocci, 2004.

MESINI, L. *Nascita e sviluppo dell'ordoliberalismo. Dalla crisi di Weimar alla Repubblica federale tedesca (1929-1949)*. Pisa, Scuola Normale Superiore, 2019/20 (Tese de especialização em Filosofia, turma de Letras e Filosofia).

MICHELINI, L. *Marxismo, riformismo, rivoluzione: saggio sul giovane Gramsci (1915--1920)*. Napoli, La città del sole, 2011.

MONTANARI, M. "Introduzione". *In*: GRAMSCI, A. *Pensare la democrazia*. Torino, Einaudi, 1997.

———. "La finalità etico-sociale del partito politico". *In*: MASTELLONE, S. & SOLA, G. (a cura di). *Gramsci: il partito politico nei Quaderni*. Scandicci, Centro editoriale toscano, 2001.

MUSITELLI, M. P. (a cura di). *Gramsci e la scienza. Storicità e attualità delle note gramsciane sulla scienza*. Trieste, 2008 (Atti del Convegno dell'Istituto Gramsci del Friuli Venezia Giulia).

MUSTÈ, M. *Marxismo e filosofia della praxis. Da Labriola a Gramsci*. Roma, Viella, 2018.

NALDI, N. "Piero Sraffa intermediario delle lettere dal carcere". *In*: FRANCIONI, G. & GIASI, F. (a cura di). *Un nuovo Gramsci*. Roma, Viella, 2020.

NOBLE, D. F. *Progettare l'America. La scienza, la tecnologia e la nascita del capitalismo monopolístico*. Torino, Einaudi, 1987.

PAGGI, L. *Il moderno Principe*. Roma, Editori Riuniti, 1970.

____. "Paradigmi di analisi della crisi dei partiti". *In*: AA.VV. *Il Partito politico e la crisi dello Stato sociale*. Bari, De Donato, 1980.

____. *Le strategie del potere in Gramsci. Tra fascismo e socialismo in un solo paese*. Roma, Editori Riuniti, 1984a.

____. "Giacobinismo e società di massa in Gramsci". *In*: SALVADORI, M. L. & TRANFAGLIA, N. (a cura di). *Il modello politico giacobino e le rivoluzioni*. Firenze, La Nuova Itália, 1984b.

PARIS, R. "Gramsci e la crisi teorica del'23". *Gramsci e la cultura contemporânea*, vol. II. Riuniti-Istituto Gramsci, Roma 1969 (Atas do Seminário Internacional organizado pelo Instituto Gramsci, Cagliari, 23 a 27 de janeiro de 1967).

PERTICI, R. "Benedetto Croce, collaboratore segreto della 'Nuova Italia' di Luigi Russo". *Belfagor*, n. 2, 1981.

POLANYI, K. *La grande trasformazione*. Torino, Einaudi, 1974.

POMBENI, P. *Introduzione alla storia dei partiti politici*. Bologna, Il Mulino, 1985.

____. *La ragione e la passione*. Bologna, Il Mulino, 2010.

PONS, S. "Dopo Lenin". *In*: GIASI, F.; GUALTIERI, R. & PONS, S. (a cura di). *Pensare la politica*. Roma, Carrocci, 2009.

____. "Gramsci e l'internazionalismo comunista,1922-1926". *In*: CAPUZZO, P. P. & PONS, S. (a cura di). *Gramsci nel movimento comunista Internazionale*. Roma, Carocci, 2019.

____. "Gramsci e la Rivoluzione russa: una riconsiderazione (1917-1935)". *In*: FROSINI, F. & GIASI, F. (a cura di). *Egemonia e modernità. Gramsci in Italia e nella cultura Internazionale*. Roma, Viella, 2019.

PORTELLI, L. *Gramsci e la questione religiosa*. Roma, Mazzotta, 1976.

PROCACCI, G. "Sulla funzione cosmopolita degl'intellettuali italiani nella Rinascenza". *Società*, n. 4, 1952.

____. *Machiavelli nella cultura europea dell'età moderna*. Roma/Bari, Laterza, 1995.

RAPONE, L. *Cinque anni che paiono secoli. Antonio Gramsci dal socialismo al comunismo*. Roma, Carocci, 2011. [Há uma versão em português: RAPONE, L. *O jovem Gramsci – cinco anos que parecem séculos, 1914-1919*. Rio de Janeiro, Contraponto/FAP, 2014, N. da. T.]

RAPONE, L. "Di fronte alla crisi e al consolidamento del fascismo (giugno 1924-novembre 1925)". *In*: FRANCIONI, G. & GIASI, F. (a cura di). *Un nuovo Gramsci. Biografia, temi, interpretazioni*. Roma, Viella, 2020.

RECCHIA, S. & URBINATI, N. (a cura di). "Introduzione". *G. Mazzini, Cosmopolitismo e Nazione. Scritti sulla democrazia, l'autodeterminazione dei popoli e le relazioni internazionali*. Roma, Elliot, 2011.

RITTER, J. *Hegel e la Rivoluzione francese*. Napoli, Guida, 1970.

S. MAIER, S. *La rifondazione dell'Europa borghese. Francia, Germania e Italia nel decennio successivo alla prima guerra mondiale*. Bari, De Donato, 1979.

SAVANT, G. "Gramsci e la Lega delle Nazioni: un dibattito". *In*: GIASI, F. (a cura di). *Gramsci nel suo tempo*, I vol. Roma, Carocci, 2009.

____. *Bordiga, Gramsci e la grande guerra*. Napoli, La città del sole, 2016.

SCHIRRU, G. "I Quaderni del carcere e il dibattito su lingua e nazionalità". *In*: VACCA, G. (a cura di). *Gramsci e il Novecento*, vol. II. Roma, Carocci, 1999.

SCHMITT, C. *Il nomos della terra*. Milano, Adelphi, 1991.

____. *Terra e mare*. Milano, Adelphi, 2002.

SCLOCCO, C. *Antonio Gramsci e le scienze sperimentali*. Roma, 2018/2019 (Tesi magistrale in filosofia, Sapienza Università di Roma).

SOLMI, A. *L'unità fondamentale della storia italiana*. Bologna, Zanichelli, 1927 (*Discorsi sulla storia d'Italia*. Firenze, La Nuova Italia, 1934).

SOREL, G. "Riflessioni sulla violenza". *Scritti politici*. Torino, Utet, 1963.

TELÒ, M. "Note sul futuro dell'Occidente e la teoria delle relazioni internazionali". *In*: VACCA, G. (a cura di). *Gramsci e il Novecento*, vol. I. Roma, Carocci, 1999.

TOFFANIN, G. *Che cosa fu l'umanesimo. Il risorgimento dell'antichità classica nella coscienza degli italiani fra i tempi di Dante e la Riforma*. Firenze, Sansoni, 1928.

VACCA, G. *Il marxismo e gli intellettuali*. Roma, Editori Riuniti, 1985.

____. "Introduzione". *In*: DANIELE, C. (a cura di). *Gramsci a Roma, Togliatti a Mosca. Il carteggio del 1926*. Torino, Einaudi, 1999.

____. *Vita e pensieri di Antonio Gramsci*. Torino, Einaudi, 2012.

____. "Gramsci interprete del Risorgimento: una presenza controversa (1949--1967)" *In*: BINI, A.; DANIELE, C. & PONS, S. (a cura di). *Farsi italiani. La costruzione dell'idea di nazione nell'Italia repubblicana*. Milano, Feltrinelli, 2012 ("Annali della Fondazione Giangiacomo Feltrinelli", XLV).

____. *Modernità alternative. Il Novecento di Antonio Gramsci*. Torino, Einaudi, 2017. [Há uma versão em português: VACCA, G. *Modernidades alternativas. O século XX de Antonio Gramsci*. Rio de Janeiro, Contraponto/FAP, 2016, N. da T.]

VACCA, G.; BAROCELLI, E.; DEL PERO, M. & SCHIRRU (a cura di). *G. Studi gramsciani nel mondo. Le relazioni internazionali*. Bologna, Il Mulino 2009.

VOLPE, G. *L'Italia in cammino*. Roma, Donzelli, 2010.

VOVELLE, M. *I giacobini e il giacobinismo*. Roma/Bari, Laterza, 1998.

ZANANTONI, M. "Per una 'biografia' della nazione italiana. Spunti sull'identità dell'Italia moderna nei Quaderni del carcere di Antonio Gramsci". *In*: VACCA, G. (a cura di). *Gramsci e il Novecento*, vol. II. Roma, Carocci, 1999.

ZUNZ, O. *Perché il secolo americano?* Bologna, Il Mulino, 2002.

*Conheça as outras coedições
da Editora da Unicamp com a
Fundação Astrojildo Pereira*

A Itália em disputa
Comunistas e democratas-cristãos
no longo pós-guerra (1943-1978)

Giuseppe Vacca

16 x 23 cm
304 páginas

O horizonte democrático
O hiperpluralismo e a renovação
do liberalismo político

Alessandro Ferrara

16 x 23 cm
304 páginas

Título	O moderno Príncipe de Gramsci: cosmopolitismo e Estado Nacional nos *Cadernos do Cárcere*
Autora	Francesca Izzo
Tradução	Alberto Aggio
Coordenador editorial	Ricardo Lima
Secretário gráfico	Ednilson Tristão
Preparação dos originais	Luciana Moreira
Revisão	Ana Paula Candelária Bernardes
Editoração eletrônica	Ednilson Tristão
Design de capa	Estúdio Bogari
Formato	16 x 23 cm
Papel	Avena 80 g/m^2 – miolo
	Cartão supremo 250 g/m^2 – capa
Tipologia	Minion Pro
Número de páginas	224

ESTA OBRA FOI IMPRESSA NA GRÁFICA CAMACORP VISÃO GRÁFICA
PARA A EDITORA DA UNICAMP E PARA A FUNDAÇÃO ASTROJILDO PEREIRA
EM DEZEMBRO DE 2024.